Peter Collett · Der Europäer als solcher...

Dr. Peter Collett ist Forschungspsychologe an der Universität von Oxford. Er ist Mitautor eines Buches über Gestik und eines Buches über das Autofahren.

Peter Collett

Der Europäer als solcher ... ist unterschiedlich

Verhalten, Körpersprache, Etikette

Aus dem Englischen von
Maren Klostermann

Kabel

Titel der englischen Originalausgabe:
FOREIGN BODIES
A Guide to European Mannerisms
Simon and Schuster, London

Umschlag: Theodor Bayer-Eynck
Titelillustration: Marion Brandes
Satz aus der Garamond (Linotronic 500)
Papier: Fortuna Werkdruckpapier »Pegasus« chlorfrei, säurefrei
Steinbeis Temming Papier GmbH & Co., Glückstadt
Gesamtherstellung: Clausen & Bosse, Leck
ISBN 3-8225-0260-X

3   5   7   9   10   8   6   4   2

Inhalt

Danksagung

Ich danke der Harry Frank Guggenheim Foundation in New
York und dem Economic and Social Research Council in Groß-
britannien für die zur Verfügung gestellten Forschungsmittel.
Ich danke auch meiner Frau Jill für ihre Unterstützung und Er-
mutigung und den folgenden Freunden und Kollegen für ihre
Anregungen und Vorschläge: Michael Argyle, Nicholas Brea-
ley, Anne-Pascale Bruneau, Giovanni und Christine Carnibella,
Nina Castell, Alberta Contarello, Enriques Gracia, Bridget
Hadaway, Allan und Lena Hjorth, Sigrid Jakob, Kare Jacobsen,
Caradoc King, Zuleika Kingdon, Roger Lamb, Kay Lattimore,
Christopher Leeds, Aruna Mathur, Carol O'Brien, Marie
O'Shaughnessy, Peter Marsh, Desmond Morris, Gonzalo Mu-
situ, Sian Parkhouse, Chantal Rawlence, Peter Rosman, Anja
Spindler, Paddy Summerfield und Andy Swapp.

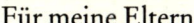

Für meine Eltern

Einleitung

Im ganzen Reich der Erkenntnis gibt es vielleicht keine vergnüglichere Beschäftigung als die, Länder miteinander zu vergleichen.

Oliver Goldsmith, 1760

Man kann Länder auf die verschiedenste Art vergleichen, aber am faszinierendsten sind Vergleiche, die sich mit den Bewohnern fremder Länder und mit ihren Verhaltensweisen beschäftigen. Doch wenn Sie einen Reiseführer über, sagen wir, Frankreich oder Italien zur Hand nehmen, finden Sie praktisch nichts zu diesem Thema. Sie erhalten eine Menge Informationen über die Geschichte und Architektur des Landes und wahrscheinlich Beschreibungen der lokalen Gebräuche und typischen Nationalgerichte. Aber Sie werden nichts über den charakteristischen Verhaltensstil und kulturelle Eigenarten entdecken. Nichts darüber, wie die Menschen in jenen Ländern einander beschimpfen, worüber sie lachen oder was für eine Gebärdensprache sie benutzen. Tatsächlich werden Sie sehr wahrscheinlich den Eindruck gewinnen, daß diese kulturspezifischen Verhaltensweisen unwichtig sind oder daß sie sich von Ihren eigenen nicht nennenswert unterscheiden – beides ist unzutreffend.

Dieses Buch möchte Ihnen zeigen, daß kulturelle Eigenarten und Verhaltensweisen von zentraler Bedeutung sind und daß jeder, der sich die Mühe macht, andere Kulturen zu studieren, sehr wahrscheinlich mit der Entdeckung belohnt wird, daß sie sich von seiner eigenen auf überraschende und faszinierende Weise unterscheiden. Der kulturelle Verhaltensstil ist wichtig, weil er die Grundlage des sozialen Austausches bildet, der zwischen Menschen stattfindet, und weil er leicht zu Mißverständnissen zwischen Angehörigen verschiedener Kulturen führen kann. Wir neigen häufig zu der Annahme, daß der Verhaltensstil irgendwie weniger wichtig sei als Wertvorstellungen oder Meinungen oder als das, was Menschen tatsächlich zueinander sagen. Das ist jedoch keineswegs der Fall. Die Art und Weise, wie

9

Menschen sich verhalten, ist von grundlegender Bedeutung, nicht nur für den Eindruck, den sie auf andere machen, sondern auch für ihr Selbstbild.

Ein Großteil unseres Verhaltens ist erlernt und automatisch, so daß wir nicht länger bewußt wahrnehmen, was wir tun oder wie andere Leute sich verhalten. Wenn Sie einmal darauf achten, wie Menschen mit den Händen gestikulieren, wird Ihnen auffallen, daß sie häufig dieselben Handbewegungen wiederholen und daß diese typischen Gebärden sich von Land zu Land unterscheiden. Das liegt nicht daran, daß die Menschen sich bewußt kopieren, sondern an einem unbewußten Mimikryprozeß, der die Grundlage des kindlichen Lernens und der Entwicklung sozialer Konventionen bildet. Der Umstand, daß bestimmte Verhaltensweisen unbewußt ausgeführt werden, macht sie um so interessanter, denn es bedeutet auch, daß sie nach wie vor darauf warten, entdeckt und genau erforscht zu werden.

Trotz der großen Bedeutung des Verhaltensstils haben Psychologen erst vor kurzem begonnen, Interesse an interkulturellen Studien zu zeigen. Das hat mehrere Gründe. Erstens sind Psychologen traditionell mehr daran interessiert, was sich in den Köpfen der Menschen abspielt, als an ihren Verhaltensweisen. Jene, die sich mit dem Verhalten beschäftigen, haben ihre Untersuchung normalerweise im Labor durchgeführt – kaum der Ort, an dem Menschen sich entspannen oder spontanes Verhalten zeigen. Ein weiterer Hauptgrund, warum Psychologen nur zögernd interkulturelle Forschungen betrieben haben, ist historischer Art. Während des achtzehnten Jahrhunderts kam es zu einem regen Interesse an fremden Ländern, das von dem Wunsch begleitet war, wissenschaftliche Methoden zur Erforschung verschiedener Rassen anzuwenden. Unglücklicherweise gab es keinerlei nennenswerte wissenschaftliche Methoden, so daß die Gelehrten sich mit der Phrenologie begnügen mußten. Die Phrenologie basierte auf der Vorstellung, daß der Charakter eines Menschen sich aus einer Untersuchung seines Schädels und seiner Gesichtsform ableiten ließe. Sie bot ein unkompliziertes theoretisches Modell und leicht anwendbare Methoden. Ausgerüstet mit nichts weiter als einem Greifzirkel, einem Zentimetermaß und einigen Zeichengeräten bereisten die Wissenschaftler die entlegensten Winkel dieser Erde, um Schädelmessungen bei den Ureinwohnern durchzuführen und Hirnschalen zu sammeln. Das Problematische an der Phrenologie war nicht der Mangel an Präzision, sondern die Tatsache, daß man nicht wußte, was eigentlich untersucht werden sollte. Schlußfolgerungen über die Bedeutung von Schädelhöckern und Gesichtswinkeln wurden einfach aus der Luft gegriffen, ohne den Versuch zu machen, den Charakter unabhängig von der Kopf- und Gesichtsform zu analysieren oder zu verstehen. Letzten Endes ging die Phrenologie den Weg der meisten Pseudowissenschaften, allerdings erst, nachdem sie dunkle Schatten auf die Erforschung kultureller Unterschiede geworfen hatte.

Die andere Entwicklung, die dazu beitrug, interkulturelle Vergleiche in Mißkredit zu bringen, war die »Rassenpsychologie«, eine weitere Pseudowissenschaft, die in Großbritannien, Frankreich und Deutschland auf reges Interesse stieß. Die Rassenpsychologie war nicht an wissenschaftlichen Beobachtungen oder, was das betrifft, an Messungen interessiert. Die Phrenologie hatte zumindest den Anstand besessen, die Köpfe der Menschen zu *messen*, aber die Rassenpsychologie beschränkte sich auf wilde Spekulationen und abenteuerliche Mutmaßungen über den Charakter und die »Seele« unterschiedlicher Rassen. Das hätte an sich folgenlos bleiben können, wenn diese neue Wissenschaft nicht ernst genommen und zur Untermauerung rassistischer Theorien benutzt worden wäre. Im Zentrum der Rassenpsychologie stand der Gedanke, daß verschiedene Rassen sich durch eine unterschiedliche Mentalität auszeichneten und daß diese Mentalität angeboren und genetisch determiniert wäre. Die Rassenpsychologie lehnte den Gedanken ab, daß kulturelle oder nationale Verhaltensunterschiede auf andere als biologische Faktoren zurückzuführen seien, und bot daher keinen Raum für Entwicklungs- oder Veränderungskonzepte. Bis zum Zweiten Weltkrieg blieb die Rassenpsychologie gesellschaftsfähig, wurde danach zunehmend geächtet, bis sie in den fünfziger Jahren völlig in Verruf geraten war. Es ist ihr allerdings gelungen, den bleibenden Eindruck zu hinterlassen, daß alle interkulturellen Vergleiche irgendwie mit biologischen Vorurteilen oder Vorstellungen rassischer Überlegenheit zusammenhängen – was absolut unzutreffend ist. Und sie hat eine Gegenbewegung ausgelöst, deren Anhänger bemüht waren, kulturelle Unterschiede herunterzuspielen oder ihre Existenz sogar völlig zu leugnen.

Während des achtzehnten Jahrhunderts haben einige der angesehensten Philosophen jener Zeit – Männer wie Diderot, Montesquieu und David Hume – sich mit dem Wesen nationaler Unterschiede und ihren Ursachen auseinandergesetzt. So verfaßte zum Beispiel der englische Philosoph David Hume eine nachdenkliche Analyse über nationale Unterschiede, in der er die folgende Überzeugung vertrat: »Männer von Verstand... gestehen zu, daß jede Nation ein eigenes System von Sitten hat, und daß man einige bestimmte Eigenschaften bei einem Volk häufiger antreffen kann, als bei seinen Nachbarn.« Zahlreiche Theorien wurden entwickelt, um nationale Unterschiede in Intelligenz, Mut, Trägheit und Melancholie zu erklären. Die Geographie war eine Erklärung, die Religion eine andere. Auch die Staatsform und das Klima galten als wichtige Einflüsse für das Verhalten.

Klimatische Verhaltenstheorien reichen weit zurück, mindestens bis zur Zeit des Hippokrates. So verglich zum Beispiel Aristoteles die Nordeuropäer, die in kaltem Klima lebten und als tapfer, aber geistig unterentwickelt galten, mit den Asiaten, die in heißem Klima lebten und für klug, aber furchtsam gehalten wurden. Da die Griechen zwischen diesen beiden Gruppen lebten, verfügten sie nach Ansicht von Aristoteles sowohl über Klugheit als auch über Tapferkeit – ideale Voraussetzungen, um die Welt zu erobern, vorausgesetzt, diese Eigenschaften werden irgendwie vereinigt.

Theorien des klimatischen Determinismus tauchten erneut im sechzehnten und siebzehnten Jahrhundert auf, als man sie entstaubte und neu belebte, für gewöhnlich, um die Überlegenheit des eigenen Volkes zu beweisen, aber manchmal auch, um dessen komplexen Charakter zu erklären. So vertrat zum Beispiel Sir William Temple in einer Schrift von 1690 die Auffassung, daß der bunte Charakter des englischen Volkes »durch unser Klima verursacht wird und durch die Neigungen, die daraus natürlicherweise erwachsen. Wir sind nicht nur völlig anders als jede andere mir bekannte Nation, wir unterscheiden uns häufig auch untereinander sehr viel stärker und verdanken unserem Wetter einige schlechte und sehr viel gute Eigenschaften.« Temple räumte allerdings ein, daß das wechselhafte englische Wetter auch für die Spleenigkeit der Engländer und für ihren Hang zur Melancholie verantwortlich war. »Das macht uns ungleich in unseren Launen, unbeständig in unseren Leidenschaften, unsicher in unseren Zielen und selbst in unseren Begierden.« Ein halbes Jahrhundert später äußerte sich Horace Walpole in ähnlicher Weise und machte die folgende Beobachtung: »In England gibt es so himmelweite Unterschiede im Naturell, daß fast jedermanns Fehler ihm ganz und gar eigentümlich sind. Meiner Ansicht nach rührt diese Vielfalt zum Teil von unserem Klima, zum Teil von unserer Regierung her. Ersteres ist unbeständig und gibt uns Grillen ein; letztere gestattet uns, diesen Grillen ungehindert nachzujagen.«

Das Problematische an der Klimatheorie war, daß sie nicht erklären konnte, warum es so große Unterschiede zwischen Ländern gab, die auf denselben Breitengraden lagen und ein ähnliches Klima aufwiesen. Zusätzliche Probleme gab es für jene, die die Theorie akzeptierten, aber einige der Schlußfolgerungen ablehnten. Englische Anhänger der Theorie wehrten sich beispielsweise gegen die Vorstellung, daß sie den Holländern und Deutschen ähneln sollten, die sie als langweilig und schwerfällig und überhaupt völlig anders als sich selbst einschätzten. Aber das größte Problem mit der Klimatheorie war, daß sie keine Erklärung dafür bot, warum Nationen wie das alte Griechenland oder Rom, die einst die ganze abendländische Welt beherrscht hatten, untergehen konnten. Wie die Phrenologie und Rassenpsychologie ließ auch die Klimatheorie keinen Raum für Veränderungen. Sie war an eine statische Weltsicht geknüpft, nach der Nationen sich weder weiterentwickeln noch untergehen konnten und nach der die Gewohnheiten der Menschen sich niemals änderten.

Wir sind alle anfällig für den Mythos der historischen Beständigkeit, für die Vorstellung, daß Nationen ihre typischen Eigenarten nie verändern. Sicherlich spricht einiges für diese Sichtweise, und man muß nicht lange suchen, um Beispiele dafür zu finden, daß bestimmte Gesellschaften ihr Verhalten jahrhundertelang und manchmal jahrtausendelang beibehalten haben. Aber es gibt auch zahlreiche Beispiele für soziale Gewohnheiten, die sich dramatisch verändert haben und die solche statischen Theorien ad absurdum führen. So gibt es zum Beispiel viele Hinweise darauf, daß die Skandinavier großen Wert auf persönliche Reinlichkeit und Hygiene legen. Das war jedoch keineswegs immer der Fall, und der arabische Historiker Ahmed ibn Fadlan, der im Jahre 992 an der Wolga auf einige Skandinavier stieß, beschrieb sie als alles andere als reinlichkeitsbewußt. »Sie sind die schmutzigste Rasse, die Gott je erschaffen hat. Sie wischen sich nach dem Stuhlgang nicht ab, und selbst nach einer nächtlichen Verunreinigung waschen sie sich nicht mehr, als wenn sie wilde Esel wären.«

Studien über nationale Stereotypen haben wiederholt ergeben, daß die Deutschen von anderen Europäern für kriegslüstern und autoritär gehalten werden. Dieses Bild der Deutschen entstand etwa Mitte des letzten Jahrhunderts. Vorher galten sie eher als friedliebend und ängstlich. Machiavelli schrieb zum Beispiel über die Deutschen, daß sie das einfache Leben liebten und nicht gern in den Krieg zögen. Und Madame de Staël, die die Deutschen beobachtete, als sie von Napoleon aus Frankreich verbannt worden war, äußerte die Ansicht, daß die Deutschen sich im Gegensatz zu den Franzosen durch eine »Unabhängigkeit des Geistes« auszeichneten und daß »die Nation im ganzen minder kriegerisch« sei. Tatsächlich waren die charakteristischen Eigenschaften, die man heute den Franzosen und den Deutschen zuschreibt, damals völlig in ihr Gegenteil verkehrt. Frankreich war eine straff organisierte Militärmaschinerie, mit allem, was dieser Begriff beinhaltet, während Deutschland schwach und unentschlossen war. »Es gibt kein wunderlicheres Gemisch als das militärische Aussehen Deutschlands«, schrieb Madame de Staël. »Man scheut sich vor Beschwerden, vor der rauhen Luft, als bestände die Nation bloß aus Handelsleuten und Gelehrten... Die Öfen, das Bier, der Tabakrauch umgeben den einfachen Mann in Deutschland mit einer Art schwerer heißer Atmosphäre, aus welcher er nicht gern hervorgeht... Ein deutscher General, der eine Schlacht verliert, ist sicherer, Nachsicht zu erhalten, als einer, der sie gewinnt, glänzendes Lob einzuernten.«

Ralph Waldo Emerson liefert uns ein britisches Beispiel für die Veränderlichkeit des Verhaltens. Emerson kam 1833 nach England und kehrte vierzehn Jahre später nach Amerika zurück. Während seines Aufenthalts konnte er die Engländer aus nächster Nähe beobachten und sie mit seinen eigenen Landsleuten vergleichen. Er beschrieb viele der Eigenschaften, die heute als typisch gelten, als kennzeichnend für die Engländer, wie zum Beispiel ihre Besessenheit von Geld und Erfolg oder ihre Leibesfülle, die er mit der Knochigkeit der Amerikaner kontrastierte. Er berichtete über die Engländer: »In keinem Lande wird dem

Reichthum eine so absolute Huldigung gezollt. In Amerika ist es nicht ohne einen Anflug von Scham, daß ein Mann den Beweis großen Vermögens zur Schau stellt; als ob das Alles in Allem, einer Entschuldigung bedürfe. Aber der Engländer ist stolz und nur stolz auf seinen Reichthum, und betrachtet ihn als ein endgültiges Zeugnis.«

Es ist schwierig, diese Beschreibung des Briten mit der Situation in Einklang zu bringen, die man im heutigen England vorfindet. Das alles zeigt, daß es keine unveränderlichen sozialen Verhaltensweisen gibt. Was heute für eine Gesellschaft charakteristisch ist, war vor einigen Jahrhunderten vielleicht völlig anders und kann sich morgen schon wieder ändern.

Das Studium europäischer Verhaltensweisen stellt eine ganz besondere Herausforderung dar, nicht nur aufgrund der ungeheuren Vielfalt, sondern auch, weil Europa sich in einem bedeutsamen Umbruchstadium befindet. Einerseits sind zentripetale Kräfte am Werk, die die Nationen näher zusammenbringen, um die bösen Geister der Vergangenheit zu vertreiben und eine einheitliche Struktur mit einer gemeinsamen Identität zu schaffen. Andererseits sind zentrifugale Kräfte am Werk, die dazu führen, daß regionale Identitäten verstärkt hervorgehoben werden, daß Menschen in alle Himmelsrichtungen verstreut und Staaten auseinandergerissen werden. Der Zusammenprall zwischen diesen beiden widerstreitenden Kräften wirft eine Vielzahl von Fragen über die politische Zukunft Europas auf und über die Form, die die europäische Gemeinschaft annehmen soll. Es wirft auch einige sehr interessante Fragen über die Verhaltensweisen und Umgangsformen auf, die die Menschen in Zukunft entwickeln werden. Werden sich beispielsweise die Franzosen in ihrem Verhalten und Gebaren den anderen Europäern angleichen, oder werden sie jene typisch französischen Eigenarten beibehalten und vielleicht sogar überbetonen, um ihre nationale Identität zu bewahren? Im derzeitigen Stadium gibt es nur eine einzige vernünftige Antwort auf diese Fragen, nämlich jene, die der chinesische Kommunistenführer Chou En-Lai gab, als man ihn fragte, ob die französische Revolution seiner Ansicht nach ein Erfolg gewesen sei: »Es ist noch zu früh, um das zu sagen.«

Anrede

Manchmal wissen Leute nicht, wie sie einander anreden sollen. In England gibt es drei Möglichkeiten, was den Namen betrifft. Man kann jemanden entweder bei seinem Vornamen nennen, bei seinem Nachnamen oder bei Titel-plus-Nachnamen – zum Beispiel kann man John Smith als *John*, *Smith* oder *Mr. Smith* anreden. Es ist sehr selten, daß Leute mit Vor- und Nachnamen (z. B. *John Smith*) oder mit Titel und vollem Namen (z. B. *Mr. John Smith*) angesprochen werden, aber es gibt einige Situationen, in denen Leute nur mit ihrem Nachnamen (z. B. *Smith*) angeredet werden. In den britischen Public Schools ist es nicht ungewöhnlich, daß Schüler einander nur beim Nachnamen nennen und die Lehrer ebenso verfahren. Die Sitte, einander mit Nachnamen anzureden, findet sich auch in englischen Clubs, die in vielerlei Hinsicht eine Art Fortsetzung der Public Schools darstellen.

Ob man jemanden mit Vornamen oder mit Titel-plus-Nachnamen anredet, hängt von solchen Faktoren wie Vertrautheit, Formalität und gesellschaftlichem Status ab. Menschen, die einander nicht kennen, sprechen sich bei offiziellen Anlässen meistens mit Titel und Nachnamen an, während sie sich in einer informellen Situation häufiger für den Vornamen entscheiden. Die Anrede Titel-plus-Nachname wird auch bei unterschiedlichem sozialem Status häufiger gewählt als bei gleichem Status. Letztendlich ist diese Entscheidung allerdings eine Frage der sozialen Distanz: Wenn Menschen ihre Nähe demonstrieren möchten, neigen sie zu der vertraulicheren Anredeform des Vornamens, und wenn sie das Bedürfnis haben, die andere Person auf Abstand zu halten, wählen sie für gewöhnlich Titel-plus-Nachnamen.

In Gesellschaften, in denen diese zwei Anredeformen gebräuchlich sind, herrscht normalerweise ausreichender Konsens darüber, wann welche Form angebracht ist. Doch verschiedene Gesellschaften können sehr unterschiedliche Normen über diese Anredeform haben und darüber, wann es angemessen ist, den

Vornamen zu benutzen und wann nicht. In Deutschland, und in weit stärkerem Maße noch in Österreich, wird viel Wert auf Titel gelegt, und die Menschen erwarten, daß man sie als »Herr« oder »Frau« anredet. Während andernorts ein Professor oder Doktor ausschließlich mit seinem akademischen Titel angesprochen wird, sagt man hier »Herr Professor« oder »Frau Doktor«. In der Praxis gelten natürlich nicht ganz so strenge Regeln, und wer zwei Doktortitel hat, wird normalerweise so angesprochen, als ob er nur einen hätte. Die folgende Anekdote über zwei deutsche Akademiker ist sicherlich frei erfunden, verrät aber dennoch eine Menge über die deutsche Liebe zu Titeln:

Zwei Akademiker, Schmidt und Müller, sitzen in der Unimensa. Schmidt hat einen Doktorgrad, Müller hat zwei. Sie kennen sich seit vielen Jahren und haben sich immer gegenseitig mit »Herr Doktor« angeredet. Schmidt sagt zu Müller: »Herr Doktor Müller, wir kennen uns nun schon sehr lange. Meinen Sie nicht, es wäre an der Zeit, daß wir auf die Titel verzichten und uns mit Vornamen anreden?« »Ich habe eine bessere Idee«, sagt Müller. »Ich habe zwei Doktortitel, Sie nur einen. Ich schlage vor, daß wir beide einen Titel fallen lassen. Ich werde Sie ›Herr‹ nennen, und Sie können mich weiterhin ›Herr Doktor‹ nennen.«

Weil die Deutschen so viel Wert auf Titel legen, sind sie leicht gekränkt, wenn sie nicht richtig angeredet werden. Aber es gilt natürlich nicht mehr in dieser Schärfe, was C. G. Jung über Deutschland sagte: »Es gibt keine ganz gewöhnlichen Menschen, man ist entweder ›Herr Professor‹ oder ›Herr Geheimrat‹, ›Herr Oberrechnungsrat‹ oder noch irgendwas Längeres.« Die Anziehungskraft von Titeln liegt darin, daß sie Menschen kategorisierbar machen und daher zu einer geordneten Gesellschaft beitragen. Gleichzeitig bewirkt diese Praxis aber auch, daß Menschen über ihren Titel definiert werden und ihre berufliche Tätigkeit wichtiger wird als das, was sie sind. Und Titel sind natürlich auch ein Ausdruck von Status. Sie sind wie verbale Insignien, die jedermann darüber informieren, wieviel Respekt und Ehrerbietung dem Titelträger zustehen. Es ist also kein Wunder, wenn die Deutschen beträchtliche Mühen in den Erwerb von Titeln investieren. John Ardagh beschreibt in seinem Deutschlandbuch, wie deutsche Geschäftsleute miteinander wetteifern, um Honorarkonsulate für Dritte-Welt-Länder zu erhalten, damit man sie als »Herr Konsul« ansprechen muß. »Unter den einundvierzig Konsuln in Stuttgart gibt es nur vier ausländische Berufsdiplomaten. Die übrigen sind ortsansässige Deutsche mit ›Honorar‹-Status. Einige von ihnen haben ernsthafte und lohnende Aufgaben zu erfüllen. Andere arbeiten für so kleine und entfernt gelegene Länder wie Haiti oder den Tschad, die buchstäblich keinen Kontakt zu Baden-Württemberg haben, und ich schätze, daß ein Drittel oder mehr ihre Titel gekauft haben. Ein Geschäftsmann würde das allerdings nie zugeben, auch wenn er überzeugt ist, die Riesensumme gut investiert zu haben. Er erhält keine diplomatische Immunität, hat aber Vorteile anderer Art... Er wird *ex officio* zur Jahresfeier des Ministerpräsidenten eingeladen; an Nationalfeiertagen kann er selbst eine piekfeine Party schmeißen, und selbstredend erleichtert die ›CC‹-Plakette an seinem Wagen den Umgang mit der Polizei. Und auch seine Frau genießt ihr Ansehen als ›Frau Konsul‹. Es hat etwas leicht Absurdes, wenn zwei kleinere schwäbische Tycoons einander feierlich mit ›Ja, Herr Konsul‹, ›Nein, Herr Konsul‹ anreden – aber das ist Deutschland.«

Auch in Schweden hat der Titel eine gewisse Bedeutung. Wenn Sie zum Beispiel jemanden in einem schwedischen Telefonbuch suchen, müssen Sie sowohl den Titel als auch den Namen kennen, weil jede Person unter dem Familiennamen, dem Beruf und dem Vornamen oder den Initialen aufgeführt ist. Titel waren bis in die sechziger Jahre auch ein unerläßlicher Bestandteil der Konversation. Wenn man jemanden formell anreden wollte, reichte es nicht aus, den Nachnamen zu nennen; man mußte auch die Berufsbezeichnung erwähnen *und* den anderen in der dritten Person ansprechen. Paul Austin berichtet in seinem Buch über Schweden, daß der Titel die einzige höfliche Anredeform war, um einen Schweden – auf Schwedisch – anzusprechen. *God dag, Ingeniör Johansson, och hur mar Ingeniör Johansson idag* (wörtlich: »Guten Tag, Ingenieur Johansson. Wie geht es Ingenieur Johansson heute?«).

Für die Schweden, ebenso wie für die Deutschen und die Dänen, waren Titel ein sprachliches Hilfs- und Ordnungsmittel, um Berufe kenntlich zu machen und jedermann auf seinen angemessenen Platz zu verweisen. Die Sitte, jemanden mit seinem Berufstitel anzureden, schafft Barrieren zwischen den Menschen, weil unterstellt wird, daß der Beruf wichtiger sei als alles andere. Die Verwendung von Titeln sorgt dafür, daß die Konversation förmlich bleibt, weil es ungemein schwierig ist, sich locker und vertraulich zu geben, wenn man beständig auf den Beruf der anderen Person rekurriert. Jemanden in der dritten Person anzureden, vergrößert gleichfalls die Distanz zwischen den Gesprächsteilnehmern, weil der Eindruck entsteht, daß sie nicht für sich selbst sprechen.

Die konventionellen Anredeformen der Briten unterscheiden sich erheblich davon. Der schwedische Gelehrte Eric Geijer, der 1809 nach England kam, berichtete über die englische Sitte, sich ohne Titel anzureden:

> Die allgemeinen Zeichen der Höflichkeit sind in England in den oberen und unteren Klassen und zwischen den beiden völlig gleich. Man spricht jedermann mit Sir! an, was sich als Herr übersetzen ließe (was es wortwörtlich auch bedeutet), wenn man das englische Wort nicht gleichfalls für sein Pferd oder seinen Hund benutzen würde. Man nennt jede Frau Madam (ausgesprochen Mam) und ist frei von dem schwedischen Zwang, jedermann mit seinem Titel anreden zu müssen. Wenn zwei Kohlenarbeiter sich treffen, begrüßen sie einander nicht anders als zwei Lords und fragen: »How do you do, Sir?«

Der grundsätzliche Egalitarismus von englischen Begrüßungsformeln ist zwar immer noch erkennbar, aber Anreden wie *Sir* oder *Madam* sind durch weniger offensichtliche Zeichen des gegenseitigen Respekts ersetzt worden. In Geschäften und Restaurants werden Kunden häufig noch mit *Sir* oder *Madam* angesprochen, wenn auch mit spürbar geringerem Enthusiasmus. Wenn die Anrede *Madam* gebraucht wird, spricht man es *Madam* aus, während die frühere Aussprache *Mam* heute für die Königin reserviert ist. *Mr.* und *Mrs.* sind nach wie vor sehr gebräuchlich, allerdings oft aus ganz unterschiedlichen Beweggründen. In einem Oxforder College spricht der Collegepförtner einen Studenten vielleicht mit *Mr. Smith* an, und der Student tituliert den Pförtner seinerseits als *Mr. Brown*. Die oberflächliche Symmetrie dieses Austauschs täuscht darüber hinweg, daß im ersten Fall *Mr.* als Ausdruck des Respekts verwandt wird, während es im zweiten Fall den Pförtner an seine untergeordnete Position erinnern soll. In beiden Fällen trägt der Gebrauch der Anrede *Mr.* dazu bei, die Distanz zwischen Sprecher und Adressaten zu erhöhen.

Die Art und Weise, wie Engländer einander anreden, hat sich seit dem letzten Krieg deutlich gewandelt. Vor dem Krieg wurden *Sir* und *Madam* als Zeichen des gegenseitigen Respekts benutzt. Doch in den letzten Jahrzehnten haben diese beiden Anreden einen anderen Ton bekommen; sie klingen heute eher einseitig und unterwürfig und sind deshalb in Mißkredit geraten. Aber es ist ein weiterer wichtiger Faktor am Werk, und zwar ein generelles Widerstreben, Leute mit irgend etwas anderem als ihrem Namen anzureden, und in vielen Fällen sogar ein Widerstreben, überhaupt eine namentliche Anrede zu benutzen. Ein britischer Professor wird nicht länger ganz selbstverständlich mit seinem Titel angesprochen und häufig nicht einmal mehr mit Namen. Diese Vermeidung von Titeln und Namen repräsentiert den ultimativen sprachlichen Rückzug, denn sie bedeutet, daß man keine Form von Beziehung zwischen sich und der anderen Person anerkennen muß. Es ist sicherlich eine sehr britische Lösung für die problematische Frage, wie man einander anreden sollte.

Britische Sprecher unterscheiden sich von anderen Europäern, weil sie nur das *You* für die zweite Person Singular haben, während andere europäische Sprachen über zwei Pronomen verfügen. Das war keineswegs immer so. Bis zum siebzehnten Jahrhundert hatten auch die Engländer zwei Pronomen – *You* war die respektvolle Anredeform und *Thou* wurde für Untergebene benutzt. *Thou* galt als herabwürdigende Anrede, daher der Ausdruck *to thee or Thou*, um seine Unhöflichkeit und Verachtung zu demonstrieren. In *Was Ihr wollt* versucht beispielsweise Sir Toby Belch, Sir Andrew Aguecheek zu einem Duell zu überreden, indem er sagt: »Taunt him... If thou thouest him thrice, it shall not be amiss.« (»Wenn du ihn ein halb dutzendmal duzest, so kann es nicht schaden.«) Und von Sir Edward Coke wird berichtet, daß er auf ähnliche Weise Sir Walter Raleigh nach dessen Gerichtsverhandlung zusetzte und ihm provozierend zurief: »Thou viper... I thou thee thou traitor!« (»Du Viper... ich duze dich du Verräter!«) *Thou* verschwand im siebzehnten Jahrhundert aus der englischen Sprache, wahrscheinlich weil es eine ausschließlich beleidigende Bedeutung bekommen hatte, aber nicht vernichtend genug war, um als Schimpfwort beibehalten zu werden. Die Tatsache, daß es von den Quäkern als einzige Anredeform übernommen wurde, hat sein Verschwinden möglicherweise weiter beschleunigt.

Franzosen, Deutsche, Italiener, Spanier, Russen – tatsächlich alle Europäer mit Ausnahme der Engländer – verfügen über zwei Personalpronomen für die zweite Person. Die Ursprünge dieser Pronomenpaare liegen im Lateinischen, wo die vertrauliche Anredeform *tu* lautete und die förmlichere Version *vos*. Sprachhistoriker sagen uns, daß die französische Unterscheidung zwischen *tu* und *vous* auf das Lateinische zurückgeht und daß viele der anderen europäischen Sprachen ihre Pronomen aus dem Französischen übernommen haben. Deutsch zum Beispiel unterschied ursprünglich zwischen »du« und »Ihr«. Mit der Zeit wurde »Ihr« durch »Er« ersetzt und später durch »Sie«. Spanisch und Italienisch begannen mit *tu* und *vos*. Im Spanischen wurde *vos* zu *usted*, und im Italienischen wandelte es sich zu *lei*.

Aber wie kam es überhaupt zur Entwicklung dieses dualen Anredesystems? Nach Ansicht von Roger Brown und Albert Gilman hatte das Lateinische des Altertums nur ein Wort für »du« im Singular, nämlich *tu*. Und es hatte *vos*, um mehrere Leute anzureden. Ursprünglich war das Römische Reich auf Rom beschränkt. Als es sich ausweitete, ergab sich die Notwendigkeit, einen zweiten Regierungssitz und einen zweiten Kaiser in Konstantinopel einzuführen. Etwa im vierten Jahrhundert vor Christi Geburt begannen die Leute, den Imperator in Rom mit *vos* anzureden, was implizierte, daß er mehr als eine Person war, was ja in gewisser Weise zutraf, weil es zwei Kaiser gab. Später ging man dazu über, *vos* auch für andere bedeutende Persönlichkeiten zu verwenden, was schließlich zu dem dualen Anredesystem führte, wie wir es heute kennen. Man geht allgemein davon aus, daß die Einführung des dualen Anredesystems in anderen Ländern hauptsächlich auf den Einfluß der Franzosen zurückzuführen ist, deren Manieren seit dem zwölften Jahrhundert von den meisten Europäern nachgeahmt wurden. In England tauchte die Unterscheidung zunächst als *thou* und *ye* auf; mit der Zeit wurde *ye* zu *you*, und *thou* verschwand ganz. Da die Engländer nur das *you* haben, gibt es keinerlei Entscheidungsprobleme, welches Pronomen man benutzen sollte, um jemanden in der zweiten Person anzureden. Das einzige Problem ist, ob man *you* überhaupt benutzen oder ganz darauf verzichten sollte. Tatsächlich hielt man es vor nicht allzu langer Zeit für unhöflich, Respektspersonen mit *you* anzusprechen – man hätte zum Beispiel niemals seine Tante oder seinen Onkel mit *you* angeredet, weil es als zu vertraulich galt. Schwieriger ist die Situation in Ländern, die zwei Anredeformen haben, weil die Leute sich entscheiden müssen, ob sie die vertrauliche T-Form (wie *tu* oder »du«) benutzen wollen oder die formellere V-Form (wie *vous* oder »Sie«).

Die Entscheidung für die T- oder V-Form hängt von den gesellschaftlichen Konventionen ab. Nach Ansicht von Brown und Gilman lassen sich Unterschiede im Gebrauch von T- und V-Formen auf zwei Hauptfaktoren zurückführen – der eine ist der Machtfaktor, der andere der Solidaritätsfaktor. Machtunterschiede werden durch Asymmetrie zum Ausdruck gebracht: Ein Höhergestellter spricht einen Untergebenen mit der T-Form an und wird selbst in der V-Form angeredet. Solidarität wird dagegen durch Symmetrie zum Ausdruck gebracht: Höhergestellte wählen untereinander die V-Form und Niedriggestellte untereinander die T-Form. So jedenfalls lautet die Grundtheorie über die Verwendungsweise von T- und V-Formen, obwohl Uneinigkeit über bestimmte Einzelheiten des Modells besteht. Kritiker wenden zum Beispiel ein, daß die Entscheidung auch von der Situation abhängig ist, daß also Leute, die normalerweise die T-Form wählen, zur V-Form wechseln, wenn sie formeller wirken wollen oder die Art ihrer Beziehung verbergen möchten. Die Angewohnheit, zwischen den beiden Anredemodi hin- und herzuwechseln, war im vorrevolutionären Rußland offenbar stark ausgeprägt, wo es Paul Friedrich zufolge durchaus üblich war, daß »zwei Offiziere sich mit *vy* anredeten, solange sie über Militärstrategien diskutierten, aber zu *ty* wechselten, wenn sie über die Frauen in ihren heimatlichen Garnisonsstädten plauderten«.

Gesellschaften, die über T- und V-Formen verfügen, unterscheiden sich manchmal darin, wann sie welche Anredeform wählen, wie häufig sie zwischen beiden wechseln und wie schnell sie von V zu T übergehen. Die Italiener zum Beispiel verwenden die T-Form häufiger als die Franzosen oder Deutschen – oder zumindest als die früheren Bewohner Westdeutschlands. In Italien ist die pronominale Anrede meistens reziprok – man redet sich entweder gegenseitig mit *tu* an, um seine Gleichheit oder Vertrautheit zu demonstrieren, oder man spricht sich mit *lei* an, um den gegenseitigen Respekt und Abstand zu betonen. Die meisten Fälle von Asymmetrie gibt es zwischen Jugendlichen und älteren Menschen, vor allem in Arbeiterkreisen.

Die Franzosen sind der V-Form viel stärker zugetan, was wahrscheinlich ein Vermächtnis aus jenen Tagen ist, als Eheleute einander häufiger mit *vous* als mit *tu* anredeten. Sartre und Simone de Beauvoir haben sich ebenfalls gesiezt, vermutlich, weil sie sich von der Masse der Pariser Paare abheben wollten, die sich mit wachsender Begeisterung duzten. Tatsächlich unterscheidet sich der französische Gebrauch der T- und V-Form erheblich von dem in anderen europäischen Staaten, weil die Franzosen die V-Form zwar überaus häufig verwenden, aber so gut wie nie im Familien- oder Freundeskreis. Kinder duzen sich mit ihren Eltern und mit ihren Schulfreunden. Einige Autoren sind der Ansicht, daß diese Praxis auch erklärt, warum Freundschaft und Familienangehörigkeit im französischen Denken so eng miteinander verknüpft sind. Französische Politiker neigen bei geselligen Anlässen zum *tu* und bei ernsten Themen zum *vous*. Präsident Mitterand soll seine Mitarbeiter grundsätzlich mit *vous* anreden, und sie reden ihn im Gegenzug natürlich genauso an, wodurch eine Beziehung geschaffen wird, die mehr von gegenseitigem Respekt als von Kameradschaft geprägt ist.

Die Situation im früheren Westdeutschland unterscheidet sich sehr stark von der in der ehemaligen DDR. Im Westen ist »Sie« die gängige Anredeform. Fremde sprechen einander mit »Sie« an, wie auch Arbeitskollegen, die ihren Respekt zeigen und Abstand wahren wollen. Wenn die Leute sich besser kennenlernen, gelangen sie irgendwann an den Punkt, wo es ihnen angebrachter erscheint, zum »du« überzugehen. Dieser Übergangsprozeß vom gegenseitigen »Sie« zum beiderseitigen »du« ist mit allen möglichen sozialen Risiken behaftet, die vorsichtig ausgelotet werden müssen, damit niemand sich gekränkt fühlt. Für gewöhnlich initiiert die höhergestellte Person den Übergang zum »du«. Obgleich dieser Brauch mittlerweile etwas angestaubt ist, kommt es immer noch vor, daß die Beteiligten anschließend eine Kneipe aufsuchen, um ihre neue Beziehung zu feiern und anschließend »Brüderschaft« zu trinken. Die beiden Personen erheben ihre Gläser, trinken mit ineinandergeschlungenen Armen auf ihr gegenseitiges Wohl und beenden dieses Ritual gelegentlich mit einem Kuß. Eben noch »per Sie«, sind sie fortan »per du«, und wenn es nicht zu schwerwiegenden Zerwürfnissen kommt, werden sie sehr wahrscheinlich bei dieser Anredeform bleiben.

Wie andere kommunistische Staaten hatte sich die DDR der

Abschaffung gesellschaftlicher und sozialer Unterschiede verschrieben, was sich auch auf bestimmte Anredeformen erstreckte. Die Partei investierte erhebliche Anstrengungen, um das »Sie« zu diskreditieren, mit dem Ergebnis, daß es insbesondere in politischen Kreisen, in der Armee und Polizei üblich wurde, sich zu duzen. Jüngere Studien von Sigrid Jakob zeigen, daß die Ostberliner weiterhin sehr viel häufiger zum »du« neigen, allerdings nur bei Bekannten und nicht bei Fremden. Wie vielleicht zu erwarten, hat die Wiedervereinigung dazu geführt, daß die Umgangsformen sich zu wandeln beginnen. Arbeitskollegen, die sich im Osten früher als »Genosse« anredeten und duzten, greifen wieder verstärkt zum »Sie« – wie vor dem Bau der Mauer.

Auch in anderen kommunistischen Ländern gab es erzwungene Veränderungen von Sprachgewohnheiten. Im Rußland des neunzehnten Jahrhunderts bestand eine enorme Kluft zwischen dem Adel, der sich mit *vy* ansprach, und den Arbeitern und Bauern, die einander mit *ty* anredeten. In entlegenen Winkeln des Landes gab es Bauern, die noch nie davon gehört hatten, daß es überhaupt so etwas wie *vy* im Singular gab. Im größten Teil des Landes und sicherlich in den Städten war in den Familien ein asymmetrischer Gebrauch der T- und V-Formen üblich. Eltern duzten ihre Kinder und wurden selbst gesiezt; dasselbe galt für Ehemänner und Ehefrauen. Der Gebrauch von *vy* war außerdem stark institutionalisiert. So wurde beispielsweise per Dekret beschlossen, daß Zeugen vor Gericht mit *vy*, Gefangene dagegen mit *ty* angeredet werden sollten. Außerdem gab es Militärverordnungen, in denen genau geregelt war, welche militärischen Ränge mit *vy* und welche mit *ty* angesprochen werden mußten. Nach der Revolution von 1917 wurden diese Verordnungen außer Kraft gesetzt, zunächst von der provisorischen Regierung und dann von den Bolschewiken, die darauf beharrten, daß das gesamte Militärpersonal sich ausnahmslos mit *vy* anzureden hatte, sowohl im Dienst wie auch in der Freizeit und unabhängig vom Rang.

Das russische System der pronominalen Anrede war vor der Revolution extrem kompliziert, und trotz aller Veränderungen, die zwischenzeitlich eingetreten sind, finden Außenstehende es noch immer sehr verwirrend. Der russische Schriftsteller Gogol betrachtete die Komplexität des russischen Anredesystems als dessen größten Vorzug: »Auch wenn wir in Rußland in einigen Hinsichten noch nicht so weit sind wie die Ausländer, haben wir sie doch bei den Anredeformen längst überrundet. Es ist unmöglich, all die Schattierungen und Nuancen unserer Anredeformen zu zählen. Ein Franzose oder Deutscher wird all die Besonderheiten und feinen Unterschiede niemals begreifen oder verstehen können.« Seit der Revolution haben sich die russischen Anredeformen stark gewandelt. Innerhalb der Familie ist der reziproke Gebrauch von T an die Stelle des asymmetrischen Austauschs getreten. Die einseitige Verwendung der T-Form ist eindeutig zu einem Tabu geworden. In einigen Fällen ist es den Gewerkschaften gelungen, die Unternehmensführungen davon zu überzeugen, daß sie ihre Mitarbeiter siezen sollten, um ihnen den nötigen Respekt zu zollen. Trotz dieser Abkehr von nicht-reziproken Anredeformen können die Russen nach wie vor alle möglichen subtilen Abstufungen vornehmen. Das hängt zum Teil damit zusammen, daß alle Russen drei Namen haben – einen Vornamen, ein Patronymikum, also einen vom Vater abgeleiteten Namen, und einen Nachnamen. Diese Namen lassen sich auf vielfältige Weise auswählen, abkürzen, verniedlichen und dann mit *vy* und *ty* kombinieren, so daß den Russen ein enormer Wortschatz zur Verfügung steht, um ihre Beziehungen zu definieren.

Man könnte denken, daß die Zahl nicht-reziproker Anredeformen abnimmt und die Zahl wechselseitiger T-Formen steigt, je demokratischer eine Gesellschaft wird. Mit der Zeit würde das »Sie« überflüssig werden und vielleicht sogar völlig verschwinden. Doch die Realität zeigt, daß dies keineswegs der Fall ist. Zwar gibt es eine gewisse Abkehr von nicht-reziproken Anredeformen – die Veränderungen, die sich in französischen und russischen Familien vollzogen haben, sind ein gutes Beispiel dafür –, aber in einigen Fällen ist die reziproke V-Form sogar zu Lasten der T-Form angestiegen. Das läßt sich zum Beispiel in Ostdeutschland beobachten, wo die Leute die aufgezwungenen Konventionen der kommunistischen Ära ablehnen und vom »du« zum »Sie« wechseln. Es gibt daher keinen Grund zu der Annahme, daß V irgendwann einmal völlig von T verdrängt werden wird. Schließlich haben die Engländer die T-Form im siebzehnten Jahrhundert gänzlich abgeschafft und sind seither mit der V-Form recht gut zurechtgekommen. Es gibt keine absoluten Gesetzmäßigkeiten, was die Veränderungen von pronominalen Anredeformen betrifft. Sie können und werden sich in vielerlei Richtungen verändern, weil sie sich den Anforderungen von Regierungen, Moden und der wandelbaren Natur menschlicher Beziehungen anpassen.

Winken

Handzeichen haben den großen Vorteil, daß man sie von weitem sehen kann. Wenn Leute weit voneinander entfernt stehen oder sich in einer lauten Umgebung befinden, benutzen sie häufig die Hände, um miteinander zu kommunizieren. Mit Hilfe von Gebärden kann man andere bitten, zu einem zu kommen oder sich zu entfernen. Man kann auch Leute von weitem grüßen oder ihnen zum Abschied zuwinken. Weil Menschen auf der ganzen Welt diese Botschaften übermitteln, könnte man denken, daß es für jede Botschaft eine universell gültige Geste gibt. Wir haben festgestellt, daß das durchaus nicht der Fall ist und daß es selbst innerhalb der engen Grenzen Europas enorme Unterschiede in der Art und Weise gibt, wie man eine andere Person heranwinkt, entläßt oder grüßt.

In Nord-, Zentral- und Osteuropa gibt es zwei Gesten, um jemanden heranzuwinken. Eine ist die »Zeigegeste« und die andere ist die »Fächergeste«. Bei der Zeigegeste lockt man die andere Person mit dem Zeigefinger zu sich heran. Die Handfläche zeigt dabei nach oben, und die anderen Finger sind normalerweise auf der Handfläche zusammengerollt. Im Fall der Fächergeste zeigt die Handfläche ebenfalls nach oben, aber hier benutzt man alle vier Finger, die ganze Hand oder auch den ganzen Arm, um jemanden heranzuwinken. (Die Fächergeste hat ihren Namen erhalten, weil es so aussieht, als wollte man sich mit der Hand das Gesicht fächern.) Die beiden Gesten werden für gewöhnlich in unterschiedlichen Situationen angewendet. Die Zeigegeste ist gebieterischer und wird meistens nur von Personen benutzt, die durch ihre Position berechtigt sind, andere zu sich zu beordern – ein typisches Beispiel sind Eltern, die ihre Kinder herbeizitieren. In der Regel rufen Erwachsene andere Erwachsene nicht mit der Zeigegeste zu sich, es sei denn, sie sind dazu berechtigt, wie im Fall des Restaurantgasts, der den Kellner herbeiwinkt, aber selbst unter diesen Umständen wird man meistens der Fächergeste den Vorzug geben, weil sie respektvoller ist.

In Mittelmeerländern wie Spanien, Italien, Griechenland und der Türkei wird das Herbeiwinken anders praktiziert. In diesen Ländern gibt es ebenfalls zwei Gesten; bei der einen handelt es sich um die Zeigegeste, die auch im übrigen Europa verwendet wird, die andere ist die »Paddelgeste«, bei der die Handfläche nach unten zeigt und alle vier Finger, die ganze Hand oder der ganze Arm eingesetzt werden, um die andere Person herbeizuwinken. (Die Paddelgeste wird so genannt, weil es so aussieht, als ob man die Hand zum Kanupaddeln benutzen wollte). Die Fächer- und die Paddelgeste unterscheiden sich durch die Position der Handfläche – ein kleiner Unterschied, der zu großen Mißverständnissen zwischen Angehörigen verschiedener Kulturen führen kann.

Wenn beispielsweise ein Deutscher nach Italien fährt, könnte er die Paddelgeste leicht mißverstehen und denken, daß sie »Geh weg« bedeuten soll, vor allem, wenn die gestikulierende Person die Hand relativ hoch hält und abrupt nach unten bewegt. Für die Italiener ist das einfach ein übertriebenes Heranwinken, das entweder von weitem besser sichtbar sein soll oder ein höheres Maß an Dringlichkeit signalisiert. Für den Engländer bedeutet das Zeichen »Geh weg« oder »Geh weiter weg«, aber keineswegs »Komm her«. Das kann zu allen möglichen Mißverständnissen führen. Wenn zum Beispiel ein nordeuropäischer Tourist von einem italienischen Polizisten per Paddelgeste heranzitiert wird, glaubt er möglicherweise, daß er aufgefordert wird, weiter wegzugehen. Das hat unter Umständen äußerst unangenehme Folgen.

Das Potential für interkulturelle Mißverständnisse wird weiter erhöht, weil in Italien die Fächergeste als Winken verstanden wird. Andernorts in Europa winken die Leute einander zu, indem sie die Hand seitlich hin- und herbewegen, wobei die Handfläche nach vorn zeigt. Diese Geste benutzt man aus der Distanz, sowohl um eine Person zu grüßen als auch um ihr zum Abschied zuzuwinken. In Italien winken die Leute einander zu, indem sie die Hand vor und zurück bewegen, wobei die Handfläche nach oben weist – das heißt mit der Fächergeste! Ob man dabei die Hand dicht am Körper läßt oder den Arm ausstreckt – für einen Nordeuropäer sieht es auf jeden Fall so aus, als ob die andere Person sagen will »Komm her«, während die Geste für einen Italiener eindeutig »Hallo« oder »Auf Wiedersehen« bedeutet.

Die italienische Fächergeste kann mit unterschiedlicher Intensität ausgeführt werden; sie reicht von einer Bewegung, bei der beide Arme hochgehalten und mit nach oben gerichteten Handflächen vor- und zurückbewegt werden, bis hin zu einer fast unsichtbaren Geste, bei der die Finger schnell auf der Hand zusammengerollt werden. Um die Sache weiter zu komplizieren, kehren die Italiener diese abgekürzte Geste manchmal um und richten die Handfläche dabei nach unten statt nach oben, wodurch die Bewegung genauso aussieht wie eine Miniatur-Paddelgeste mit der Bedeutung »Komm her«. Für einen Außenstehenden kann das alles sehr verwirrend sein, aber für die Italiener glücklicherweise nicht, weil sie am Kontext erkennen, daß die Geste als Winken und nicht als Herbeirufen gemeint ist.

Die meisten Europäer gestikulieren mit den Händen, wenn sie jemanden heranwinken wollen; aber manchmal wird die Botschaft auch durch eine Kopfbewegung ausgedrückt, normalerweise indem man den Kopf zur Seite bzw. nach hinten wirft und dazu mit den Fingern schnippt. Diese Geste ist sehr alt und war im antiken Rom weit verbreitet, um Dienstboten herbeizuordern. Petronius berichtet zum Beispiel: »Wenn ein edler Herr seinen Nachttopf wünschte, brachte er dies häufig durch ein hörbares Zusammenschnippen von Daumen und Zeigefinger zum Ausdruck. Dies nannte sich *concrepare digitos*.« Die Tatsache, daß diese Geste mit Dienstboten assoziiert war und speziell mit der Toilette, ist vielleicht der Grund dafür, daß sie heute als rüpelhaft gilt.

Reinlichkeit

Die Geschichte Europas zeigt, daß die Vorstellungen von Reinlichkeit sich im Laufe der Jahrhunderte drastisch gewandelt haben. Im alten Rom war es zum Beispiel für die meisten Leute ganz selbstverständlich, daß sie regelmäßig badeten. Für die oberen Schichten war es ein tägliches Ritual, und für einige der wassersüchtigen Kaiser bildete es ein beliebtes Freizeitvergnügen, dem sie sieben- oder achtmal am Tag nachgingen. Es gab öffentliche Bäder und Brunnen in allen Stadtteilen Roms, und man unternahm enorme bauliche Anstrengungen, um frisches Wasser in die Stadt zu leiten. Nach *Clean and Decent*, Lawrence Wrights faszinierender Geschichte des Bades, verbrauchte man im alten Rom bis zu 1300 Liter Wasser pro Kopf und Tag – den größten Teil davon fürs Baden. Diese Zahl ist noch beeindruckender, wenn man weiß, daß die entsprechende Zahl für eine Stadt wie London heute etwa 230 Liter beträgt, wobei etwa 150 Liter von Privathaushalten und der Rest von Handel und Industrie verbraucht werden.

Im Mittelalter sah die Sache völlig anders aus. Im zwölften Jahrhundert waren Wasserleitungen praktisch verschwunden, heißes Wasser Mangelware und Bäder rar gesät. Die Menschen badeten selten, und wenn sie doch einmal ins Wasser tauchten, so für gewöhnlich, um sich zu amüsieren oder als eine Art sexuelles Vorspiel. Es war zum Beispiel üblich, daß Liebespaare zusammen badeten, bevor sie ins Bett gingen – nicht, um sich zu reinigen, sondern einfach weil der Luxus eines gemeinsamen Bades die nachfolgenden Vergnügungen erhöhte.

Mittelalterliche Benimmbücher beharrten nicht auf der Notwendigkeit eines Bades, priesen allerdings die Tugend, sich jeden Morgen die Hände, das Gesicht und den Mund zu waschen. Tatsächlich war das Händewaschen allgemein üblich, vor allem weil die Gabel noch nicht erfunden war und die Menschen mit den Händen aßen. Das Händewaschen war also eine Notwendigkeit, und es bildete sich bald ein kompliziertes Ritual heraus, das mit vielen Erwartungen und versteckten Bedeutungen verbunden war. Lawrence Wright beschreibt eine typische Szene bei Tisch: »Am Kopf der Tafel wusch eine bedeutende Person sich gelegentlich allein die Hände, aber es galt als höflich, die Schale mit seinem Tischnachbarn zu teilen, und als angenehm, *manus manum lavat* (eine Hand wäscht die andere) mit Angehörigen des anderen Geschlechts zu spielen. Die Vernachlässigung oder Verweigerung dieses Brauchs konnte eine wohlkalkulierte Beleidigung sein. Das Wasser wurde aus einem Krug über die Hände gegossen, die man über eine Schüssel hielt. Das Wasser war manchmal mit Duftstoffen oder Rosenblättern angereichert, aber Seife... wurde nicht an die Tafel gebracht.«

Abgesehen vom Ritual des Händewaschens spielte das Wasser eine recht untergeordnete Rolle im Alltagsleben, und das Baden hatte sehr wenig mit Reinlichkeit zu tun – Königin Elisabeth I. soll zum Beispiel nur einmal im Monat gebadet haben, »ob es nötig war oder nicht«. Gleichzeitig waren die Straßen voll von Müll und Abfällen, und der Zustand der Wohnungen ließ eine Menge zu wünschen übrig. In einem Brief, den Erasmus um 1530 an den Arzt von Kardinal Wolsey sandte, beschrieb er das typische Heim der englischen Oberschicht wie folgt: »Was die Fußböden angeht, so bestehen sie für gewöhnlich aus Lehm, bedeckt mit Binsen, die in Mooren wachsen und die so nachlässig erneuert werden, daß die unterste Schicht manchmal zwanzig Jahre oder länger liegenbleibt und mit ihr ein Gemisch von Spucke, Erbrochenem, Hunde- und Menschenurin, Bier, Fischgräten und anderem unsäglichen Unrat. Bei einem Wetterumschwung wird daher ein übler Geruch verströmt, der meines Erachtens sehr schädlich für den menschlichen Körper ist.«

Auf der anderen Seite des Kanals war die Situation nicht besser. Im Sechzehnten Jahrhundert waren die Franzosen zu einem Volk von Wasserscheuen geworden, was größtenteils damit zusammenhing, daß viele Theorien über die schädliche Wirkung des Wassers kursierten. Man glaubte, daß die Hautoberfläche durchlässig wäre und daß insbesondere heißes Wasser die Poren öffnete und dadurch den Körper den Angriffen von ungesunden Luftschwaden schutzlos aussetzte. Wasser machte den Körper angeblich empfänglich für Seuchen und schädliche Dämpfe; man glaubte, daß es die Organe und die Bänder schwächen und sogar zum Tode führen könnte.

Badehäuser und Dampfbäder, die sich zuvor großer Beliebtheit erfreut hatten, wurden jetzt als gefährliche Brutstätten von Seuchen und Krankheiten betrachtet. Wer seinen Körper mit Wasser in Berührung brachte, vor allem Wasser, das mit den Körpern anderer Menschen in Kontakt gekommen war, setzte sich also leichtsinnig allen möglichen Gefahren aus.

Es gab Situationen, die ein Bad erforderlich machten, aber diese waren rein medizinischer Art. Sie wurden unter Aufsicht eines Arztes durchgeführt, der darauf achtete, daß die Patienten nach dem Baden in schützende Decken eingewickelt und dann ins Bett geschickt wurden, um sich von der Tortur zu erholen. Kleine Kinder galten als besonders empfindlich und brauchten daher speziellen Schutz vor den penetrierenden Gefahren des Wassers. Man rieb sie mit wohlriechenden Ölen ein, um ihre Poren zu versiegeln, und hüllte sie anschließend in Windeln, um ihre Haut gegen die anstürmenden Krankheiten abzuschirmen. Bei Kindern wurden Bäder auf ein absolutes Minimum beschränkt. Die Beine des Dauphins, des späteren Ludwig XIII., wurden das erste Mal gewaschen, als er sieben Jahre alt war. Als der Leibarzt von Ludwig XIV. beschloß, ihn zu baden, geschah dies ausschließlich aus medizinischen Gründen. Der Arzt berichtete, daß sein Patient keinen Gefallen an der Erfahrung fand. Als der König ins Wasser getaucht wurde, bekam er schreckliche Kopfschmerzen, so daß die Behandlung abgebrochen werden mußte. Ein Jahr später wiederholte der Arzt das Experiment, scheiterte aber erneut, weil der König inzwischen eine unüberwindliche Abneigung gegen das Baden entwickelt hatte.

Um sich sauber zu halten – oder besser ausgedrückt, um die Illusion von Sauberkeit zu schaffen –, griff die französische Aristokratie zu Tüchern, Puder und Parfüm. Bücher über Hygiene empfahlen, daß man den Körper mit parfümiertem Leinen oder Mixturen aus Kräutern oder Rosenblättern abreiben sollte, um ihn von Schmutz und Schweiß zu befreien. Ein Benimmbuch von 1671 gab folgenden Ratschlag: »Kinder sollten ihr Gesicht und ihre Augen mit einem weißen Tuch reinigen, welches säubert und das Gesicht und den Teint in seinem natürlichen Zustande beläßt. Waschungen mit Wasser sind schlecht für die Augen, verursachen Zahnschmerzen und Katarrh, machen die Haut fahl und erhöhen die Empfindlichkeit gegen die Kälte des Winters und die Hitze des Sommers.« Es war jedoch unbedingt erforderlich, üble Körpergerüche zu entfernen oder zu übertünchen. Das ließ sich durch den geschickten Gebrauch von Parfüms, durch häufiges Wechseln der Kleidung und – wenn es absolut notwendig war – durch begrenzte Waschungen einzelner Körperteile erreichen. Der regelmäßige Wechsel der Kleidung, vor allem der Unterwäsche, war die Hauptmethode, mit der die Menschen den Anschein der Unsauberkeit zu vermeiden suchten. Es ließ die Leute sauber aussehen, auch wenn sie nicht besonders lieblich dufteten.

Ludwig XIV. wusch sich nicht allzu häufig, glich diesen Mangel aber dadurch aus, daß er sein Hemd drei-, vier-, manchmal auch fünfmal am Tag wechselte. Auch Heinrich IV. war dafür bekannt, daß er seine prächtige Leibwäsche mit Begeisterung wechselte. Die Maßnahme hatte offenbar nur begrenzten Erfolg, denn laut Mme. Verneuil verströmte der König einen intensiven »Aasgeruch«. Sein Körpergeruch soll in der Tat so überwältigend gewesen sein, daß seine zukünftige Braut Marie de Medici bei der ersten Begegnung beinahe in Ohnmacht gefallen wäre.

Die Zustände im Paris des achtzehnten Jahrhunderts stellten eine noch ernsthaftere Gesundheitsgefährdung dar. Der Gestank von Senkgruben und verwesenden Kadavern war allgegenwärtig, und wenn die Straßen nicht ohnehin als öffentliche Bedürfnisanstalt benutzt wurden, entleerten die Leute doch zumindest ihre Nachttöpfe aus den Fenstern. Der Gestank nach Exkrementen und Urin begleitete die Menschen auf Schritt und Tritt – so sehr, daß es den jungen Rousseau zu folgendem Kommentar veranlaßte: »Im Justizpalast, im Louvre, in den Tuilerien, im Museum, ja sogar in der Oper, wird man verfolgt von den ekligen Gerüchen und Gestänkern der Bedürfnisanstalten.« In dem müßigen Versuch, sich vor Krankheit und Übelkeit zu schützen, griffen die Menschen zu allen möglichen Ausräucherungsmitteln, aromatischen Substanzen und Parfüms. Sie bewaffneten sich mit Kampferamuletten, Kräuterkästchen und Essigflakons – die sie sich unter die Nase hielten, sobald der Gestank sie zu überwältigen drohte.

Die Vorstellung, daß Wasser eine schwere Gesundheitsgefährdung darstellte, war im achtzehnten Jahrhundert auch in England weit verbreitet, und es herrschte die allgemeine Überzeugung, daß der Schweiß ein körpereigenes Reinigungsmittel sei. Die Gesellschaft stand damals dem Körpergeruch wesentlich toleranter gegenüber als heute, und Reinlichkeit, in ihrer damaligen Form, hatte mehr mit der äußeren Erscheinung als mit persönlicher Hygiene oder Erquickung zu tun. Das hatte zur Folge, daß die Leute sich zwar Gesicht und Hände regelmäßig wuschen, ihre Achselhöhlen, Füße oder Genitalien jedoch selten mit Wasser in Berührung brachten, geschweige denn ein Vollbad in Betracht zogen. Noch im Jahre 1801 machte ein Mediziner die Beobachtung, daß »die meisten männlichen Bewohner Londons und viele Damen sich zwar täglich Hände und Gesicht waschen, jedoch höchstens einmal pro Jahr ein Bad nehmen.« Seife fand erst gegen 1824 allgemeine Verbreitung, als durch das Leblanc-Sodaverfahren die Massenproduktion möglich wurde. Erst danach begann man allmählich die Vorzüge von Wasser und Seife und den Wert der Sauberkeit zu erkennen.

Doch als die Europäer neue Reinlichkeitsgewohnheiten entwickelten, paßten sie diese ihren individuellen Bedürfnissen und in einigen Fällen auch den alten Praktiken an, die sie eigentlich ersetzen sollten.

Eine der frühesten Untersuchungen zu der Frage, wie oft die Leute ein Bad nehmen, wurde 1850 von Henry Mayhew, dem großen Chronisten des viktorianischen Alltagslebens, durchgeführt. Mayhew befragte siebenundsechzig ärmste Londoner, ob sie je badeten. Er berichtete, daß neunundfünfzig Probanden die Frage verneinten, zwei sagten »Manchmal«, zwei antworteten mit »Ja«, weitere zwei mit »Ja, in der Themse«, und ein Befragter erwies sich als blind und taub. Eine etwas repräsentativere Umfrage aus dem Jahr 1950 ergab, daß zwanzig Prozent der Londoner »nie« badeten, zum Teil weil damals nur jeder dritte Haushalt über ein eigenes Bad verfügte. Eine Studie von 1978 zeigte, daß die Zahl der Leute, die nie badeten, auf drei Prozent zurückgegangen war und daß vierzig Prozent der Bevölkerung täglich badeten und duschten. Jüngste Untersuchungen weisen nach, daß die entsprechende Zahl heute bei sechzig Prozent liegt. Diese Ergebnisse spiegeln die ständig wachsende Anzahl von Badewannen und Duschen in britischen Haushalten wider wie auch ein allgemein gestiegenes Bedürfnis nach persönlicher Reinlichkeit und Hygiene. Obwohl ähnliche Trends auch in anderen europäischen Ländern zu beobachten sind, haben die Menschen nach wie vor sehr unterschiedliche Vorstellungen von Reinlichkeit.

Die Franzosen haben zum Beispiel gegenüber der Sauberkeit eine andere Haltung als, sagen wir, die Briten oder Deutschen. Eine Meinungserhebung des französischen Marktforschungsunternehmens Frankoskopie ergab, daß der erwachsene Durchschnittsfranzose 4,2 Stück Seife pro Jahr verbraucht, etwa die Hälfte dessen, was der Durchschnittsbrite verbraucht. Nur neunzehn Prozent der Männer und zweiunddreißig Prozent der Frauen in Frankreich baden täglich – im Vergleich zu sechzig Prozent in Großbritannien –, und nur fünf Prozent der Bevölkerung waschen sich täglich die Haare. Diese Vernachlässigung der persönlichen Hygiene zeigt sich noch deutlicher im Bereich der Mundhygiene, wo der Verbrauch von solchen Gegenständen wie Zahnbürsten und Zahnpasta erschreckend niedrig ist. Nach einem jüngeren Bericht von Euromonitor »verbraucht jeder Einwohner Frankreichs etwa 2,75 Zahnpastatuben im Jahr, was statistisch bedeutet, daß pro Person nur etwa jeden dritten Tag eine Bürstenladung Zahnpasta benutzt wird, gleichzeitig kauft der französische Durchschnittsbürger nur alle siebzig Wochen eine neue Zahnbürste«. Das steht in Einklang mit Forschungsergebnissen, nach denen mehr als die Hälfte der Franzosen abends mit ungeputzten Zähnen ins Bett geht.

Was sagen uns diese Ergebnisse? Ist es zutreffend, wie zahlreiche Beobachter behaupten, daß die Franzosen schmutzig und übelriechend sind, oder haben sie einfach alternative Methoden entwickelt, um sich sauber zu halten und angenehm zu duften? Die Antwort ist, daß die Franzosen insofern nicht so reinlichkeitsbewußt sind wie, sagen wir, die Deutschen oder die Engländer, weil sie erheblich seltener baden oder duschen, was jedoch dadurch ausgeglichen wird, daß sie andere Methoden entwickelt haben, um mit ihrem Körpergeruch umzugehen. Neuere Forschungen von Taylor Nelson, einer britischen Marktforschungsfirma, zeigen, daß der Gebrauch von »feuchten« Reinigungsprodukten wie Seife, Badezusätzen, Duschgels und Shampoos in Frankreich wesentlich geringer ist als in Deutschland, Italien und Großbritannien, aber daß der Verbrauch von »trockenen« Mitteln wie Gesichtswassern, Reinigungslotionen, Tüchern und Augen-Make-up-Entfernern bei Französinnen wesentlich höher liegt als bei Frauen in den Vergleichsländern. Französische Frauen greifen also einfach zu anderen Mitteln als Wasser und Seife, um sich sauber zu halten.

Französische Männer allerdings nicht. Das heißt, französische *Männer* sind tatsächlich nicht so reinlichkeitsbewußt wie ihre Gegenstücke in Deutschland, Italien und Großbritannien.

Diese Verwendung von »trockenen« Reinigungsprodukten hat in Frankreich eine sehr lange Tradition. Als man im sechzehnten Jahrhundert zu der Überzeugung gelangte, daß das Wasser eine Gesundheitsgefährdung darstellte, griff man zu anderen Mitteln, um sich sauber zu halten. Eine Alternative zu dem oben erwähnten häufigen Wechseln der Kleidung bestand darin, daß man die Haut kräftig mit einem Leintuch oder einem anderen Stoff abrieb, der zuvor mit parfümierten Lotionen imprägniert worden war. Diese »trockenen« Methoden waren bis Ende des achtzehnten Jahrhunderts gebräuchlich, als die reinigende Kraft des Wassers neu entdeckt wurde. Aber während andere Europäer mit Wasser und Seife experimentierten, hegten die Franzosen weiterhin den Verdacht, daß Wasser schlecht für die Haut sei, was erklärt, warum sie nach wie vor seltener baden und duschen als andere Europäer und warum Lotionen und Adstringents so beliebt sind. Wenn eine Französin eine Lotion verwendet, um ihr Gesicht zu reinigen, tut sie viel mehr, als nur ihre Haut vom Schmutz zu befreien; sie hält eine Tradition der Körperpflege aufrecht, die viele Jahrhunderte zurückreicht.

Ein anderer Aspekt der persönlichen Hygiene, der in Frankreich ebenfalls eine lange Geschichte hat, ist die weitverbreitete Toleranz gegenüber Schmutz. Von zentraler Bedeutung für die französische Vorstellung vom menschlichen Körper ist der Begriff des *Terrains*, das heißt die Vorstellung, daß der Körper ohne fremde Hilfe in der Lage ist, Krankheitserreger abzuwehren, und daß deshalb ein wenig Schmutz nicht nur keinerlei Schaden anrichtet, sondern im Gegenteil die Konstitution stärkt und den Körper gegen Krankheiten feit. Die Franzosen haben anscheinend eine viel organischere Einstellung zum Schmutz – sie sehen darin einen Bestandteil der natürlichen Ordnung, etwas, mit dem man sich arrangieren und das man keineswegs völlig beseitigen sollte. Das erklärt zum Teil, warum die Franzosen fünfzig Prozent mehr für erfrischende Düfte ausgeben als Italiener oder Briten und dreimal so viel wie die Deutschen. Der französische Markt für Toilettenartikel und Kosmetika ist der größte Europas. Den größten Marktanteil halten Hautpflegeprodukte und Parfümerzeugnisse und nicht in erster Linie Farbkosmetika wie Lippenstifte oder Lidschatten. Das zeigt, daß Französinnen viel Wert darauf legen, ein gutes Parfüm zu tragen, und daß sie den Zustand ihrer Haut wichtiger finden als das Auflegen von Make-up.

Auch deutsche Frauen legen viel Wert auf die Hautpflege und weniger auf Parfüm und Make-up. Für deutsche Frauen zählt in erster Linie ein natürliches, jugendliches Aussehen, und deshalb kaufen sie vor allem Hautcremes. Sie sind auch große Anhängerinnen von Anti-Faltencremes, die von beinah jeder dritten Frau benutzt werden. Deutsche Männer sind ebenfalls Großverbraucher von Gesichtscremes und Lotionen, was angeblich damit zusammenhängt, daß der deutsche Durchschnittsmann enorm eitel ist. Forschungen haben außerdem gezeigt, daß es Unterschiede zwischen West- und Ostdeutschen gibt. So waschen zum Beispiel die Westdeutschen ihre Haare doppelt so oft wie die Ostdeutschen. Sie benutzen auch doppelt so viel Styling-Gel und doppelt so viele Anti-Faltencremes. Nur im Bereich der Deos überholt der Ostdeutsche den Westdeutschen, was wahrscheinlich damit zusammenhängt, daß Deos im Osten einen preiswerten und einfachen Ersatz für Parfüms bieten.

In Großbritannien herrscht eine ganz andere Situation als in Deutschland und Frankreich. Die britischen Frauen geben vergleichsweise mehr Geld für Make-up und Parfüm aus und weniger für die Hautpflege. Die Durchschnittsbritin will in erster Linie intelligent aussehen und gut riechen, auch wenn das mit einem hohen Maß an Künstlichkeit verbunden ist. Hautpflege ist für die Engländerin nicht so furchtbar wichtig, zum Teil weil das milde Klima freundlich zu ihrer Haut ist, aber auch weil sie den Runzeln und Falten des Alters gelassener entgegensieht. Eine große Rolle spielt dabei offenbar auch die traditionelle Verbindung von Hautpflege und Arzneien. Die Briten benutzen Cremes eher zur Behandlung von Hautproblemen als zur regelmäßigen Pflege und Altersvorsorge. Außerdem sind die meisten Gesichtscremes für Männer verschreibungspflichtig, was erklärt, warum britische Männer so oft heimlich in die Tiegel und Töpfe ihrer Partnerinnen greifen.

In der Tabelle der persönlichen Reinlichkeit stehen die Italiener ganz oben und die Spanier ganz unten. Italiener baden und duschen häufiger als die Menschen in Frankreich, Deutschland, Großbritannien und Spanien. Zusammengenommen sind die italienischen Männer und Frauen die größten Verbraucher von Seife und Badezusätzen; nimmt man nur die Frauen, so hat Italien auch den höchsten Verbrauch an Reinigungslotionen. Hautpflegeprodukte sind ebenfalls wichtig, vor allem Augen-Make-up, aber der Parfümabsatz ist gering – wahrscheinlich weil die Italiener so häufig duschen und baden. Die Zusammensetzung des Duftstoffmarktes ist ebenfalls ungewöhnlich, weil mehr als neunzig Prozent der Duftstoffe für Frauen aus Eau de Toilette bestehen und weil der Absatz von Dufterzeugnissen für Männer höher liegt als der für Frauen.

Die spanische Situation ist eine spiegelbildliche Umkehrung der italienischen, denn die Spanier haben wenig Interesse am Baden und Duschen, schwelgen dafür aber in Düften. Duftprodukte werden in enormen Mengen von sowohl Männern als auch Frauen konsumiert, und sie werden mit gleicher Begeisterung für Kinder verwendet. Man schätzt, daß sechzig Prozent der Männer regelmäßig ein Parfümprodukt benutzen – für gewöhnlich ein Eau de Cologne – während Kinder den Stoff buchstäblich mit der Muttermilch aufsaugen. Kleine Kinder mit Düften einzunebeln mag manchen Menschen merkwürdig erscheinen, aber man muß dabei bedenken, daß Kinder in Spanien wie kleine Erwachsene behandelt werden. Wie ihre Eltern stehen sie ständig auf dem Präsentierteller, und deshalb müssen sie auch genauso angenehm riechen.

Autofahren

Wenn Menschen sich hinter das Steuer eines Autos setzen, verändern sie sich häufig bis zur völligen Unkenntlichkeit. Jeder hat schon mal diese Erfahrung gemacht: Ein Freund bietet an, uns nach Hause zu fahren, und zeigt sich plötzlich von einer Seite, die wir nicht im Traum für möglich gehalten hätten. Eben noch der freundliche und rücksichtsvolle Mensch, den wir seit langem kennen, verwandelt er sich ohne Vorwarnung in einen rasenden Roland, der mit halsbrecherischen Manövern die Fahrbahn wechselt, anderen Autofahrern wilde Verwünschungen an den Kopf wirft und sich ganz allgemein so benimmt, als wäre er von einem automobilen Dämon besessen.

Was ist dran an den Autos, daß sie diese Seite der menschlichen Natur zum Vorschein bringen und friedliche Leute zu Autobahnkamikazes werden lassen? Liegt es daran, wie zahlreiche Psychologen meinen, daß das Autofahren eine angsterregende Erfahrung ist, die den Menschen ungeduldig und aggressiv macht? Oder hat es etwas mit der impliziten Symbolik des Autos und den atavistischen Reaktionen zu tun, die sie in Menschen auslösen? Psychologen haben viel Zeit und Mühe investiert, um solche Dinge wie Reaktionszeiten, die Beurteilung von Bremswegen und Geschwindigkeitseinschätzungen zu erforschen, in der Hoffnung, daß ein besseres Verständnis der motorischen Fähigkeiten erklären könnte, warum es zu Verkehrsunfällen kommt. Scheinbar sind diese Fähigkeiten bei jungen Männern in Hülle und Fülle vorhanden. Nichtsdestotrotz sind sie in mehr Unfälle verwickelt als irgendeine andere Bevölkerungsgruppe, was darauf hindeutet, daß Unfälle nicht in erster Linie auf bessere oder schlechtere motorische Fähigkeiten zurückzuführen sind. Ein riskantes Fahrverhalten hängt wahrscheinlich eher mit den Möglichkeiten zusammen, die das Auto für den Ausdruck der eigenen Persönlichkeit und das Ausleben von Phantasien eröffnet.

Das Einzigartige am Auto ist, daß es unsere Fähigkeit erweitert, die äußere Welt zu manipulieren. Es macht uns stärker und schneller und gibt uns Gelegenheit, unsere Kräfte mit denen anderer Autofahrer zu messen. Gleichzeitig nährt es die Illusion, daß die Fähigkeit, andere Autos zu überholen, kein Ausdruck von PS-Stärke, sondern eine Widerspiegelung unserer ganz persönlichen Talente ist. Geschwindigkeit und Risiko sind ebenfalls wichtige Schlüsselbegriffe, um das Verhalten von Autofahrern zu verstehen, nicht nur, weil man den Nervenkitzel dieser Gefühle genießt, sondern auch, weil sie die ganze Fahrerei in einen Bereich der Irrealität rücken, wo Fahrer sich vorstellen, daß sie ihr Schicksal völlig unter Kontrolle haben, und wo sie die Gefahren nicht mehr realistisch einschätzen. In einem Auto zu sitzen, erzeugt ein Gefühl von Unverwundbarkeit; es gibt uns das Gefühl, daß wir vor der äußeren Welt geschützt sind und niemand uns etwas anhaben kann. Das ist einer der Gründe, warum Menschen sich aus der Sicherheit ihres Autos heraus gegenseitig beschimpfen und warum sie andere Autofahrer so leicht depersonalisieren und nicht länger als eigenständige Individuen, sondern nur noch als Insassen von Autos betrachten.

Die Art und Weise, wie jemand fährt, sagt viel über seinen wahren Charakter aus. Der Fahrstil ist also eine Art Lackmustest, der diejenige Seite der Persönlichkeit zum Vorschein bringt, die normalerweise nicht offenbart wird. Dasselbe gilt für Völker, nicht nur, weil Menschen verschiedener Nationalität sehr unterschiedlich fahren, sondern auch, weil ihr Fahrstil häufig etwas über sie enthüllt, das in anderen Situationen nicht sofort erkennbar ist. Nehmen wir beispielsweise die Griechen, die immer sehr höflich und rücksichtsvoll wirken – sicher nicht die Art Menschen, von denen man erwarten würde, daß sie unnötige Risiken eingehen oder andere übertrumpfen wollen. Dieses Bild der Griechen wird von den Unfallstatistiken nicht eben bestätigt; die Statistik zeigt, daß sich im Verhältnis zu den zurückgelegten Entfernungen in Griechenland mehr tödliche Autounfälle ereignen als in irgendeinem anderen europäischen Land. An zweiter Stelle steht Portugal, gefolgt von Spanien, wo pro Jahr etwa 9000 Autounfälle mit Todesfolge verzeichnet werden. Frankreich, wo die Zahlen kaum niedriger liegen, kommt an vierter Stelle, während Großbritannien mit etwa 4500 Todesfällen am Ende der Statistik steht.

Lange Zeit ging man davon aus, daß die tödlichen Unfälle auf

Europas Straßen auf solche Faktoren wie schlechte Straßen, verwirrende Verkehrsschilder und die schlechte Qualität der Autos zurückzuführen sind. So hat man beispielsweise die These vertreten, daß die hohe Todesrate in Griechenland mit den steuerlichen Einfuhrbeschränkungen zusammenhinge, weil die Menschen dadurch gezwungen würden, Autos zu fahren, die eigentlich auf den Schrottplatz gehören. In letzter Zeit ist jedoch deutlich geworden, daß äußere Faktoren zwar eine gewisse Rolle spielen, daß aber das individuelle Fahrverhalten die Hauptunfallursache bildet.

Ausländische Reisende in Griechenland, Italien oder Spanien versetzt es häufig in Erstaunen, wie freimütig die Einheimischen sich über Verkehrsregeln hinwegsetzen. Autofahrer in diesen Ländern ignorieren an Kreuzungen zum Beispiel häufig die Vorfahrt und »überfahren« bedenkenlos rote Ampeln. Jeder weiß, daß es zwischen dem Moment, in dem die eigene Ampel auf Rot springt, und dem Moment, in dem die Ampel für den Gegenverkehr auf Grün schaltet, eine kurze Verzögerung gibt, so daß ein paar Sekunden zur Verfügung stehen, in denen man die Kreuzung sicher überqueren kann – natürlich immer vorausgesetzt, daß die anderen nicht schon bei Gelb losbrausen. Die Angewohnheit, bei Rot über die Ampel zu fahren, endet häufig in einem Unfall, nicht zwischen den Autos, die in verschiedene Richtungen fahren, sondern zwischen den Autos, die in dieselbe Richtung unterwegs sind. Da es zur Norm geworden ist, die Kreuzung bei Rot zu überqueren, hat sich die Erwartung herausgebildet, daß jeder sich so verhält. Wenn daher ein Wagen abrupt abbremst, nur weil die Ampel auf Rot springt, kommt es leicht zu Auffahrunfällen.

Britische oder deutsche Autofahrer verhalten sich völlig anders. Sie haben viel größere Skrupel, bei Rot über die Kreuzung zu fahren, und warten für gewöhnlich, bis die Ampel auf Grün geschaltet hat. Tatsächlich ist es nichts Ungewöhnliches, daß Deutsche oder Briten auch mitten in der Nacht, wenn meilenweit kein anderes Auto in Sicht ist, geduldig an der Ampel ausharren und auf Grün warten. Für Italiener und Spanier, ganz zu schweigen von den Franzosen, wirkt dieses Verhalten völlig skurril – es entspricht etwa dem, was man von Pawlowschen Hunden erwarten würde, aber nicht von menschlichen Wesen. Ein italienischer Autofahrer benimmt sich ganz anders. Vorausgesetzt, daß keine anderen Autos in der Nähe sind und keine Ordnungshüter herumlaufen, wird er die rote Ampel einfach ignorieren und weiterfahren. Seiner Ansicht nach müssen Ampeln nur beachtet werden, solange andere Autos oder die Polizei in der Nähe sind, obwohl es einige italienische Städte wie zum Beispiel Neapel gibt, wo die örtlichen Autofahrer offenbar durch absolut nichts zu erschüttern sind – weder durch Vorfahrtsregeln noch durch die Gegenwart von Polizisten und schon gar nicht durch andere Verkehrsteilnehmer.

Ich erinnere mich an eine Episode vor einigen Jahren, als ich mit ein paar Freunden durch Italien fuhr. Wir kurvten durch eine dieser kleinen Küstenstädte an der Adria und suchten nach einem Restaurant. Schließlich entdeckten wir einen Polizisten, hielten an und fragten ihn nach dem richtigen Weg. Der Polizist entschied, daß es das beste wäre, uns persönlich zum Restaurant zu geleiten. Ich kletterte auf den Rücksitz, er setzte sich auf den Beifahrersitz, und ab ging die Fahrt. Am Ende der Straße kamen wir an eine rote Ampel. Unser Fahrer hielt natürlich an und wartete auf grün. In dem Moment wandte sich der Polizist an den Fahrer, nahm seine verspiegelte Sonnenbrille ab und fragte ihn sichtlich verblüfft, was um Himmels willen er da treibe. Unser Fahrer deutete erklärend auf die rote Ampel. Der Polizist vollführte eine Reihe von ungläubigen Gesten, setzte seine Brille wieder auf und meinte: »Unsinn! Wenn das jeder täte, würde der Verkehr völlig zusammenbrechen. Fahren Sie weiter! *Avanti!*«

Die Italiener haben Verkehrsregeln gegenüber eine völlig andere Einstellung als zum Beispiel die Briten. Das soll nicht heißen, daß die Engländer sich grundsätzlich sklavisch an das Gesetz halten, denn das tun sie keineswegs. Sie parken frohgemut auf durchgezogenen gelben Doppellinien und überschreiten auch leichten Herzens die Geschwindigkeitsbegrenzung auf der Autobahn, aber in der Regel befolgen sie die Verkehrsvorschriften so gewissenhaft, daß die Italiener dagegen positiv anarchisch wirken. Italiener betrachten Verkehrsregeln als grobe Anhaltspunkte, als etwas Flexibles, das man gegebenenfalls ignorieren kann, vorausgesetzt die Polizei macht keinen Ärger und niemand wird verletzt.

In Ländern wie Spanien und Italien hat das Parkproblem epidemieartige Ausmaße angenommen; Autos parken in den Bus- und Taxizonen, auf dem Bürgersteig und manchmal in zwei oder drei Reihen auf Hauptdurchgangsstraßen. Diese Probleme sind natürlich zum Teil einfach das Ergebnis mangelnden Parkraums, aber da ist auch ein gewisses prahlerisches Element in dem Wunsch, sein Auto an einem Ort zu parken, wo es gesehen und bewundert werden kann, ganz zu schweigen von dem befriedigenden Gefühl, etwas Verbotenes zu tun. Schließlich ist es in gewisser Weise auch eine Möglichkeit, der Obrigkeit eine lange Nase zu drehen. Die Franzosen leiden seit Jahren unter Schwierigkeiten mit dem Parkraum, und es ist nichts Ungewöhnliches, daß einige Pariser Stadtteile im Verkehrschaos versinken, weil sie mit parkenden Autos vollgestellt sind. Um den *stationnement sauvage* zu reduzieren, hat die Stadtverwaltung mehrere »rote Routen« durch Paris festgelegt, auf denen selbst das Halten verboten ist. Die Einführung dieser *axes rouge* es stieß anfangs auf starke Widerstände, aber mittlerweile hat sich der Protest gelegt, und der Verkehr kann jetzt ungehindert durch die Stadt rollen.

Auch die Art und Weise, wie Menschen auf Staus reagieren, unterscheidet sich erheblich von Land zu Land. Die Briten sind zum Beispiel daran gewöhnt, an langen Wochenenden regelmäßig im Stau zu stecken und Stoßstange an Stoßstange durch die Landschaft zu zockeln. Anders als, sagen wir, die Italiener, die jedesmal kakophonische Hupkonzerte veranstalten, wenn der Verkehr zum Erliegen kommt, reagieren die Briten eher phlegmatisch und philosophisch auf die Aussicht, mehrere Stunden aufgehalten zu werden. Die Deutschen haben eine ähnliche Einstellung zu Verkehrsstaus, obwohl neuere Studien eines Hamburger Instituts ergeben haben, daß überraschend viele Autofahrer das Erlebnis sogar aufrichtig genießen. Die Wissenschaftler haben festgestellt, daß die Mehrheit der Autofahrer ungern im Stau feststeckt. Ihre Studie belegt, daß es mehrere Formen von »Staufieber« gibt, mit Symptomen wie Angst, Aggressivität und Übelkeitsgefühlen. Doch es stellte sich auch heraus, daß jeder fünfte Fahrer eine sogenannte »Staulust« empfindet – und einen richtigen »Kick« bekommt, wenn er im Stau feststeckt. Einige Autofahrer sagten, sie würden das Gefühl von Gemeinschaft genießen, das sich bei einem Stau einstellt. Andere berichteten, daß es ihnen ein perverses Erfolgsgefühl gibt, wenn sie die Tortur glücklich überstanden haben.

Zu den Torturen, die keinem Autofahrer erspart bleiben, gehört der Versuch, von einer Seitenstraße auf die Vorfahrtsstraße zu kommen. In Großbritannien oder Deutschland ist es nicht ungewöhnlich, daß die Autos auf der Vorfahrtsstraße dem Wartenden Platz machen – entweder indem sie kurz aufblenden oder indem sie eine Lücke lassen. In Ländern wie Spanien, Italien oder Griechenland kann ein Fahrer, der von einer Nebenstraße abbiegen will, kaum mit derartigen Gefälligkeiten rechnen – außer natürlich, wenn es sich um eine attraktive Frau handelt oder es dem Fahrer gelingt, Blickkontakt mit einem Autofahrer auf der Vorfahrtsstraße herzustellen. Andernfalls ist die einzige Möglichkeit, auf eine Vorfahrtsstraße zu kommen, sich stückchenweise voranzutasten, so daß die anderen Autos schließlich gezwungen sind, Platz zu machen. Ähnliche Verhaltensmuster lassen sich auch beim Kreisverkehr beobachten. In Ländern wie Spanien, Italien und Frankreich drängeln Fahrer häufig rücksichtslos durch den Verkehr, wechseln beständig die Fahrbahn und tun alles, um sich an die Spitze zu setzen, gleichgültig welche Folgen das für andere Autofahrer hat.

Diese kulturellen Unterschiede im Fahrverhalten hängen offenbar damit zusammen, daß Menschen unterschiedliche Vorstellungen davon haben, welche Verpflichtungen der einzelne gegenüber seinen Mitmenschen hat. Romanische Länder sind zum Beispiel für ihren »Kollektivismus« bekannt, was bedeutet, daß die Leute zwar ihrer unmittelbaren Bezugsgruppe völlig ergeben sind, aber kein allzu großes Interesse am Wohlergehen all jener Menschen haben, die nicht in diese Kategorie fallen. Zur Bezugsgruppe gehören normalerweise die engere und weitere Verwandtschaft, Arbeitskollegen und möglicherweise Nachbarn oder Leute, die am selben Ort wohnen, aber keinesfalls die gesichtslose Masse anderer Verkehrsteilnehmer. Der Durchschnittsitaliener fühlt sich gegenüber seiner Bezugsgruppe zur Rücksichtnahme verpflichtet. Wenn er sich hinters Steuer setzt, werden diese Verpflichtungen außer Kraft gesetzt, weil andere Autofahrer nicht zu seiner Bezugsgruppe gehören und er daher nicht verpflichtet ist, sie höflich oder rücksichtsvoll zu behandeln. Bei den Briten beispielsweise ist die Bindung an die Bezugsgruppe wesentlich schwächer ausgeprägt, und die persönlichen Verpflichtungen werden nicht in gleicher Weise von Gruppenzugehörigkeiten bestimmt. Außerdem haben die Engländer das Bedürfnis, gut mit anderen Menschen auszukommen und jedermann eine faire Chance zu geben – Eigenheiten, die

Ralf Dahrendorf als »soziale Tugenden« bezeichnet. Folglich verhalten sie sich Fremden gegenüber häufig genauso rücksichtsvoll wie gegenüber guten Bekannten. Das zeigt sich immer dann besonders deutlich, wenn diese Rücksichtnahme »nicht viel kostet« – was natürlich der Fall ist, wenn ein Autofahrer eine Lücke für einen anderen läßt. Man muß allerdings sagen, daß das höfliche Verhalten von britischen Autofahrern tendenziell rückläufig ist. Es gibt Orte, wie zum Beispiel die Innenstädte, wo es praktisch nicht mehr existent ist und wo es in bezug auf die mangelnde Rücksichtnahme kaum einen Unterschied zu Städten wie Paris, Madrid oder Rom gibt. Die Zeit wird zeigen, ob dieser Verfall der Fahrmanieren einfach charakteristisch für das moderne Großstadtleben ist oder ob es sich um ein Phänomen handelt, das über kurz oder lang das ganze Land erfassen wird.

Ebenso wie die Italiener scheinen die Franzosen und Spanier eine eher anarchische Einstellung zu Autorität und Obrigkeit zu haben, und dies hat deutliche Auswirkungen auf ihren Fahrstil und ihr Verhalten gegenüber anderen Autofahrern. In Italien und Spanien ist diese anarchische Haltung damit verknüpft, daß man sich generell stärker für das »hier und jetzt« interessiert als für die langfristigen Folgen des eigenen Tuns. Auf die Spanier übt außerdem der Tod eine seltsame Faszination aus, was sie offenbar gegen die Gefahren des Autofahrens immunisiert. Diese Todesfaszination hat zweifellos eine sehr alte Tradition. Sie reicht weiter zurück als die *autos-da-fé* der Inquisition, als Tausende von Ketzern auf dem Scheiterhaufen verbrannt wurden, und sie ist sicherlich mindestens so alt wie das Stierkampfritual mit seiner Zelebrierung des Todes. Vor einigen Jahren äußerte die spanische Polizei sich besorgt über einen steilen Anstieg der Todesrate von Jugendlichen, die aus Autos gefallen oder überfahren worden waren. Es stellte sich heraus, daß die gelangweilten Teenager neue Varianten für tödliche Autounfälle entwickelt hatten. Eine Methode bestand darin, vom Fenster eines fahrenden Autos aus ins Fenster eines anderen fahrenden Autos zu klettern – ein Kunststück, das nicht immer gelang. Bei einem weiteren tödlichen Stunt, meist aufgrund einer Wette, stellte ein Jugendlicher sich mit verbundenen Augen mitten auf die Straße, so daß herankommende Autos gezwungen waren, auf die Gegenfahrbahn zu wechseln, um ihn nicht zu überfahreen.

Die große Anziehungskraft des Autos hängt damit zusammen, daß es ein Ausdrucksmittel für die eigene Persönlichkeit bietet. Der Autofahrer kann sein Gefährt nicht nur nutzen, um seine Stimmung zu beeinflussen oder zu heben, sondern auch, um seine Selbstachtung zu stärken und der Außenwelt ein bestimmtes Bild von sich zu vermitteln. Ein wesentlicher Bestandteil des Selbstbilds, das der Autofahrer von sich projizieren möchte, ist der Eindruck von Kompetenz und Kontrolle. In einigen Ländern schließt dies auch eine gewisse Risikobereitschaft ein sowie die Freude am Wettbewerb mit anderen Verkehrsteilnehmern. Französische Autofahrer werden nicht gern von anderen Autos besiegt und können sehr unangenehm reagieren, wenn man sie überholt. Laut Richard Bernstein hat der französische Autofahrer den Ehrgeiz, »sich an die Spitze zu setzen, der erste zu sein, aber nicht auf plumpe Art, sondern durch Klugheit und Geschick; er legt viel Wert auf Schnelligkeit und Wendigkeit, jene notwendigen Attribute der körperlich Schwächeren«. In Frankreich und in Ländern wie Italien, Spanien und Griechenland ist das Autofahren zu einer Art Charaktertest geworden und im Fall des männlichen Fahrers zu einem Maßstab seiner Männlichkeit. Die männlichen Autofahrer in diesen Ländern stellen ihre Dominanz unter Beweis, indem sie einen rücksichtslosen und aggressiven Fahrstil pflegen und andere Autofahrer beschimpfen, bedrohliche Gebärden vollführen und Hupkonzerte veranstalten.

Der australische Psychologe Joseph Forgas hat vor einigen Jahren eine faszinierende Untersuchung über die Hupgewohnheiten in Deutschland, Frankreich, Spanien und Italien durchgeführt. Gemeinsam mit seiner Frau machte er sich auf den Weg durch diese Länder, wechselweise mit einer deutschen oder australischen Plakette am Auto. Wenn sie an eine Ampel kamen und die Ampel auf Grün sprang, blieben sie stehen und testeten, wie lange es dauerte, bis die Autofahrer hinter ihnen zu hupen begannen. Die Untersuchung ergab bemerkenswerte Unterschiede zwischen den Autofahrern der vier Länder. Deutsche Fahrer erwiesen sich als die Geduldigsten und warteten durchschnittlich etwa siebeneinhalb Sekunden, bevor sie auf die Hupe drückten. Italienische Autofahrer erwiesen sich als die Ungeduldigsten. Sie warteten im Durchschnitt nur etwa vier Sekunden. Franzosen und Spanier nahmen eine Mittelstellung zwischen diesen beiden Extremen ein. Das Interessante an diesen Ergebnissen ist, daß die Franzosen, Spanier und Italiener sich in ihrem Fahrverhalten insgesamt deutlich von den Deutschen unterschieden. In diesen Ländern ist das Autofahren durch eine ausgesprochene Machohaltung geprägt, was in Deutschland nicht der Fall ist.

Der einzige machohafte Zug des deutschen Autofahrers ist seine Geschwindigkeitsliebe und sein heftiger Widerstand gegen alle Versuche, das Tempo auf Autobahnen zu begrenzen. Die Autolobby propagiert nach wie vor die »Freie Fahrt für freie Bürger«, und deutsche Fahrer betrachten die Autobahn immer noch als persönliche Teststrecke, auf der sie in halsbrecherischem Tempo dahinrasen und andere Autos wie wild mit der Lichthupe drangsalieren, damit sie den Weg freimachen. Als nach dem Fall der Mauer Heerscharen von knatternden Trabis auf die deutschen Autobahnen rollten, war all den dahinjagenden Mercedes- und BMW-Fahrern plötzlich der Weg versperrt, und die Unfallzahlen stiegen sprunghaft an.

Es gibt viele Menschen, denen es ungeheuren Spaß macht, schnell zu fahren, zum Teil weil es bestimmte physiologische Empfindungen auslöst, aber auch weil es ein Gefühl von Macht verleiht und mit dem Nervenkitzel des Risikos verbunden ist. Wer schnell fährt, stützt diese Entscheidung meist auf subjektive Einschätzungen seines Autos und seines eigenen Fahrvermögens. Das Problem bei dieser Form der Risikokalkulation ist, daß der Autofahrer die Rolle der anderen Verkehrsteilnehmer völlig ignoriert und die eigenen Fahrkünste erwiesenermaßen überschätzt. Man weiß zwar, daß Unfälle geschehen, aber irgendwie ist man überzeugt, daß es nur die anderen trifft. Es ist ein Beispiel für das »Ich nicht«-Syndrom – der Glaube an die eigene Unverwundbarkeit bzw. die Überzeugung, daß man immer irgendwie heil aus einer brenzligen Situation herauskommt.

Das zeigt sich sehr deutlich am Beispiel der Sicherheitsgurte. In den meisten europäischen Ländern sind Sicherheitsgurte heute gesetzlich vorgeschrieben. Ein Gesetz bietet natürlich noch keinerlei Gewähr dafür, daß es auch eingehalten wird, und bei den Spaniern und Italienern ist der Sicherheitsgurt nach wie vor äußerst unbeliebt. Sie rechtfertigen sich mit dem Argument, daß Sicherheitsgurte gefährlich oder unbequem seien. Was sie nur selten erwähnen, ist die Tatsache, daß der Sicherheitsgurt ihr Gefühl von Unverwundbarkeit und, was die Männer angeht, auch ihre Macho-Identität bedroht. Vor nicht allzulanger Zeit wurden in italienischen Geschäften noch T-Shirts mit aufgedruckten Sicherheitsgurten verkauft. Man konnte sich ein solches T-Shirt anziehen und meilenweit fahren, ohne die Aufmerksamkeit der Polizei zu erregen. Was einem dieses T-Shirt bei einem Frontalzusammenstoß nützte, stand auf einem völlig anderen Blatt.

Kraftausdrücke

Die meisten Sprachen haben zwei Seiten – ein öffentliches Vokabular, das aus wohlgelittenen und harmlosen Worten besteht, und eine Unterwelt, in der die Obszönitäten, Flüche und Schimpfworte beheimatet sind. Diese lästerhaften Ausdrücke beginnen ihren Weg zumeist als neutrale Worte und kehren, nachdem sie ihre schockierende Wirkung verloren haben, in die Familie der ordentlichen, harmlosen Begriffe zurück. Europäische Sprachen unterscheiden sich enorm, nicht nur was den reinen Umfang ihres Schmähvokabulars angeht, sondern auch was die Art der verfügbaren Schimpfwörter und die Häufigkeit ihres Gebrauchs betrifft. In der Vergangenheit bestanden solche Kraftausdrücke zumeist aus Schwüren oder Beschwörungen, während heute das Hauptgewicht auf Flüchen und Beschimpfungen liegt. »Die Geschichte des Fluchens«, sagt Geoffrey Hughes, »läßt sich kurz damit zusammenfassen, daß man früher seinem Ärger Luft machte, indem man etwas oder jemanden beschwor, während man es heute verwünscht.«

Die alten Griechen beschworen in ihrem Zorn die Götter; die Männer fluchten im Namen der männlichen Gottheiten – bei Zeus, Jupiter und Mars – und die Frauen im Namen der weiblichen Gottheiten – bei Minerva, Juno und Venus. Aber die Griechen zeterten nicht nur im Namen der Götter. Sie fluchten auch im Namen des Knoblauchs, des Lauchs und der Zwiebel, und Sokrates soll seinen Zorn beim Hund, bei der Gans und bei der Platane beteuert haben.

Man hat die verschiedensten Theorien entwickelt, um diese exzentrischen Flüche bzw. Beschwörungen zu erklären, und zum Beispiel die Vermutung angestellt, daß es sich um komplizierte Wortspiele handelt, um die indirekte Anrufung bestimmter Gottheiten oder, im Fall von Sokrates, daß er nicht an die Götter glaubte. Heute geht man allgemein davon aus, daß die alten Griechen sich einfach einen Spaß gemacht haben. Die Ionier fluchten »Beim Kohlkopf!«, wahrscheinlich weil sie glaub-

ten, daß es sich dabei um ein wirksames Heilmittel gegen Verka-
terung und andere Übel handelte. Die Sitte, seinen Zorn bei Ge-
müsesorten zu beschwören, findet sich noch heute in Italien, wo
die Leute gelegentlich zu Scheinflüchen wie *Pasta-Fazula* greifen, was »Nudeln-und-Bohnen« bedeutet.

Auch die alten Römer beschworen die Götter, wobei die Männer wie die Griechen für gewöhnlich im Namen der männlichen
Götter fluchten und die Frauen die weiblichen Götter anriefen.
Im Namen des Herkules zu schimpfen, war den Männern vorbehalten, obwohl Kinder ›beim Herkules‹ fluchen durften, vorausgesetzt, sie befanden sich außerhalb des Hauses. Ashley
Montagu berichtet: »Innerhalb des Hauses durfte man wütende
Beschwörungen wie *Di Doni!* oder *Per dios immortales!* aussto-
ßen, aber nie beim Herkules fluchen. Das Verbot erstreckte sich
allerdings nur auf die eigenen vier Wände und den umfriedeten
Hof; auf der Straße konnten die Kinder beschwören, wen sie
wollten.« Auch die Römer hatten eine Menge farbiger Verwünschungen, eine der berühmtesten ist *damnosa canicula*, also
»verdammter Hund«, was in Frankreich zu *Sacré chien* wurde.
Montagu zufolge ging dieser Fluch auf die altrömische Zeit zurück, in der Würfelspieler diesen Ausruf benutzten, um ihrem
Ärger und ihrer Enttäuschung Luft zu machen, wenn sie einen
canicula oder *canis* gewürfelt hatten, eine bestimmte Augenzahl,
die als »Hund« bezeichnet wurde. Der Ausdruck hatte an sich
keine hundefeindliche Bedeutung, obwohl seine ausländischen
Derivate häufig diesen Sinn angenommen haben.

Wer einen Schwur ablegte, hat sich seit jeher auf die Schirmherrschaft und das Zeugnis übernatürlicher Wesen berufen und
in einigen Fällen sogar die Strafe der Götter erfleht für den Fall,
daß er den Schwur brechen sollte. In der christlichen Tradition
hat man sich auf Gott, Jesus, die Jungfrau Maria, den Himmel
und die Heiligen berufen, wie auch auf »Christi Blut« und das
»Heilige Kreuz«. All diese Flüche beschwören den Gottesnamen
in einem profanen Zusammenhang und unterscheiden sich
von gotteslästerlichen Flüchen und Schwüren, die darauf zielen,
das Übernatürliche zu leugnen oder herabzusetzen. Sowohl die
Kirche als auch der Staat haben mit wenig Erfolg versucht, dem
Gebrauch von profanen Flüchen Einhalt zu gebieten. In England kam es erst nach der Herrschaft von Elisabeth I. zur Sprach-
zensur, zum Teil weil die Königin, zumindest was die Sprache an-

ging, dem Prinzip der Willensfreiheit anhing, aber auch weil sie selbst recht gern den Gottesnamen für profane Zwecke mißbrauchte. Man sagt, daß sie selten auf einen derben Schwur verzichtete, wenn die Gelegenheit sich bot, und daß *God's Wounds* ihr Favorit war.

Kirchliche Kritik und Zensur haben es nicht geschafft, den profanen Mißbrauch des Gottesnamen aus der Welt zu schaffen, aber es ist ihnen gelungen, den Gebrauch von »verbrämten Flüchen« zu fördern – das heißt von Flüchen, die so abgewandelt werden, daß ihre wahre Bedeutung nicht mehr zu erkennen ist. Anfang des siebzehnten Jahrhunderts hatte man in England *God's Wounds* zu *Zounds* zusammengezogen, *God's Truth* war zu *Struth* oder *Strewth* geworden und *God's Nails* zu *Snails*. Mit der Zeit wurde Jesus zu *Jeeze* abgekürzt, Christus wurde zu *Cripes* und *Crikey* umfrisiert, und Jesus Christus zu *Jeepers Creepers* oder sogar *Jiminy Cricket*. Selbst der Name des Teufels wurde maskiert, mit Flüchen wie *Deuce* oder *Dickens*. Viele Ausdrücke, die sich heute allgemeiner Beliebtheit erfreuen, sind eigentlich profane Gottesflüche, die nachträglich verbrämt wurden. Wer würde zum Beispiel auf die Idee kommen, daß *Gosh* und *Golly* aus *God* abgeleitet sind, daß sich hinter *Dickens* der Name des Teufels verbarg oder daß *Gheewhizz* eine Anspielung auf Jesus Christus war?

Abgesehen von den Schwüren und Flüchen, in denen die Götter und die Hilfe übernatürlicher Wesen angerufen werden, gibt es auch Schwüre, bei denen die Person eine Bestrafung erbittet, falls sie ihr Wort nicht halten sollte. Schwüre wie »Ich will tot umfallen« oder »Bei meinem Leben« sind normalerweise mit einer Tatsachenbehauptung verknüpft und implizieren, daß man bereit ist zu sterben, falls man nicht die Wahrheit sagt. Dabei handelt es sich um »Pfandeide«, weil das Leben, die Gesundheit oder das Wohlergehen als Pfand für die Wahrheit angeboten werden. Auch diese Schwüre sind Gegenstand von Abkürzungen geworden. *Gorblimey* zum Beispiel ist eine Korruption des Pfandeides »God blind me (if I lie)!« (Gott soll mich blenden, wenn ich lüge). Pfandeide sind eine Art »Selbst-Verfluchung«, weil die Person sich selbst verflucht für den Fall, daß ihre Worte sich als unwahr herausstellen sollten. Es gibt auch einige Pfandeide, die »Fremd-Verfluchungen« beinhalten, zum Beispiel, wenn offizielle Instanzen den Schwur leisten, daß bestimmte

Vergehen mit der Anwendung eines Fluchs geahndet werden. Die alten Ägypter verfügten über eine recht ungewöhnliche Version dieser Schwur- und Fluchform, von der Gershon Legman berichtet: »So wie wir heute vielleicht ein Dokument notariell beglaubigen lassen würden, besiegelten die Ägypter der letzten Dynastien ihre offiziellen Dokumente mit einer feststehenden Redewendung: »Wer diese Worte mißachtet, soll von einem Esel gefickt werden.« Die Hieroglyphe für diese Verwünschung macht unmißverständlich deutlich, um was es hier geht, und zeigt zwei große erigierte Penisse.

Der Ruf der Engländer als fluchfreudiges Volk reicht sehr weit zurück. »Sind wir nicht im vulgären Dialekt fremder Völker als ›die fluchende Nation‹ bezeichnet worden?« fragte Daniel Defoe schon 1712. Ein Jahrhundert später, 1821, räumte William Hazlitt ein: »Die Engländer sind (zugegebenermaßen) ein Volk, das mit ziemlich unflätiger Zunge spricht.« Aber bereits im sechzehnten Jahrhundert waren englische Soldaten wegen ihres freizügigen Gebrauchs von *Goddam!* bei den Franzosen als *Les Goddems* verschrien. Das Wort *damn* an sich ist sehr alt, auch wenn der Ausdruck »I don't give a damn« jüngeren Datums ist. Er soll im letzten Jahrhundert vom Duke von Wellington geprägt worden sein, dem der Ausruf zugeschrieben wird: »I don't give a two-penny dam«, wobei *dam* sich auf eine indische Münze bezog. Mit der Zeit wurde *dam* zu *damn* und der Wortschatz um einen weiteren Kraftausdruck bereichert.

Der Ruf der Engländer als fluchfreudiges Volk basiert auf ihrem freizügigen Gebrauch von Obszönitäten und Gotteslästerungen wie auch auf dem recht ungewöhnlichen Charakter einiger ihrer Flüche. Geoffrey Hughes geht in seinem Buch über die Geschichte des Fluchens auf einige irrtümliche Theorien ein – sogenannte Volksetymologien –, die entwickelt wurden, um die Geschichte bestimmter englischer Flüche zu erklären. So gibt es zum Beispiel die weitverbreitete Überzeugung, daß alle unflätigen Ausdrücke im Englischen aus dem Angelsächsischen stammen. Das trifft jedoch nur für *shit* (Scheiße), *turd* (dito), *arse* (Arsch) und *fart* (Furz) zu – *piss* wurde wahrscheinlich von den Normannen eingeführt, während die Ursprünge von Worten wie *crap* (Scheiße), *cunt* (Fotze) und *fuck* weiterhin im Dunkeln liegen. Einiges spricht dafür, daß viele dieser Ausdrücke ursprünglich im Wortsinn benutzt wurden, ohne daß jemand Anstoß daran nahm. Im dreizehnten Jahrhundert war zum Beispiel die Sherborne Lane in der City von London als *Shit*teborwelane bekannt, wahrscheinlich weil sie der Sitz eines Abortes war. Auch andere dieser »Four-letter-words« finden sich in mittelalterlichen Straßennamen wieder. Die Magpie Lane in Oxford war um 1230 als Grope*cunt*lane bekannt, und in derselben Zeit gab es Straßen mit ähnlichen Bezeichnungen in London, York, Wells und Northampton – vermutlich weil sich in diesen Straßen Bordelle befanden.

Ein weiteres Beispiel für Volksetymologien ist die weitverbreitete Überzeugung, daß *bloody* (verdammt) sich aus dem Ausruf *By our Lady!* entwickelt hat, was eine Anspielung auf die Jungfrau Maria ist. Allerdings gibt es mindestens sechs Theorien über die Ursprünge des Wortes *bloody*, von denen die »By Our Lady«-Theorie am wenigsten überzeugt. So hat man beispielsweise die These aufgestellt, daß *bloody* auf *bloidhe*, ein keltisches Wort, zurückgeht, das »ziemlich« bedeutete. Das würde erklären, warum Dean Swift an einen Freund in London schrieb, daß das Wetter in Dublin »bloody hot« war. Wahrscheinlicher ist allerdings, daß *bloody* auf *blood* zurückgeht, ein Wort, das zur Beschreibung von adligen Rabauken benutzt wurde. Im siebzehnten Jahrhundert war beispielsweise der Ausdruck *bloody drunk* sehr verbreitet, und schon 1606 findet sich eine Anspielung auf *bluddily learned*, was darauf hindeutet, daß der Begriff ursprünglich in Verbindung mit der Aristokratie benutzt und dann einfach zur sprachlichen Verstärkung verwendet wurde. Tatsächlich blieb *bloody* lange Zeit ein durchaus respektabler Begriff, der keinerlei Anstoß erregte, bis er Mitte des achtzehnten Jahrhunderts von der Arbeiterschicht übernommen und zu einem verbreiteten Fluchwort wurde. Die Tatsache, daß der Begriff so stark mit der Arbeiterschicht assoziiert wurde, war auch der Grund dafür, daß er zum Schimpfwort wurde. Das änderte allerdings nicht das geringste an seiner allgemeinen Beliebtheit. George Bernard Shaw schätzte Anfang dieses Jahrhunderts, daß es »bei vier Fünfteln aller Briten, einschließlich vieler hochgebildeter Personen, zum normalen Sprachgebrauch gehört.«

Der Erste Weltkrieg trug dazu bei, die Position von *bloody* weiter zu festigen, vor allem in der Arbeiterschicht und bei der Landbevölkerung. In diesen Kreisen war es schließlich so verbreitet, daß es praktisch in jedem Satz vorkam, manchmal mitten in einem Wort, und schon fast zu einem Füllsel wie »äh« oder »hmm« geworden war. Die Beliebtheit von *bloody* wird durch einen Witz illustriert, der zu jener Zeit kursierte: Zwei Männer aus Yorkshire stehen vor einem Wahlplakat. »Was meinen die mit ›one man one vote‹?« fragt der eine. »Mensch, das ist doch ganz einfach«, antwortet der andere, »sie meinen ›one bloody man one bloody vote‹. Darauf der andere entrüstet: »Und wieso zum Teufel schreiben sie es dann nicht?!«

Nach dem Ersten Weltkrieg verlor *bloody* allmählich seine Kraft als Fluchwort, größtenteils weil es überstrapaziert war und weil es seine schockierende Wirkung verloren hatte. Das gab den Weg frei für *fuck*. Auch *fuck* hat einige phantasievolle Etymologien hervorgebracht. Zu den skurrileren gehört die Theorie, daß das Wort ein Akronym für *Fornicate Under Command of a King* (Hurerei unter königlichem Kommando) sei – ein königliches Edikt, das angeblich zur Zeit der großen Pest erlassen wurde. Tatsächlich soll das Wort um 1500 aufgetaucht sein, entweder von dem deutschen Wort »ficken«, was ursprünglich schlagen bedeutete, oder von dem altenglischen *firk*, erhalten oder machen. Alle europäischen Sprachen haben Bezeichnungen für den Geschlechtsverkehr, aber nur die Engländer haben es geschafft, den *fuck* zu einem gängigen und vielseitig verwendbaren Kraftausdruck zu machen. *Fuck* und seine Verwandten können als Beleidigung, Verstärkung, Beschreibung, Ablehnung und Stoßseufzer verwandt werden. Grammatisch kann es sowohl als Adjektiv, Substantiv, Adverb oder Verb auftreten – wie zum Beispiel, wenn der frustrierte Autofahrer von seinem Wagen behauptet: »The fucking fucker's fucking well fucked.«

Die englische Sitte, den Geschlechtsakt zur Ausgangsbasis von Flüchen zu machen, kommt anderen Europäern merkwürdig vor. Als der holländische Psychiater Renatus Hartogs hörte, wie sein englischer Mechaniker darüber fluchte, daß er den »fucking« Reifen nicht losbekam, äußerte er sich folgendermaßen: »Ich war völlig verwirrt. Damals war mir die englische Sprache noch so fremd, daß ich jede Aussage wörtlich nahm, und die Vorstellung, daß ein Autoreifen sich auf einen Geschlechtsakt einläßt, erschien mir irgendwie befremdlich. In meinen anderen Sprachen, Deutsch, Französisch und Holländisch, ist es einfach undenkbar, daß man unbelebten Gegenständen sexuelle Aktivitäten zuschreibt.« Warum machen die Engländer die sexuelle Symbolik zur Ausgangsbasis von Schimpfwörtern und Flüchen? Die Antwort liegt Hartogs zufolge in der grammatischen Struktur der Sprache begründet und in der Tatsache, daß das Englische anders als alle anderen europäischen Sprachen kein grammatisches Geschlecht hat. Um dieses Defizit zu kompensieren, würden englische Sprecher unbelebte Objekte in eine endlose Reihe sexueller Vergnügungen verwickeln. Durch den wiederholten Gebrauch des Wortes *fuck* »machen sie aus dem Mangel an grammatischen Geschlechtern eine wahre linguistische Orgie«.

1965 wurde das Wort *fuck* erstmalig im Fernsehen verwendet. Der britische Theaterkritiker Kenneth Tynan schmuggelte das Wort in eine Diskussion über das Thema, ob der sexuelle Akt auf der Bühne gezeigt werden sollte oder nicht. »Ich bezweifle, daß es viele Menschen auf der Welt gibt«, sagte Tynan, »die das Wort *fuck* besonders diabolisch, revolutionär oder absolut unaussprechlich finden.« Tynan hatte jedoch offensichtlich die Stärke des Tabus und die Zahl der Leute, die den Ausdruck revolutionär fanden, unterschätzt. Am nächsten Tag waren die Zeitungen voll von empörten Artikeln und kodierten Anspielungen auf das Wort, das er zu benutzen gewagt hatte. Der Skandal hatte große Ähnlichkeiten mit einem Eklat, der sich ein halbes Jahrhundert zuvor ereignet hatte. Damals war Mrs. Patrick Campbell als Eliza Doolittle in der Uraufführung von Shaws *Pygmalion* aufgetreten und hatte die unsterblichen Worte gesprochen: »Not bloody likely. I am going in a taxi.« (»Ein Scheißdreck werd ich! Ich nehme ein Taxi.«) Viele Leute waren nur zur Premiere gekommen, um mitzuerleben, wie das Wort *bloody* auf offener Bühne ausgesprochen wurde. Shaw wurde scharf kritisiert, weil er das Tabu gebrochen hatte, und noch jahrelang wurde *bloody* durch den Euphemismus »the Shavian word« (das Shawsche Wort) ersetzt oder durch Formulierungen wie »not Pygmalion likely« umschrieben. Tynans Name erfuhr ein ähnliches Schicksal und tauchte in Ausdrücken auf wie »Shut the Tynan door!«

Sprachliche Tabus über den Gebrauch von obszönen und profanen Ausdrücken sind sehr mächtig, aber sie halten nicht ewig. Sogar das stärkste sprachliche Tabu kann dem evolutionären Druck, dem die Sprache ausgesetzt ist, auf Dauer nicht standhalten, und wenn ein Ausdruck erst einmal seine emotionale Sprengkraft und seine schockierende Wirkung verloren hat, kehrt es automatisch wieder in die Reihen der harmlosen Ausdrücke zurück, aus denen es ursprünglich hervorgegangen ist. *Bloody* hat die Leute zum Beispiel von der Mitte des neunzehnten Jahrhunderts bis zum Ende des Ersten Weltkrieges schockiert. Heute nimmt kaum noch jemand Anstoß daran. *Fuck* durchläuft denselben Entwicklungsprozeß. Auch *fuck* begann seinen Weg als argloses Wort und hat dann lange als Fluchwort gedient. Doch seinen Höhepunkt hat es zweifellos überschritten. Im nächsten Jahrhundert wird es wahrscheinlich den Weg von *bloody* gehen, und ein neuer Ausdruck wird an seine Stelle treten.

Flüche ähneln euphemistischen Ausdrücken, weil sich in beiden die Hauptinteressen und Probleme einer Gesellschaft widerspiegeln. Die Themen, die in die mildernde Sprache der Euphemismen gekleidet werden, liefern immer deutliche Hinweise auf die Dinge, die die Menschen nicht direkt angehen mögen und die sie deshalb auf Umwegen ausdrücken müssen. Flüche sind genauso aufschlußreich, weil sie ein Verzeichnis der Tabuthemen liefern. Menschen fluchen aus vielerlei Gründen. Einer ist, daß das Fluchen den Menschen die Möglichkeit bietet, Emotionen herauszulassen und Spannungen abzubauen. Außerdem kann man durch Flüche demonstrieren, daß man sich nicht durch die Benimmregeln der feinen Gesellschaft einengen läßt, daß man ein »guter Kumpel« ist. Aber es gibt ein weiteres Motiv für das Fluchen, nämlich seine befreiende und angstlösende Wirkung. Was die Menschen bedrückt oder belastet, wird häufig zum Gegenstand ihrer Flüche und Schimpfworte. Auf diese Weise können sie den Ursachen ihrer Ängste mit sprachlichen Waffen zu Leibe rücken. Die Inhalte von Flüchen sagen daher eine Menge über die Sorgen und Ängste der Menschen aus.

Historisch betrachet hat sich das Fluchen enorm gewandelt und konzentriert sich heute nicht mehr in erster Linie auf religiöse, sondern stärker auf weltliche Inhalte, vor allem solche, die mit Körperfunktionen und Sex zu tun haben. In dieser Entwicklung spiegelt sich der allmähliche Verfall religiöser Überzeugungen wider. Aber selbst heute gibt es noch bemerkenswerte Unterschiede zwischen den Praktiken protestantischer und katholischer Länder. Protestantische Flüche beschäftigen sich vornehmlich mit Sex und Körperausscheidungen, während die Katholiken sich stärker auf den profanen Mißbrauch des Gottesnamens und auf Blasphemien konzentrieren. Das ist ein traditionelles Merkmal katholischer Länder. Dante soll zum Beispiel freizügig in Obszönitäten geschwelgt haben, aber Gotteslästerer hat er in den siebten Kreis der Hölle verbannt.

Italien liefert ein gutes Beispiel für ein Land, das durch eine Fülle von Gotteslästerungen und profanen Flüchen gekennzeichnet ist. Die Liste der italienischen Kraftausdrücke ist endlos und wird ständig durch neue Verwünschungen, profane Flüche und Gotteslästerungen erweitert. Die meisten profanen Flüche der Italiener beziehen sich auf Gott und die Jungfrau Maria, wobei der größte Teil Gott gewidmet ist – zum Beispiel *Dio Buono!* (Guter Gott) oder *Dio caro!* (Du lieber Gott). Das gleiche gilt für die italienischen Blasphemien, bei denen Gott häufig mit einem niederen Tier verbunden wird – wie *Porco Dio!* (Dieses Schwein von einem Gott), *Dio Cane!* (Dieser Hund von einem Gott) oder *Dio serpente!* (Diese Schlange von einem Gott). Einige Verwünschungen versuchen, ihren gotteslästerlichen Inhalt zu verschleiern, entweder indem sie *Dio* durch *zio*, also »Onkel«, ersetzen oder indem sie den Fluch zusammenziehen und etwas anderes dranhängen, wie zum Beispiel bei *Dio can-arino!* (Dieser Kanarienvogel von einem Gott). Eine weitere Methode besteht darin, den Fluch zu erweitern, in der Hoffnung, daß der blasphemische Inhalt dabei irgendwie in der Masse der Worte verloren geht – zum Beispiel *Dio scakpà da lett senza scarpi!* (Gott floh ohne Schuhe aus dem Bett). Die Madonna ist gleichfalls ein beliebtes Thema italienischer Flüche – zum Beispiel *Porca Madonna!* (Dieses Schwein von einer Madonna), *Madonna troia!* (Diese Sau von einer Jungfrau Maria) oder *Madonna puttana!* (Diese Hure von einer Jungfrau Maria). Besonders interessant an italienischen Flüchen ist, daß es kaum Blasphemien über Christus gibt. Es gibt einige wenige profane Flüche wie *Christo!* und *Corpo di Christo!*, aber so gut wie keine nennenswerten Lästerungen, was darauf hindeutet, daß Gott und die Jungfrau Maria für die Italiener eine erheblich größere Bedeutung haben als Jesus. Tatsächlich scheinen die Italiener Jesus nur als Säugling reizvoll zu finden. Von dem Moment an, wo er die Arme der Jungfrau Maria verläßt, verlieren sie jegliches Interesse an ihm.

Man hat zahlreiche Versuche gemacht, die Italiener von ihrer Leidenschaft fürs Fluchen abzubringen. Sowohl die Kirche als auch der Staat haben derartige Bemühungen unternommen.

Ashley Montagu berichtet, daß unter Mussolini eine offizielle Kampagne gestartet wurde, um den Italienern das Fluchen abzugewöhnen. In öffentlichen Gebäuden und Verkehrsmitteln wurden Schilder ausgehängt, die die Leute aufforderten, keine unflätigen Ausdrücke zu benutzen – *Non bestemmiare per l'onore d'Italia* (Fluchen Sie nicht – zur Ehre Italiens). Der Feldzug erwies sich als absoluter Flop und zeigte keinerlei Wirkung. Wenn überhaupt, förderte er vermutlich das Fluchen, wenn die Leute zusammenkamen, um über die Kampagne zu diskutieren.

Auch die Spanier fluchen mit nie erlahmender Begeisterung. *Hostia!*, was »Oblate« oder »Abendmahlsbrot« bedeutet, ist wahrscheinlich ihr bevorzugter weltlicher Fluch, aber er ist recht harmlos im Vergleich zu anderen religiösen Verwünschungen wie *Me cago en Dios* (Ich scheiß auf Gott) oder *Me cago en todos los Santos* (Ich scheiß auf alle Heiligen). Flüche wie *coño* (Fotze) und *cojones* (Eier) haben Entsprechungen in anderen europäischen Ländern. Doch für das wohl bekannteste spanische Fluchwort, *Caramba!*, gibt es in ganz Europa kein Äquivalent. Das Merkwürdige an *Caramba!* ist, daß es überhaupt keine Bedeutung hat, was seiner Beliebtheit aber offensichtlich nicht den geringsten Abbruch tut. Es war ursprünglich der Künstlername einer Opernsängerin, die im achtzehnten Jahrhundert überaus populär war. Wie es jedoch dazu kam, daß ihr Name zum Kraftausdruck wurde, bleibt ein Rätsel.

Im Bereich der verbalen Obszönitäten bleiben die Spanier die ungekrönten Könige. Ihr Repertoire an wüsten Beschimpfungen ist äußerst emotionsgeladen und provokativ. Abgesehen von den gebräuchlichen Ausdrücken wie *Jodete!* (Fick dich selbst), haben sie auch Flüche wie *Cago en la leche de tu madre* (Ich scheiß in deine Muttermilch), die deutlich auf nordafrikanische Einflüsse verweisen. Gershon Legman kommt zu dem Schluß, daß »in der spanischen Kunst die Obszönität eine herausragende Stellung einnimmt. Wenn spanisch sprechende Menschen fluchen, schimpfen, protzen oder prahlen, kann jede andere Nation dieser Welt nur mit eingekniffenem Arsch verstummen.«

Trotz der Unterschiede im nationalen Stil gibt es auch einige bemerkenswerte Gemeinsamkeiten beim Fluchen. Die meisten europäischen Länder haben Tiernamen in ihrem Repertoire – der Hund ist zum Beispiel sehr beliebt für Beleidigungen, die sich auf die Herkunft beziehen, wie beim englischen *son-of-a-*

bitch, dem französischen *Fils d'une chienne*, dem Russischen *su-kin syn* und dem deutschen »Hundesohn«. Alle europäischen Sprachen berufen sich gern auf das Schwein, wenn es um den Vorwurf der Unsauberkeit geht, und die Deutschen haben zahlreiche weitere Schmähungen erfunden, die das Wort Schwein beinhalten. Sie haben es sogar geschafft, ihre Schimpfworte aus dem Tierreich erfolgreich miteinander zu kreuzen und solche sprachlichen Geschöpfe wie den Schweinehund erschaffen.

»Scheiße« ist ein weiteres Schimpfwort, das überall zu finden ist. Die Italiener benutzen zum Beispiel *stronzo!* als Beleidigung, während die Engländer *shit* sowohl als Beleidigung als auch als Ausruf der Frustration verwenden. Die variationsreichste Verwendung von »Scheiße« findet sich zweifellos in Deutschland, wo »Scheiß und Dreck« die Hauptgrundlage der nationalen Beleidigungen und Obszönitäten bilden. Die Franzosen haben *merde* und *chier*, was normalerweise als Scheiß und Dreck übersetzt wird. Beide Worte werden verwendet, um auszudrücken, daß jemand in der Scheiße sitzt, oder um Leute zu beschreiben, die einem den letzten Nerv töten oder ungewöhnliches Glück haben. Um die Sache weiter zu komplizieren, wird *merde* auch benutzt, wenn man jemandem Glück wünschen will. *Merde* wird in höflichen Kreisen als *les cinq lettres* – das Wort mit den fünf Buchstaben – bezeichnet, aber es ist sicherlich nicht so beleidigend wie sein englisches Äquivalent. Auch enthält es keine der analen Bedeutungen, die in Worten wie *shit* oder »Scheiße« enthalten sind. Renatus Hartogs kommt in seiner Erörterung des Themas zu dem Schluß, daß dem Begriff *merde* »nichts Verdrängtes, Ekelhaftes anhaftet. *Merde* ist für die Franzosen einfach eine Art einsilbige Synopse der menschlichen Existenz. Je nach Kontext kann es alles mögliche bedeuten, angefangen von einem leidenschaftslosen, fast antiseptischen Ausdruck der Verärgerung bis hin zu einer Art glücksbringendem Zauber. Es paßt nicht in schmutzige Geschichten.«

Sogar wenn verschiedene Völker dieselbe Thematik zur Grundlage ihrer Flüche machen, nähern sie sich dieser Thematik häufig aus ganz verschiedenen Richtungen. Das trifft zweifellos auf die Art und Weise zu, wie »Scheiße« in die unterschiedlichen europäischen Flüche integriert worden ist. Dasselbe gilt für den beleidigenden Ausdruck »Schwein!«. Für die Engländer impliziert *pig!* ein mangelndes physisches Reinlichkeitsbewußtsein, während es für die meisten anderen Europäer auch deutliche Beiklänge moralischer Unreinheit enthält. Wesentlich auffälliger als die Gemeinsamkeiten sind jedoch die Unterschiede zwischen den Themen, die verschiedene Kulturen für ihre Flüche und Beschimpfungen auswählen. Diese Themenauswahl sagt viel über die Grundüberzeugungen einer Gesellschaft aus, über ihre Verletzlichkeiten und über die Ursachen ihrer Ängste.

Mimik

Zu den »Gesichtszügen« oder mimischen Besonderheiten, die viel Aufmerksamkeit erregt haben, gehört die »steife Oberlippe« der Briten. Bei jedem Gespräch über die Engländer taucht garantiert irgendwann dieser Ausdruck auf – entweder im wörtlichen Sinn, wenn es um die besonderen mimischen Gewohnheiten der Engländer geht, oder im übertragenen Sinn, wenn es um die Eigenschaften geht, die man den Engländern nachsagt, wie Entschlossenheit, stoische Ruhe und Selbstbeherrschung. Aber gibt es Beweise dafür, daß die Oberlippe der Engländer so steif ist, wie man sagt, und besteht ein konkreter Grund zu der Annahme, daß die Eigenschaften, die mit einer steifen Oberlippe assoziiert werden, in Großbritannien verbreiteter sind als in anderen Ländern?

Es gibt verschiedene Anhaltspunkte, die Licht in die Frage der steifen Oberlippe bringen. Dazu gehören zum einen die spezifischen Lippenbewegungen, die man beim Sprechen macht, und zum zweiten die jeweiligen gesellschaftlichen Konventionen über das Lachen und Lächeln. Die Mundbewegungen beim gesprochenen Englisch sind erheblich weniger ausgeprägt als in Sprachen wie Französisch und Deutsch. Tatsächlich ist es für einen Engländer relativ einfach, die Lippen und das Kinn beim Sprechen völlig ruhig zu halten und trotz dieser Einschränkungen eine überzeugende Imitation seiner normalen Stimme zu erzeugen. Das ist ein Kunststück, das Sprechern anderer Sprachen erheblich schwerer fällt.

Angesichts dieser besonderen Eigenart des Englischen ist es nicht überraschend, daß die Briten eine Art »eingefrorene Sprechweise« entwickelt haben, bei der die Lippenbewegungen auf ein Minimum reduziert und Kinnbewegungen kaum wahrnehmbar sind. Dieser Sprechstil ist keineswegs eine neue Erfindung der Briten. Als der französische Reisende Samuel Sorbière 1663 nach England kam, fiel ihm auf, wie gut die Engländer an ihre Sprache angepaßt waren, »denn sie erspart ihnen die Mühe, die Lippen zu bewegen«. John Milton hatte einige Jahre zuvor eine ähnliche Beobachtung über die Sparsamkeit englischer Mundbewegungen gemacht, die er mit einem Hinweis auf das Wetter entschuldigte: »Da wir Engländer recht hoch im Norden leben, öffnen wir den Mund bei rauher Witterung nicht so weit, wie es einer südlichen Zunge schmeicheln würde, sondern sprechen, wie von allen anderen Nationen bemerkt, äußerst eng und nach innen gewandt.« Der spanische Soziologe José Ortega y Gasset machte eine ähnliche Beobachtung zu Beginn dieses Jahrhunderts: »Um Englisch zu lernen, muß man zunächst sein Kinn vorstrecken, die Zähne möglichst fest zusammenbeißen und die Lippen völlig still halten… Auf diese Weise produzieren die Engländer jene Abfolge von unangenehmen kleinen Miaulauten, aus denen ihre Sprache sich zusammensetzt.«

Die lautbildenden Voraussetzungen, die zur Aussprache des Englischen erforderlich sind, haben zweifellos zum Bild der steifen Oberlippe beigetragen. Eine große Rolle spielt auch die geschichtliche Entwicklung der britischen Einstellung zum Lachen und Lächeln. Während des sechzehnten Jahrhunderts bestand zum Beispiel in höfischen Kreisen eine ausgesprochene Abneigung gegen das Lachen. Lachen wurde als unkeusch, als Zeichen eines oberflächlichen Geistes und daher als etwas angesehen, das man nach Möglichkeit zu vermeiden hatte. Auch das Lächeln war durch verschiedene soziale Reglementierungen eingeschränkt, obwohl man im allgemeinen der Ansicht war, daß gegen ein freundliches und maßvolles Lächeln nichts einzuwenden sei.

Es gab noch andere Gründe für die damalige Abneigung gegen das Lachen. Zum einen hatten die oberen Schichten gerade den zweifelhaften Reiz der Melancholie entdeckt; sie bemühten sich um einen schlurfenden Gang, setzten eine ernste, würdevolle Miene auf und versuchten ganz allgemein, schrecklich elend und bekümmert auszusehen. Die Melancholie war eine emotionale Haltung, die sich wahrscheinlich in heutigen Begriffen am besten als milde, selbsterzeugte Form der Depression beschreiben läßt. Die »Elisabethanische Maladie« erfreute sich im sechzehnten Jahrhundert enormer Beliebtheit, und obwohl sie im siebzehnten Jahrhundert etwas aus der Mode geriet, hinterließ sie doch bleibende Spuren in der englischen Mimik. Die Kultivierung eines ernsten, düsteren Gesichtsausdrucks galt als überaus vornehm. Nach Grant MacCracken versuchten die Adligen jener Zeit, zwei Grundhaltungen in ihrer Mimik und ihrem Gebaren zum Ausdruck zu bringen – nämlich Ernst und Freundlichkeit. Diese Haltungen sollten Zuneigung und Furcht hervorrufen – mit anderen Worten, indem der Adlige sich freundlich, aber distanziert verhielt, wollte er gemocht und gleichzeitig respektiert werden.

Die Kultivierung eines unbewegten, ernsten Gesichtsausdrucks setzte sich noch bis weit ins achtzehnte Jahrhundert fort, und viele Ausländer, die England zu jener Zeit bereisten, berichteten von dem düsteren, traurigen Aussehen der englischen Bevölkerung. Der Franzose Jean Paul Grosley, der 1765 nach England kam, äußerte sich wiederholt über die verdrießlichen Mienen der Engländer. Seiner Ansicht nach beruhte die ganze Griesgrämigkeit auf zuviel Fleisch, Bier, Protestantismus und Nebel. Er empfahl den Engländern, ihr melancholisches Aussehen mit mehr französischem Wein zu bekämpfen.

Abgesehen von der gesellschaftlichen Etikette und der Melancholie gab es einen weiteren Grund, der die Briten im sechzehnten Jahrhundert vom Lachen und Lächeln abhielt, nämlich schlechte Zähne. Als der deutsche Jurist Paul Hentzner im Jahre 1598 an den Hof von Königin Elisabeth I. kam, bemerkte er, daß die Zähne der Königin ganz schwarz waren, ein Schönheitsfehler, den er auf »den übermäßigen Genuß von Zucker« zurückführte. Ähnlich äußerte sich ein Jahrhundert später auch der schweizerische Reisende Beat-Louis de Muralt. Seine Reisetagebücher enthüllen, daß er keine allzu hohe Meinung von der Schönheit englischer Frauen hatte: »Sie sind alle schlank und zart, aber da ist nichts, was ihre hübschen Gesichter belebt... Am meisten mißfällt mir, daß sie ihre Zähne nicht pflegen.« Da die Engländer ihre Zähne so gröblich vernachlässigten, war es schwierig für sie, den Mund zu öffnen und trotzdem noch gesund und attraktiv auszusehen, was zweifellos dazu beitrug, daß man in England selten lauthals und mit offenem Mund lachte. Vielleicht ist das unterdrückte und schmallippige Lachen, das man im heutigen England so häufig antrifft, noch immer ein Vermächtnis jener Zeit.

Bis zum siebzehnten Jahrhundert lachten die Menschen am liebsten über das scheinbar Anormale, Mißgebildete und Skurrile. Die Einwohner der Städte und Dörfer kamen regelmäßig zusammen, um ihren Spott und Schabernack mit Menschen zu treiben, die ungewöhnlich aussahen, sich anders verhielten oder durch irgendein Mißgeschick wehrlos waren. Im Laufe des siebzehnten Jahrhunderts wurde das Gelächter jedoch zunehmend politisiert; es verlagerte seinen Schwerpunkt und zielte nicht mehr in erster Linie auf das Unglück des Kriminellen und des Hahnreis, sondern richtete sich verstärkt auf die Missetaten der Geistlichen, Adligen und Politiker. Das Lachen wurde zu einer überaus subtilen Waffe. Es war nicht kontrollierbar, und die Herrschenden merkten bald, daß sie auch nicht dagegen anlachen konnten. Also reagierten sie, so gut es ging, indem sie die Möglichkeiten der Satire beschränkten und einen neuen Verhaltensstil propagierten, der das Lachen verbot oder es zumindest auf ein Minimum reduzierte. Der Historiker Keith Thomas schreibt dazu: »Witze über die Eucharistie wurden 1547 per Gesetz verboten, und Späße gegen die Geistlichkeit wurden durch die königlichen Verfügungen von 1502 untersagt. Ein Gesetz von 1606 verbot unter Strafe den scherzhaften Gebrauch des Gottesnamens auf der Bühne.« Zusätzlich zu diesen Maßnahmen versuchte man auf vielfältige Weise, das Lachen in Mißkredit zu bringen, entweder indem man es als eine unkeusche Vergnügung darstellte oder als üble Schadenfreude, die auf dem Unglück anderer aufbaute.

Indem die feine Gesellschaft das Ausmaß des Gelächters unterband und es in Verruf brachte, gelang es ihr, die anarchischen Kräfte des Lachens unter Kontrolle zu bringen und ein seriöseres Benehmen zu fördern. Diese Entwicklung hatte – jedenfalls anfänglich – keinen Einfluß auf das einfache Volk, aber sie beeinflußte viele prominente Persönlichkeiten des achtzehnten Jahrhunderts wie Jonathan Swift und Alexander Pope. Laut Samuel Johnson leistete Swift »jedem Lachreiz hartnäckigen Widerstand«, und »weder die eigene noch die Fröhlichkeit anderer hat ihm je ein hörbares Lachen entlockt«. Auch andere Autoren äußerten ihr Mißfallen an der Unsitte. So verkündete zum Beispiel William Congreve: »Es gibt nichts Ungehörigeres für einen Mann von vornehmem Stand als das Lachen; es ist ein höchst vulgärer Ausdruck der Leidenschaft!« In einem Brief an seinen Sohn schrieb der Earl of Chesterfield: »Ich habe nun das Lachen erwähnt und will Dich sogleich eindringlich davor warnen. Häufiges und lautes Lachen ist ein Merkmal von Dummheit und schlechtem Benehmen: Es ist die Manier, mit der der Pöbel sein albernes Vergnügen an albernen Dingen zum Ausdruck bringt; und er nennt es Fröhlichkeit. Für mich gibt es nichts Engstirnigeres oder Unhöflicheres als lautes Gelächter.« Und Chesterfield rühmt sich vor seinem Sohn: »Ich bin sicher, daß ich noch niemals laut gelacht habe, seitdem ich meinen Verstand vernünftig zu gebrauchen weiß.«

Es gab noch weitere Gründe, warum die feine Gesellschaft im siebzehnten und achtzehnten Jahrhundert eine so heftige Aversion gegen das Lachen hatte. Zum einen galt es als Zeitvertreib des gemeinen Volkes und mußte demzufolge vermieden werden. Zweitens war es ansteckend und barg die Gefahr der Respektlosigkeit. Schließlich wurde das Lachen auch abgelehnt, weil es damals einen ganz anderen Zweck verfolgte als heute.

Menschen lachen aus den verschiedensten Anlässen, aber die häufigsten Anlässe sind »Spaß« und »Spott«. Allgemein ausgedrückt lachen wir entweder *mit* anderen, weil wir uns in fröhlicher Gesellschaft befinden, oder wir lachen *über* andere, weil sie uns lächerlich erscheinen. Wenn wir eine Untersuchung darüber durchführen würden, aus welchen Motiven die Menschen heute lachen, würden wir feststellen, daß sie in den allermeisten Fällen aus Spaß lachen und erheblich seltener aus Spott. Doch wäre es möglich gewesen, dieselbe Umfrage im sechzehnten Jahrhundert durchzuführen, hätte sich ergeben, daß das spöttische oder schadenfrohe Lachen weitaus verbreiteter war. Von Sir Francis Bacon erfahren wir zum Beispiel, daß man im sechzehnten Jahrhundert hauptsächlich über »Mißbildung« lachte, während Thomas Hobbes berichtet, daß man im siebzehnten Jahrhundert vornehmlich über »Schwäche« lachte. Hobbes zog folgenden Schluß: »Wer glaubt, durch Wort oder Tat sich vor anderen ausgezeichnet zu haben, neigt zum Lachen. Und ebenso enthält man sich schwer des Lachens, wenn durch einen Vergleich mit fremdem, unschönem Wort oder Tun die eigene Vortrefflichkeit um so heller hervortritt. Allgemein ist das Lachen das plötzliche Gefühl der eigenen Überlegenheit angesichts fremder Fehler.«

Nach diesen und anderen Berichten sieht es so aus, als ob die Menschen jener Zeit hauptsächlich lachten, um andere Leute zu verhöhnen und sich auf ihre Kosten lustig zu machen. Angesichts dieser Beweggründe wird verständlich, warum Männer wie Congreve und Chesterfield das Lachen mißbilligten und davon abrieten. Schließlich ist es wirklich nicht besonders nett, über Menschen zu lachen, die schuldlos ins Unglück geraten sind.

Das Bild des kühlen, leidenschaftslosen Engländers ist in den Schriften ausländischer Besucher oft beschworen worden. Zu Beginn des letzten Jahrhunderts berichtete Karl von Hardenburg: »Der Engländer hat alle Eigenschaften eines Spazierstocks, mit Ausnahme einer gelegentlichen Herzlichkeit.« Aus jüngerer Zeit stammt die Äußerung des tschechischen Autors Karel Čapek, der meinte, daß die Engländer sich durchaus amüsieren könnten, aber nur mit »unbeschreiblich finsterem und ledernem Gesichtsausdruck«. Der holländische Schriftsteller George Renier kam zu einem ähnlichen Schluß: »Oh, diese unbeweglichen Mienen einer phlegmatischen Rasse! ... Der Ausländer sieht nur das ewige Rätsel in der englischen Mimik, die das Geheimnis seiner Seele hütet wie die Sphinx einen Tempel, in dem geheimnisvolle Rituale zelebriert werden.« Die Beschreibungen, die Ausländer heute von den Briten geben, sind häufig immer noch wenig schmeichelhaft, aber sie beziehen sich nicht länger auf Eigenschaften wie Melancholie oder würdevollen Ernst. Das liegt daran, daß die englische Mimik sich in den letzten fünfzig Jahren stark gewandelt hat und den Gewohnheiten des Festlands ähnlicher geworden ist. Trotz dieser Veränderungen gibt es nach wie vor einige mimische Gewohnheiten, die typisch englisch sind.

So haben zum Beispiel viele Engländer die Angewohnheit, die Mundwinkel beim Lachen lediglich zur Seite und nicht nach oben zu ziehen. Das weckt bei Ausländern den Eindruck, daß die Engländer reserviert und emotional kontrolliert sind. Es trägt vielleicht auch zu der Stereotype bei, daß ein Engländer nie die Pointe eines Witzes versteht.

Selbst in Ruhestellung sieht das Gesicht eines Engländers häufig völlig anders aus als das aller anderen Europäer. Wenn zum Beispiel Angehörige der englischen Mittelschicht ein »entspanntes« Gesicht machen wollen, ziehen sie häufig die Augenbrauen hoch, vor allem wenn sie jemandem zuhören oder wenn sie aufmerksam wirken möchten. Das steht in deutlichem Kontrast zu den Walisern, die in vergleichbaren Situationen die Augenbrauen zusammenziehen. Diese mimischen Konventionen erklären, warum Fremde häufig den Eindruck haben, daß die Engländer pausenlos überrascht und die Waliser chronisch verwirrt sind.

Viele Engländer haben auch die Angewohnheit, die Lippen zu schürzen, wenn sie ein entspanntes Gesicht machen wollen, was vielleicht ebenfalls zum Bild des emotional kontrollierten Engländers beiträgt. Welchen Gesichtsausdruck Menschen annehmen, damit ihr Gesicht entspannt und ausdruckslos wirkt, ist zum Teil von den unbewußten Reaktionen abhängig, die bestimmte Mienenspiele auslösen, und zum Teil von der Gesellschaft, in der man lebt. Der »spitze Mund« ist seit geraumer Zeit eine der bevorzugten mimischen Ruhestellungen der Engländer. Die Ursprünge dieser speziellen Vorliebe reichen bis ins Mittelalter zurück, als ein kleiner, schmaler Mund als absolutes Schönheitsideal galt. Das zeigt sich zum Beispiel sehr deutlich an Holbeins Portraits von Heinrich VIII. und vor allem an seinem Hochzeitsgemälde von Jane Seymour.

Psychologisch betrachtet dient das Lippenschürzen vor allem dem Ziel, einen sicheren Schutzwall gegen die Außenwelt zu errichten. Wer die Lippen spitzt, macht sozusagen die Luken dicht, zieht die Zugbrücke hoch und läßt das Fallgitter herunter, und zwar alles auf einen Schlag. Bei geschürzten Lippen kann nichts herein- oder herauskommen, weder im wörtlichen noch im übertragenen Sinn. Die Beziehung zwischen der Person und der äußeren Welt wird also stabilisiert und gesichert. Aber die eigentliche Bedeutung des Lippenschürzens liegt darin, daß es uns die Möglichkeit gibt, unsere Gefühle und damit die Übermittlung von bestimmten Informationen zu kontrollieren.

Unser Verdauungssystem ist untrennbar mit unseren Gefühlen verbunden, vor allem mit negativen Gefühlen wie Angst, Schmerz und Ärger. Weil der Mund ein Teil dieses Systems ist, registriert er diese Emotionen ebenfalls, zeigt nach außen, was wir innerlich empfinden. Wir wissen alle, daß der Mund ein potentieller Verräter ist und dauernd droht, Informationen über unsere Gefühle preiszugeben, die wir lieber für uns behalten würden. Weil wir unsere Gefühle und den Eindruck, den wir auf andere machen, steuern und kontrollieren möchten, verstecken wir uns häufig hinter bestimmten Körperposen wie dem Lippenschürzen, das den Mund daran hindern soll, uns schnöde zu verraten.

Der wichtigste Anhaltspunkt für die Mimik der Engländer ist

ihre Einstellung gegenüber offenen Gefühlsausdrücken. Obwohl das Mienenspiel eines Engländers genauso belebt sein kann wie das jedes anderen Menschen, ist dies jedoch eher die Ausnahme, weil viele Engländer glauben, daß es für ein würdevolles Auftreten erforderlich ist, seine Gefühle zu verbergen, vor allem solche, die auf Schwäche oder mangelnde Selbstbeherrschung hindeuten könnten. Allerdings hat sich die Situation in den letzten Jahren etwas gewandelt, und es setzt sich mehr und mehr die Überzeugung durch, daß es nicht zwangsläufig für einen Mangel an Charakter spricht, wenn jemand die volle Bandbreite seiner Gefühle zum Ausdruck bringt. Interessanterweise kommen einige dieser Veränderungen aus englischen Zuschauersportarten wie Fußball und Politik. Als Paul Gascoigne bei der Fußballweltmeisterschaft vom Platz ging und vor Enttäuschung weinte, wurde den Engländern schlagartig bewußt, daß ein Kulturheld seine Gefühle zeigen kann, ohne seine Männlichkeit zu verlieren. Wer weiß, vielleicht tragen sogar die weinerlichen Bekenntnisse britischer Politiker à la David Owen dazu bei, die Engländer davon zu überzeugen, daß nicht nur Babies und Schloßhunde heulen.

Aber gibt es abgesehen von der reinen Mimik irgendeine typisch englische Verhaltensweise, die man im übertragenen Sinn als steife Oberlippe bezeichnen könnte? Ist es mit anderen Worten zutreffend, daß die vielbeschworene Steifheit der Engländer kennzeichnend für ihre psychische Aufmachung ist? Offenbar ja. Es gibt Anzeichen eines weitverbreiteten Stoizismus in der britischen Gesellschaft, und im Vergleich zum europäischen Festland ein ungewöhnliches Maß an Toleranz und Geduld. Man sagt, daß die Briten immer etwas brauchen, über das sie stöhnen können; das mag zutreffend sein, aber zutreffend ist auch, daß es lange dauert, bevor sie sich beklagen. Dieses Phänomen läßt sich häufig in Restaurants beobachten, wo die Kunden eindeutig unzufrieden mit dem Service sind und sich ausgiebig bei ihren Begleitern darüber beklagen, aber nicht im Traum auf die Idee kommen würden, sich bei der Geschäftsleitung zu beschweren. Diese Zurückhaltung hängt vielleicht mit der Schüchternheit der Briten zusammen, aber sie hat sicherlich mehr mit jener Hauptbenimmregel zu tun, die besagt, daß man in der Öffentlichkeit keine Szenen machen darf. Der Wunsch, keinen Ärger zu verursachen, ist eine sehr ausgeprägte Motivationskraft im britischen Alltag – ein Wunsch, der manchmal wichtiger zu sein scheint als das Leben selbst. Um mit Pamela Frankau zu sprechen: »Die Engländer halten Krankheiten nicht nur für interessant, sondern auch für eine Ehrensache, und sterben häufig, weil sie kein unnötiges Aufsehen erregen möchten.« Sie sind sich außerdem schmerzlich bewußt, daß auch der Tod selbst zur Belästigung für andere werden kann. So entschuldigte sich zum Beispiel Charles II. auf seinem Totenbett, daß er so lange zum Sterben brauchte.

Böse Blicke

Mit dem menschlichen Auge verbindet sich von alters her der Glaube, daß bestimmte Menschen über die Macht verfügen, anderen durch bloße Blicke zu schaden. Dieser Glaube an die sogenannte Faszination (von lat. *fascinare*: beschreien, behexen) ist auf der ganzen Welt verbreitet, vor allem jedoch im Mittelmeerraum, wo die Menschen seit prähistorischen Zeiten in beständiger Furcht vor dem bösen Blick leben. Die Etrusker, die alten Griechen und Römer glaubten alle an die Kraft des bösen Blicks und trafen spezielle Vorsichtsmaßregeln, um sich durch die verschiedensten Zauber, Amulette, Gebärden und Bannsprüche zu schützen.

Vor allem die Römer fürchteten den bösen Blick oder den *oculus fascinus*, wie sie ihn nannten, und errichteten zahlreiche Statuen zu Ehren der Göttin Nemesis, die ihre Schützlinge vor der Faszination beschützte. Im Equiline-Viertel von Rom gab es einen Altar zu Ehren der Unglücksgöttin *Mala Fortuna*, an dem ausschließlich Menschen opferten, die den bösen Blick fürchteten. Nach Plinius dem Älteren stellten die Römer Satyrstatuen in ihren Gärten auf, um böse Geister fernzuhalten, vor allem solche, denen Faszinationskräfte zugeschrieben wurden, und jedes Jahr im Frühling wurde ein Fest zu Ehren des Gottes Bacchus veranstaltet, um das Korn vor den bösen Blicken von Menschen und Geistern zu schützen. Vieh und Obstgärten galten als besonders anfällig für die Gefahr der Faszination, und die *Dezemvirales Tabulae* verhängten bestimmte Strafen für Leute, die mit ihrem bösen Blick die Ernte verdarben.

Zeitgenössische Theorien über die Funktionsweise des Auges unterscheiden sich erheblich von jenen, die in der antiken Welt kursierten. Heute wissen wir, daß das Auge einfallendes Licht absorbiert und auflöst, aber die Gelehrten des alten Griechenland und Rom hatten eine völlig andere Vorstellung vom Sehen. Sie glaubten, daß das Auge Strahlen *aussandte* und daß diese Strahlen wie Pfeile durch die Luft flogen, auf Gegenstände trafen und von diesen ins Auge zurückgeworfen wurden. Sie glaubten auch, daß diese Strahlen durch den Charakter oder den Zustand der Person, die sie aussandte, beeinflußt werden konnten und daß vor allem der Neid den bösen Blick förderte.

In irgendeiner Entwicklungsstufe hat jede europäische Gesellschaft an den bösen Blick geglaubt. Das zeigen archäologische Funde und schriftliche Überlieferungen wie auch die Wörterbücher der europäischen Sprachen. Bei den Italienern heißt der böse Blick zum Beispiel *mal occhio* und bei den Griechen *baskania*. Die Franzosen bezeichnen ihn als *mauvais œil* und die Engländer als *evil eye*. Die Spanier haben *mal ojo* und die Holländer den *booze blik*, die Norweger *skoertunge*, die Dänen *et ondt oje*, die Polen *zte oko* und die Ungarn *szemveres*.

Obwohl der Glaube an den bösen Blick einmal ganz Europa beherrschte, ist sein Einfluß auf die europäische Vorstellungswelt heute deutlich geringer geworden, und in einigen Ländern gibt es nur noch ein paar sprachliche Fingerabdrücke und Indizienbeweise für diesen einst mächtigen Aberglauben. Bis zur Jahrhundertwende war zum Beispiel der Glaube an den bösen Blick in bestimmten Teilen Schottlands weit verbreitet. Heute glauben nur noch wenige Schotten an den bösen Blick oder ergreifen Vorsichtsmaßnahmen, um sich davor zu schützen, auch wenn immer noch die Rede vom »*blink o' an ill ee*« ist. In anderen Teilen Europas, vor allem an der Mittelmeerküste, in Ländern wie Spanien, Italien, Griechenland und der Türkei, steht der Glaube an den bösen Blick nach wie vor in voller Blüte. Für diese Menschen gleicht der böse Blick dem Angriff einer Skudrakete. Man weiß nicht, aus welcher Richtung der Angriff erfolgen wird, was er treffen oder welchen Schaden er anrichten wird. Man weiß aber, daß es sehr wahrscheinlich Verletzte geben wird und daß man selbst dazugehören könnte. Das erfordert eine erhöhte Wachsamkeit. Man muß unbedingt wissen, welche Art von Menschen über den bösen Blick verfügen, wo sie wahrscheinlich angreifen werden und wie man sie am besten abwehren kann.

Es gibt verschiedene volkstümliche Theorien darüber, wie Menschen den bösen Blick erwerben. Eine besagt, daß Kinder, die schon entwöhnt wurden und dann wieder gesäugt werden, sehr leicht den bösen Blick entwickeln – wahrscheinlich weil man ihren Forderungen nachgegeben und sie dafür belohnt hat. Das erklärt, warum in Griechenland, Rumänien und der Slowakei – und bis vor kurzem in Schweden – Kinder selten wieder an die Brust durften, nachdem sie entwöhnt worden waren. In den meisten Ländern ist man der Ansicht, daß einige Personen den bösen Blick vorübergehend erwerben können, daß aber die gefährlichsten Fälle jene sind, wo die Fähigkeit angeboren ist. In Italien werden solche Menschen als *jettatori* bezeichnet. Nach Überzeugung der Italiener üben einige *jettatori* ihre Macht bewußt aus, andere unbewußt; der böse Blick wird also manchmal wahllos eingesetzt, kann aber auch ganz gezielt gegen bestimmte Einzelpersonen gerichtet werden.

Die Italiener glauben, daß es drei Gruppen von Menschen gibt, die anderen durch ihre Blicke schaden können. Erstens sind da jene, die auf andere neidisch sind, zweitens jene, die von Natur aus in der Lage sind, andere zu behexen, und drittens jene, die eine gesellschaftliche Machtstellung innehaben. Die erste Gruppe umfaßt Menschen, die in irgendeiner Weise gehandikapt oder benachteiligt sind und deshalb gesunden und erfolgreichen Menschen Schaden zufügen können. Zu dieser Gruppe gehören Kleinwüchsige, Bucklige und häßliche alte Männer und Frauen – im Grunde jeder, der in irgendeiner Weise zum Neid neigen könnte und deshalb eine Gefahr bildet; daher auch der italienische Ausdruck *Invidia Crepa* oder »Neid tötet«.

Mehrere physiognomische Merkmale werden als verläßliche Anzeichen des bösen Blicks gedeutet. Dazu gehören Form und Farbe der Augen. Von den Deutschen sagt man zum Beispiel, daß sie mißtrauisch auf Leute mit blutunterlaufenen Augen reagieren, während die Iren vor allem dem Schielen argwöhnisch gegenüberstehen. Im Gegensatz dazu glauben die Italiener, daß man einen *jettatore* an seinen stechenden Augen und buschigen Augenbrauen erkennt.

Abgesehen von diesen Merkmalen gibt es die allgemeine Überzeugung, daß Frauen den bösen Blick zeitweise annehmen können, vor allem während der Menstruation, wenn sie unrein sind, oder während der Schwangerschaft, wenn sie mit den geheimnisvollen Kräften der Schöpfung im Bunde stehen.

Schließlich schreibt man auch Leuten mit Macht – Königen, Päpsten und Priestern – den bösen Blick zu. Noch heute kann man in Italien erleben, daß ein Mann, der frühmorgens aus dem Haus geht und einem Priester oder Mönch begegnet, sofort wieder umkehrt und erst mal eine Weile wartet, bevor er sich erneut auf den Weg macht. Man glaubt, daß es Unglück bringt, wenn man morgens auf einen Geistlichen trifft, und diese Vorsichtsmaßnahme soll den bösen Zauber entkräften.

Kardinälen und Päpsten hat man oft den bösen Blick nachgesagt. Der berühmteste kirchliche Fall war Papst Pius XI. Papst Pius war in den ersten Jahren seines Pontifikats sehr beliebt. Aber als er eines Tages durch die Straßen von Rom fuhr, fiel sein Blick zufällig auf eine Amme, die an einem offenen Fenster stand und ein Kind auf den Armen hielt. Einige Minuten, nachdem der Papst vorbeigefahren war, stürzte das Kind aus dem Fenster und starb. Niemand unterstellte dem Papst, daß er das Unglück absichtlich herbeigeführt hatte, aber das Ereignis reichte aus, um ihn für den Rest seines Lebens als *jettatore* zu brandmarken.

Ein ähnliches Beispiel liefert der Fall von König Alfons von Spanien. 1923 begab sich der König auf einen Staatsbesuch nach Italien, um der neuen Regierung unter Mussolini seine Aufwartung zu machen. Als sein Schiff den Hafen von Genua erreichte, erhob sich ein fürchterlicher Sturm, und vier Seeleute ertranken. Als das Schiff in die Bucht von Neapel einlief, explodierte die alte Bronzekanone, mit der man den Begrüßungsböller abfeuerte, wobei das Bedienungspersonal getötet wurde, und bald darauf brach ein Regierungsbeamter, der dem König die Hand geschüttelt hatte, tot zusammen. Am nächsten Tag war König Alfons als *jettatore* verschrien. Mussolini weigerte sich, ihn zu empfangen, und alle Staatsgeschäfte, die die beiden zu erledigen hatten, wurden mit Hilfe von widerstrebenden Boten durchgeführt. Die Bediensteten, die man dem König zugeteilt hatte, füllten ihre Taschen mit Schlüsseln und Metallgegenständen, um sich zu schützen, und überall, wo der König auftauchte, wurde er mit abgewandtem Blick und hörbarem Metallgeklapper begrüßt. König Alfons ist diesen Ruf nie wieder losgeworden und wurde Zeit seines Lebens von den Menschen gemieden. Einmal, als er mit einem Freund im Restaurant saß, platzte ihm der Kragen. Er sprang auf und rief: »Schaut mich an! Schaut mich an! Sehe ich aus wie ein *jettatore*?« Innerhalb von Sekunden hatte sich das Restaurant geleert, und der König und sein Begleiter blieben allein zurück, denn es ist allgemein bekannt, daß die Macht eines *jettatore* um so größer wird, je stärker er sie leugnet.

Der böse Blick kann auf Menschen, Tiere und Ernten gerichtet werden – tatsächlich auf alles, was Neid hervorrufen könnte.

Extrem gefährdet sind Frauen und Kinder, die sich durch besondere Schönheit auszeichnen. Infolge des bösen Blicks können gesunde Haustiere sterben und gute Ernten verderben; und persönliche Besitztümer zerbrechen oder verschwinden, wenn sie Neid und damit den bösen Blick hervorrufen. In Kulturen, die an den bösen Blick glauben, geht man allgemein davon aus, daß neidische Menschen ihre Gefühle nicht immer verbergen können. Manchmal verraten sie sich, indem sie anderen Leuten schmeicheln und indem sie Gegenstände preisen, die sie selbst gern besitzen würden. Man glaubt, daß auch unschuldige und wohlwollende Personen anderen Unglück bringen können, wenn sie Komplimente machen – entweder weil die Komplimente den Neid der Götter erregen oder weil sie die Menschen zum Hochmut verleiten. Aus welchem Grund auch immer – es gilt die allgemeine Regel, daß Schmeicheleien mit Vorsicht zu genießen sind. Gleichzeitig muß man wachsam sein, wenn man selbst Komplimente macht, weil immer die Möglichkeit besteht, daß die eigenen Motive mißverstanden werden oder daß man jemanden ungewollt behext.

Diese Vorsichtsregeln haben weitreichende Konsequenzen für das soziale Verhalten in einer Gesellschaft. Der Glaube an den bösen Blick bedeutet, daß die Leute ständig auf der Hut sind und mit aller Kraft versuchen, jeden kontaminierenden Kontakt mit dem bösen Blick zu vermeiden. Es bedeutet auch, daß die Leute nicht mit ihren Leistungen prahlen dürfen, weil sie sonst den Neid anderer erregen würden, und daß sie kein Mißtrauen wecken dürfen, indem sie Komplimente oder Lob aussprechen. Wenn ein Lob unumgänglich ist, müssen sie zu bestimmten formelhaften Ausdrücken greifen, die deutlich machen, daß sie nichts mit dem bösen Blick zu tun haben. In Rumänien ergänzt man ein Kompliment für gewöhnlich durch die Formulierung *Sa nu-i fie de deochiu!*, was in etwa bedeutet »Möge dies keinen Anlaß für den bösen Blick geben«. Die Italiener benutzen manchmal den Ausdruck *Se mal occhio non ci fosse*, was bedeutet, daß ein ehrliches Lob keine bösen Folgen haben wird. Noch häufiger greifen sie allerdings zu *Benedica!* oder *Dio Benedica!*, also »Gott segne dich!«. Zusätzlich zu diesen verbalen Dementis spuckt man dreimal auf den Boden, wieder um zu zeigen, daß man nichts Übles im Schilde führt und den Beistand guter, nicht böser Geister beschwört.

In Ländern, in denen man nicht mehr an den bösen Blick glaubt, herrscht normalerweise eine völlig andere Situation. Obwohl es auch hier noch sprachliche Überreste des Aberglaubens geben mag – wie den englischen Ausdruck *God bless you!* oder das deutsche »Gesundheit!« –, reagieren die Leute im allgemeinen nicht mißtrauisch auf Schmeicheleien und zeigen zweifellos erheblich weniger Hemmungen, wenn es darum geht, die eigenen Vorzüge herauszustellen.

Bekanntermaßen können Menschen, die über den bösen Blick verfügen, auf die unterschiedlichste Weise zuschlagen. Der angerichtete Schaden kann von Kopfschmerzen und kleineren Verletzungen bis zu den scheußlichsten Krankheiten und dem Tode reichen. Die Italiener wissen, daß die *jettatori* Zahnausfall, Schuppen und Impotenz auslösen können, ebenso wie Stürme, Flutkatastrophen und Lawinen. Die meisten *jettatori* haben sich jedoch auf eine einzelne Katastrophenart spezialisiert. *Jettatori di cavalli* sind zum Beispiel für lahmende Pferde verantwortlich, während die *jettatori di bambini* sich auf Kinder konzentrieren. Andererseits besteht das einzige Ziel der *jettatori sospensivi* darin, Verzögerungen und Schikanen für Leute herbeizuzaubern, die dringend zu einer Verabredung müssen. Wenn Sie zum Beispiel unbedingt einen Zug erreichen müssen und einen dieser Übeltäter treffen, so verwickelt er Sie unweigerlich in ein langes Gespräch, aus dem es praktisch kein Entrinnen gibt. Sollte Ihnen dennoch die Flucht gelingen, werden Sie feststellen, daß Ihr Wagen nicht anspringt oder daß kein Taxi aufzutreiben ist oder daß die betreffende Zugverbindung gestrichen wurde. Egal was Sie tun, Sie werden Ihr Ziel niemals pünktlich erreichen. Die Begegnung mit einem *jettatori sospensivo* gilt als äußerst frustrierendes Erlebnis, hat allerdings den Vorteil, daß man mit einer plausiblen Entschuldigung für sein Zuspätkommen aufwarten kann – wofür in Italien zweifellos ein gewisser Bedarf besteht. Wenn es den *jettatore sospensivo* nicht schon gäbe, müßten die Italiener ihn wahrscheinlich erfinden.

Gesellschaften, die an den bösen Blick glauben, verfügen über eine breite Palette an Abwehrstrategien. Da Vorsorgen bekanntlich besser ist als Heilen, besteht der beste Schutz darin, den bösen Blick entweder zu vermeiden oder sich davor zu verstecken. Viele Italiener finden nichts dabei, einen riesigen Umweg in Kauf zu nehmen, wenn sie dadurch ein Gebiet vermeiden können, das regelmäßig von einem bekannten *jettatore* heimgesucht wird. Sie nehmen auch beträchtliche Mühen auf sich, um ihre persönlichen Besitztümer vor dem Blick der Öffentlichkeit zu verbergen. In Italien gibt es beispielsweise Bauern, die ihr Vieh in Verschlägen halten, statt es auf der Wiese grasen zu lassen, weil es dort die Aufmerksamkeit von eifersüchtigen Nachbarn und Passanten hervorrufen könnte.

Es gibt weitere Mittel, um sich vor dem bösen Blick zu schützen, wie zum Beispiel Beschwörungsformeln, Amulette, Gesten und das Berühren schützender Substanzen wie Holz, Eisen oder der eigenen Haut. Man geht allgemein davon aus, daß die Berührung von Holz mit dem Kreuz in Verbindung steht. Es spricht jedoch einiges dafür, daß diese Praxis keine christliche Erfindung ist, sondern ihren Ursprung in heidnischen Baumkulten hat.

Die meisten Nordeuropäer glauben, daß es Glück bringt, auf Holz zu klopfen. Die Italiener greifen zu diesem Zweck lieber zu einem Stück Eisen. Der Glaube, daß *toccaferro* oder das Berühren von Eisen Glück bringt, geht wahrscheinlich auf eine Zeit zurück, als Völker, die sich auf die Kunst des Eisenschmelzens verstanden, einen eindeutigen Vorteil gegenüber denjenigen hatten, die diese Fertigkeit nicht beherrschten. Dafür spricht zum Beispiel die fast universelle Verehrung, die Schmieden entgegengebracht wird, und die Tatsache, daß man ihnen oft übernatürliche Kräfte zuschreibt. Eine weitere wirksame Methode, um sich gegen den bösen Blick zu schützen, ist die Berührung der eigenen Hoden, wobei man mit der Hand entweder in, meist jedoch auf die Hose faßt. Die Berührung der eigenen Hoden oder *toccapelle* bleibt zwangsläufig den italienischen Männern vorbehalten. Aber Frauen ahmen die Geste manchmal nach, indem sie die Hände zwischen die Beine halten und nach imaginären Hoden greifen. Interessanterweise ist die Sitte nicht auf die Abwehr des bösen Blicks beschränkt. Auch wenn italienische Männer sich unterhalten, sind sie ständig damit beschäftigt, ihre Genitalien zu ordnen. Man hat diese Angewohnheit auf das warme Klima zurückgeführt, aber die Tatsache, daß sie am häufigsten zu beobachten ist, wenn Männer theatralisch werden, spricht dafür, daß es mehr als eine Erklärung für diese Angewohnheit gibt. Vielleicht soll sie in erster Linie signalisieren, daß man derart gut bestückt ist, daß es ständig etwas umzulagern gilt.

Es gibt mehrere Handzeichen, die einen guten Schutz vor dem bösen Blick bieten. Dazu gehört die »Hörnergeste« oder *mano cornuta*, bei der man den Zeigefinger und den kleinen Finger von der geballten Faust abspreizt. Das Hörnerzeichen ist in ganz Italien verbreitet und wird sowohl in einem beleidigenden Sinn als auch zur Abwehr des bösen Blicks benutzt. In ihrer Abwehrfunktion wird die Geste manchmal heimlich ausgeführt – zum Beispiel machen die Leute das Zeichen oft hinter ihrem Rücken, wenn eine Leichenprozession vorüberzieht –, ansonsten wird die drohende Gefahr abgewendet, indem man die Hörner auf den vermeintlichen *jettatore* richtet oder die unheilvollen Auswirkungen des bösen Blicks damit wegfegt. Die Hörnergeste ist ein sehr altes Zeichen, über dessen Ursprünge in wissenschaftlichen Kreisen noch immer heftig diskutiert wird. Die wahrscheinlichste Erklärung ist, daß die Geste im Rahmen der Stieranbetung aufkam und durch den Mithraskult verstärkt wurde, der die Welt des Altertums mehrere Jahrhunderte lang beherrschte. Es ist auch denkbar, daß die Geste auf den Dianakult zurückgeht; das Symbol der Diana war die Mondsichel, deren Form gewisse Ähnlichkeiten mit der Hörnergeste aufweist.

Eine weitere Geste mit heidnischem Ursprung ist die *mano fica* oder das Feigenzeichen: Bei geballter Faust wird der Daumen zwischen Zeige- und Mittelfinger geschoben. Weil der Daumen dabei den Penis und die anderen beiden Finger die Vulva repräsentieren, wird die Geste als Feigenzeichen bezeichnet. Das rosafarbene Fruchtfleisch der Feige symbolisiert nicht nur die Vulva, auch der Feigenbaum selbst ist berühmt für seine Fruchtbarkeit, und Feigenblätter waren bekanntlich die erste Bekleidung von Adam und Eva. Da die Geste den Geschlechtsakt versinnbildlicht, bietet sie sich für eine Reihe von sexuellen Bedeutungen an, und genau dies läßt sich auch in ganz Europa beobachten. In Deutschland bezieht sich das Feigenzeichen zum Beispiel recht konkret auf den Geschlechtsakt, entweder als Anspielung auf eine dritte Partei oder als sexuelles Angebot. Es wird in Deutschland auch im beleidigenden Sinn verwendet. In Portugal wird die Geste dagegen ausschließlich zur Abwehr des bösen Blicks benützt. Im Altertum hat man das Feigenzeichen ausnahmslos zu diesem Zweck eingesetzt, doch im heutigen Griechenland wird es kaum noch in diesem Sinn verstanden. Vor nicht allzu langer Zeit war das Feigenzeichen in Italien noch ein sehr verbreitetes Schutzzeichen. Wenn zum Beispiel König Ferdinand von Neapel und Sizilien in der Öffentlichkeit erschien, steckte er gelegentlich die Hand in die Tasche. Wer seine Angewohnheiten kannte, wußte, daß er heimlich das Feigenzeichen machte, um die Gefahr des bösen Blicks abzuwehren. König Viktor Emmanuel II. soll ebenfalls auf die Kraft des Feigenzeichens vertraut haben, und man sagt, daß er es wiederholt bei der Schlacht von Solferino machte, um seine Armee vor feindlichen Zauberkräften zu schützen. Auf dem italienischen Festland ist das Zeichen heute selten geworden. Die einzigen Orte, wo es nach wie vor gegen den bösen Blick eingesetzt wird, sind in wesentlich geringerem Maß als zum Beispiel Portugal – Sizilien und Sardinien.

Das Problematische an Gesten, die den bösen Blick vertreiben sollen, ist, daß sie nur solange wirken, wie man die Geste macht. Sie bieten keinen Schutz für unachtsame Momente oder für Kinder und alte Leute. Dieses Problem läßt sich am besten lösen, indem man einen magischen Gegenstand wie zum Beispiel ein Amulett bei sich trägt, das dauerhaften Schutz gegen den bösen Blick gewährt. Einige der Amulette, die in Europa benutzt werden, sind Schutzzeichen nachempfunden. Die Portugiesen tragen manchmal Anhänger aus Silber, Gold oder Plastik in Form einer Hand, die das Feigenzeichen macht. Die Italiener haben eine wesentlich größere Auswahl an Amulettformen. Die Motive ihrer Amulette, die aus Korallen, Silber oder Plastik gefertigt werden, reichen von der grundlegenden Hörnergeste über ein einzelnes Horn und die Mondsichel bis hin zu Buckligen und Hufeisen. Manchmal sind mehrere dieser Symbole in einem Amulett enthalten.

Die Zahl der Amulettformen, die nicht auf Gesten zurückgehen, ist unendlich groß. Auf dem Balkan tragen die Menschen Anhänger in Form von Wolfsmäulern, Hahnenfüßen oder Krebszangen, um sich vor dem bösen Blick zu schützen, während in Griechenland und der Türkei rote oder blaue Bänder um das Handgelenk gewunden oder Kindern ins Haar geflochten werden. In Griechenland weisen die Amulette oder *phylactos* häufig christliche Motive auf, wie zum Beispiel das Kreuz; gebräuchlich sind aber auch blaue Perlen, die auf heidnische Ursprünge zurückgehen, und in Silber oder Gold gefaßte Glasaugen. Welche

geheimnisvollen Kräfte wohnen den Amuletten inne, daß sie den
bösen Blick besiegen können?

Es gibt mindestens drei volkstümliche Theorien, die die Wir-
kungsweise von Amuletten erklären. Die erste ließe sich als
»Blitzableitertheorie« bezeichnen und geht davon aus, daß man
die Macht des bösen Blicks brechen kann, wenn man ihn auf ein
Amulett ablenkt. Am besten funktioniert das beim Feigenamu-
lett, weil die auffällige sexuelle Symbolik die Aufmerksamkeit
des bösen Blicks auf sich zieht und ihn lange genug gefangenhält,
um zumindest die Kraft des ersten Blicks, der als besonders gefährlich gilt, zu brechen.

Zweitens gibt es die Theorie der »sympathischen Magie«, die
von der Annahme ausgeht, daß sich das Böse am besten mit dem
Beelzebub austreiben läßt. Nach dieser Theorie kann man den
bösen Blick, der einen aufspießt oder durchbohrt, seinerseits
durch Hörner oder hornförmige Gegenstände aufspießen und
damit zunichte machen oder auch durch Augen oder augenför-
mige Gegenstände einschüchtern. Schließlich gibt es noch die
»Schirmherrschaftstheorie«, die die Wirksamkeit von Amuletten mit höheren oder stärkeren Mächten erklärt. Der Grundge-
danke ist hier, daß der böse Blick abgeschreckt wird, wenn er auf
das Symbol einer Macht trifft, die stärker ist als er selbst – wie
zum Beispiel ein Stier, die Jungfrau Maria oder Jesus. Im wesentlichen sagt die Person, die das Amulett trägt, zum bösen Blick:
»Schau her, ich weiß, daß du stark bist. Aber du bist nicht so
stark wie mein Schutzheiliger.«

Man hat zahlreiche Theorien entwickelt, um zu erklären,
warum die Menschen an den bösen Blick glauben. Der Glaube
könnte zum Beispiel mit der Tatsache zusammenhängen, daß ein
unverwandter Blick in jeder menschlichen Gesellschaft und bei
den meisten anderen Spezies als Zeichen der Gefahr gilt. Andererseits könnte er auch auf der abergläubischen Furcht basieren,
daß kein Glück ewig währen kann und daß wir unser Schicksal
nicht herausfordern dürfen, indem wir unser Glück zur Schau
stellen.

Ein weiterer Erklärungsansatz für den bösen Blick weist darauf hin, daß die begehrten Besitztümer – wie Geld, gutes Aussehen und Jugend – nicht gerecht verteilt sind, was Schuldgefühle
bei den vom Glück Begünstigten auslöst und sie zu der Annahme bringt, daß andere Leute sie beneiden. Mit der Zeit ver-

wandeln sich ihre Schuldgefühle in Haß, aber statt zuzugeben, daß sie die weniger Glücklichen fürchten, projizieren sie ihre Gefühle auf andere und ziehen den Schluß, daß sie selbst gehaßt werden. Auf diese Weise wird der Neid zur Erklärung und zur Ausrede dafür, daß man fremde Blicke fürchtet und seine Besitztümer vor der Welt verbirgt. Es ist nicht schwer nachzuvollziehen, warum Menschen den neidischen Blick der weniger Glücklichen fürchten, aber wie erklärt sich die Tatsache, daß sie auch den bösen Blick der Mächtigeren fürchten? Dieses scheinbare Paradox klärt sich, wenn man berücksichtigt, daß benachteiligte Menschen *mehr*, nicht weniger von anderen zu fürchten haben. Da jeder weitere Verlust sie empfindlich treffen würde, machen sie sich eher noch mehr Sorgen über den Neid der anderen. Und je entbehrungsreicher das Leben der Menschen ist, desto verwundbarer sind sie auch gegenüber jenen, die an der Macht sind. Diese Ängste kommen dann leicht darin zum Ausdruck, daß man Päpsten, Königen und Geistlichen den bösen Blick zuschreibt. Neapel liefert ein gutes Beispiel. Die Stadt ist nicht nur durch Armut und Korruption geprägt, auch der böse Blick spielt eine zentrale Rolle im Denken der Menschen. Jahrhundertelang sind die Neapolitaner durch skrupellose Eroberer, korrupte Politiker und die *Camorra*, ihre lokale Version der Mafia, ausgebeutet worden. Es ist kein Wunder, daß sie den Neid jener fürchten, die weniger haben als sie selbst, und die Raffgier jener, die mehr haben.

Der Glaube an den bösen Blick, der einst ganz Europa umspannte, konzentriert sich heute hauptsächlich auf den Mittelmeerraum, von wo er wahrscheinlich einmal seinen Ausgang nahm. Es ist bemerkenswert, wie stark dieser Glaube die Haltung der Menschen zueinander prägt. Und bemerkenswert ist auch, wie zäh und hartnäckig er sich am Leben hält. Trotz aller Fortschritte der Wissenschaft übt die Vorstellung, daß bestimmte Menschen anderen durch bloße Blicke schaden können, immer noch großen Einfluß auf das Verhalten der Menschen aus.

Die Italiener gestikulieren mit den Händen, um die Gesprächsführung zu behalten und Aufmerksamkeit zu erregen.

Die Franzosen sind die Europameister des Kusses. (*Cartier-Bresson / Magnum*)

Deutsche Atomkraftgegner strecken der französischen Polizei ihre nackten Hinterbacken entgegen. (*Édition Gendre*)

Russische Warteschlange vor dem Leninmausoleum auf dem Roten Platz. (*SCR Photo Library*)

Gestikulieren

Den Italienern wird zugute gehalten, daß sie die Oper erfunden haben, aber manchmal sieht es so aus, als ob es umgekehrt wäre. Wenn man Italiener beim Gespräch beobachtet, kann man sich kaum des Eindrucks erwehren, daß Italien einfach eine einzige riesige Opernaufführung ist und daß der Hauptlebenszweck der Italiener darin besteht, täglich in den Straßen aufzutauchen, um verwegen mit den Armen zu fuchteln und sich theatralisch in Pose zu werfen. In anderen Ländern muß man für derartige Aufführungen viel Geld bezahlen. In Italien kriegt man sie umsonst. Die Vorstellungen laufen gänzlich ohne Drehbuch ab, sind frei improvisiert und enthüllen eine Menge über den Charakter der Italiener und ihre Beziehung zueinander. Für die Italiener sind Gespräche nicht einfach ein Meinungs- und Informationsaustausch. Der wahre Sinn eines Gespräches besteht darin, sich zu amüsieren und seine Beziehungen zu festigen. Die Italiener haben festgestellt, daß das am besten geht, wenn man das Gespräch in eine darstellende Kunst verwandelt – eine Kunst, bei der man sich gegenseitig in eindrucksvollen Bewegungen überbietet und das ganze Schauspiel darauf ausrichtet, sowohl die Teilnehmer als auch jede Art von Publikum zu erfreuen und zu unterhalten.

Historische Zeugnisse zeigen, daß die Italiener immer ein sehr gebärdenfreudiges und ausdrucksstarkes Volk gewesen sind. Man weiß zum Beispiel, daß römische Autoren wie Cicero und Quintilian sich intensiv mit der rhetorischen Bedeutung der Gestik auseinandersetzten und daß die Römer viele Gebärden von den Griechen übernahmen. Die Werke von Plinius, Catull und Ovid enthalten viele Begriffe, die sich auf ausdrucksstarke Bewegungen der Hände, des Gesichts, der Augen und Lippen beziehen. Als sich einige Jahrhunderte später die italienische Sprache herausgebildet hatte, beschrieben Schriftsteller wie Dante und Boccaccio verschiedene gestische und mimische Ausdrucksformen, die zu ihrer Zeit gebräuchlich waren. Aus diesen Beschreibungen wird ersichtlich, daß die Italiener jener Epoche ebenso temperamentvoll waren wie ihre heutigen Nachkommen. Das bestätigt auch der Verfasser von *A Treatise of Daunces*, der sich 1581 folgendermaßen äußerte: »Der Italiener mischt und untermalt seine... Sprache... mit so vielerlei Gebärden, daß ein Engländer, der ihn von weitem sähe und seine Worte nicht hörte, ihn entweder für närrisch halten oder glauben möchte, einen Komödianten auf der Bühne vor sich zu haben.« Im Gegensatz dazu, so der Autor, wirke ein Deutscher, der von der Kanzel predige, als ob er von einer Lähmung befallen wäre.

Wenn man sich entscheiden müßte, in welcher Stadt die Bewohner am meisten gestikulieren, würde die Wahl zweifellos auf Neapel fallen. Die Neapolitaner haben die Gebärdensprache zu einer hohen Kunst entwickelt und ein Zeichensystem geschaffen, das mit der Eloquenz des gesprochenen Wortes wetteifert und es gelegentlich überflügelt. Wenn man durch die Via Chiaia oder die Gassen von Spaccanapoli schlendert, stößt man überall auf den überwältigenden Anblick von Leuten, die sich mit den Händen unterhalten. In der Galleria Umberto ist das Schauspiel sogar noch eindrucksvoller. Hier treffen sich allmorgendlich die Männer, um über Geschäft und Politik zu diskutieren, um die neuesten Klatschgeschichten und – so könnte man meinen – Gebärden auszutauschen. Die Diskussion ist immer hitzig, die Gebärdensprache intensiv. Während Meinungen und Argumente hin- und herfliegen, zerteilen wirbelnde Hände die Luft und werfen kryptische Zeichen in alle Himmelsrichtungen. Für den Außenstehenden wirkt die Szene wie ein perfekt choreographiertes Fingerballett oder ein Dirigententreffen, bei dem die Teilnehmer ohne Taktstöcke arbeiten.

Reisende, die nach Neapel kamen, waren immer beeindruckt von der besonderen Anmut und Beredtheit des neapolitanischen Gebärdenspiels. Zu jenen, die uns ihre Eindrücke hinterlassen haben, gehören Goethe, Kardinal Wiseman und Charles Dickens. Als Dickens in Neapel war, fiel ihm auf, daß »alles durch Pantomimen ausgedrückt wird«. Es gelang ihm, einige Gesten zu enträtseln: »Dort zanken sich zwei Männer. Der eine legt die Fläche seiner rechten Hand auf den Rücken der Linken und bewegt die beiden Daumen hin und her – das soll Eselsohren heißen –, worüber sein Gegner vor Wut in Verzweiflung gerät. Zwei Leute handeln um Fische: Der Käufer macht eine Pantomime, als wollte er eine Westentasche ausschütteln, als man ihm den Preis nennt, und geht, ohne etwas zu sagen, weg – er hat dem Verkäufer ganz deutlich zu verstehen gegeben, daß ihn der Preis zu hoch dünkt. Zwei Leute fahren aneinander vorüber. Der eine berührt zwei- oder dreimal seine Lippen, hält die fünf Finger seiner rechten Hand in die Höhe und durchschneidet mit der flachen Hand die Luft horizontal. Der andere nickt und fährt weiter. Er ist zu einem freundschaftlichen Mittagessen um halb sechs Uhr eingeladen worden und wird kommen.«

Die ausführlichste Beschreibung Neapolitanischer Gebärden wurde 1832 von Andrea Di Jorio herausgegeben. Jorio war Domherr an der Kathedrale von Neapel und verwaltete außerdem die griechischen Vasen am Royal Bourbon Museum. Als er einmal örtliche Würdenträger durch das Museum führte, bemerkte Di Jorio, daß sie ihre Kommentare über die Vasen manchmal mit Gesten begleiteten, die auch auf den Vasen abgebildet waren. Das veranlaßte ihn, ein ausführliches Verzeichnis von allen neapolitanischen Gesten zu veröffentlichen, von denen die meisten noch heute in Neapel gebräuchlich sind. Di Jorio entdeckte auch, daß viele neapolitanische Gesten auf die alten Griechen zurückgingen, die im zweiten Jahrtausend vor Christi Geburt angefangen hatten, Handel mit der italienischen Küste zu treiben. Es ist eine interessante Vorstellung, daß die Gebärden, die zur Zeit Homers von den Griechen eingeführt wurden, noch heute auf den Straßen von Neapel zu sehen sind.

Angesichts der kulturellen Unterschiede im Gebärdenspiel neigen wir leicht zu der Annahme, daß es kaum Möglichkeiten der Veränderung gibt – daß Völker, die lebhaft gestikulieren, wie die Italiener, schon immer sehr lebhaft waren, während Völker, die weniger gestikulieren, wie die Nordeuropäer, seit jeher reserviert und zurückhaltend waren. Diese Vorstellung wird von historischen Fakten nicht immer bestätigt. Die Franzosen gelten heute zum Beispiel allgemein als gestenreich, was noch im sechzehnten Jahrhundert völlig anders war. Bevor Katharina von Medici aus Florenz aufbrach, um nach Frankreich zu reisen und Heinrich IV. zu heiraten, machten französische Höflinge wenig Gebrauch von Gesten, weil sie diese Angewohnheit für vulgär hielten. Zur Zeit der Restauration hatten stilisierte Handbewegungen dann bereits alle Schichten der französischen Gesellschaft durchdrungen, und die Gebärdensprache war allgemein so beliebt, daß es eine Zeitlang schien, als wäre Frankreich auf dem besten Wege, Italien gebärdenmäßig den Rang abzulaufen. Das ist den Franzosen zwar nie gelungen, aber sie gestikulieren immer noch leidenschaftlich gern.

Das französische Gebärdenspiel unterscheidet sich in mehreren Hinsichten vom italienischen. Erstens verfügen die Franzosen einfach nicht über so viele einzelne Gesten wie die Italiener. Das gilt nicht nur für die Handzeichen, die unabhängig von der gesprochenen Rede benutzt werden können, sondern auch für jene Gebärden, die zur Hervorhebung und Dramatisierung von Aussagen verwendet werden. Wenn ein Italiener die Hände einsetzt, um seine Worte zu untermalen, steht ihm eine riesige Auswahl an emphatischen Handbewegungen offen, von denen viele scheinbar speziell für diesen Zweck entwickelt wurden. Die Franzosen unterstreichen ihre Worte zwar ebenfalls mit zahlreichen Gesten, aber ihr Repertoire an emphatischen Gebärden ist nicht nur wesentlich kleiner, sondern auch erheblich weniger formalisiert als bei den Italienern.

Wer gut mit diesen Ländern vertraut ist, kann einen Italiener und einen Franzosen häufig schon daran unterscheiden, wie sie beim Sprechen ihre Arme und Hände bewegen. Aufschluß über die Nationalität gibt zum Beispiel die Art und Weise, wie jemand seine Finger hält, wenn er gestikuliert. Weitere Hinweise liefert die Art, wie die Arme benutzt werden. Die Italiener neigen zum Beispiel zu einem relativ großzügigen und raumgreifenden Einsatz der Arme, wobei sie die Oberarme fast ebenso in Bewegung halten wie die Unterarme. Die Franzosen gestikulieren dagegen mehr mit den Händen und Unterarmen und mobilisieren die Oberarme relativ selten. Das führt dazu, daß ihre Gestik selten so raumgreifend ist wie die der Italiener, was allerdings nicht heißt, daß sie weniger ausdrucksstark ist.

Eine kulturelle Gruppe, die viel gestikuliert, ohne dabei expansive Bewegungen zu vollführen, sind die osteuropäischen Juden. Nach David Efron, der eine spezielle Studie zu diesem Thema durchgeführt hat, zeichnet sich dieser Gestikulationsstil dadurch aus, daß die Ellbogen eingeknickt und die Arme wesentlich dichter vor die Brust gehalten werden. Die Hände können aktiv und energisch gestikulieren, aber ihre Exkursionen sind kurz und bleiben in Körpernähe. Es ist nicht schwer, in dieser Gestik das Vermächtnis einer unterdrückten Gruppe zu sehen, die kommunikationsfreudig ist, aber Angst hat, sich schutzlos preiszugeben. Die physische Geometrie der italienischen Gesten unterscheidet sich stark von der der osteuropäischen Juden. Im Gegensatz zu den eingeschränkten, fast entschuldigenden Gebärden des jüdischen Gestikulationsstils machen italienische Gebärden oft weite Ausflüge in körperferne Regionen. Diese raumgreifenden Bewegungen sind ein Ausdruck der theatralischen Haltung, die die Italiener gegenüber der sozialen Interaktion haben. Sie zeigen auch, daß Italiener sich nicht bedroht fühlen, wenn sie miteinander kommunizieren.

Nach allgemeiner – auch britischer – Überzeugung sind die Engländer kein besonders gefühlsbetontes oder ausdrucksstarkes Volk. Wenn Engländer miteinander reden, stehen sie relativ still. Sie verzichten weitgehend darauf, sich in Pose zu setzen, und halten wenig von extravaganten Gebärden. Wenn sie die Hände doch einmal benutzen, so für gewöhnlich, weil sie nicht wissen, was sie sonst damit anfangen sollen. Es gibt ein paar Situationen, in denen die Briten gestikulieren, normalerweise wenn sie wütend oder aufgeregt sind. Aber sogar wenn sie ihre Hände einsetzen, haben sie keinerlei Ähnlichkeit mit Italienern. Der Grund ist, daß sie ihre Finger und Hände ganz anders halten und ihre Arme völlig andere Bewegungen beschreiben. Außerdem ist die italienische Gestik primär eine Gefühls- und Ausdrucksübung. Obwohl auch die Italiener ihre Hände einsetzen, um ihre Worte zu illustrieren, erscheint diese Funktion der Gesten weniger wichtig als diejenige, einen starken Eindruck bei anderen Menschen zu machen. Bei der britischen Gestik ist diese expressive Komponente praktisch nicht vorhanden. Gesten dienen hauptsächlich dem Ziel, das gesprochene Wort zu verdeutlichen.

Diese kulturellen Unterschiede im Gebärdenstil werden auch davon beeinflußt, welches Verhältnis die Menschen zu ihren eigenen Handbewegungen haben. Obwohl die Gestik bei allen Menschen größtenteils unbewußt abläuft, ist dies doch im Fall der Briten besonders stark ausgeprägt. Weil sie weit mehr Gewicht auf das gesprochene Wort als auf die Körpersprache legen, sind die Briten häufig unsensibel für die Wirkung, die ihre Bewegungen auf andere Menschen haben. Anders als die romanischen Völker betrachten sie ihren Körper kaum als Kommunikations- und Ausdrucksmittel.

»Woran liegt es«, fragte Count Pecchio im Jahre 1827, »daß

die Engländer so wenig gestikulieren und ihre Arme immer am Körper festkleben?« Zahlreiche Kommentatoren haben diese Frage aufgegriffen und versucht, die Armut des englischen Gebärdenspiels mit solchen Faktoren wie Klima, gesellschaftlichen Verhältnissen, Mode und Etikette zu erklären. Doch nur wenige dieser Erklärungen reichten in ihrer Originalität an die Antwort von Count Pecchio heran, der zu folgendem Schluß kam: »Die Zimmer sind so klein, daß es unmöglich ist, mit den Armen zu fuchteln, ohne etwas zu zerbrechen oder sich selbst oder andere zu verletzten.« Die meisten Theorien über die Sparsamkeit der englischen Gebärden übersehen die Tatsache, daß bei den Engländern wie bei vielen anderen Nationen wenig Interesse an der Gestik besteht. Außerdem gehen diese Erklärungen häufig fälschlicherweise von der Annahme aus, daß die Engländer seit jeher ungern gestikulierten. Doch es gab eine Zeit, in der die Engländer ihre Hände weit häufiger benutzten als heute.

In seinem 1533 veröffentlichten *Pantagruel* beschreibt Rabelais ein fiktives Duell zwischen einem Engländer und einem Franzosen. Die einzig erlaubten Waffen in diesem Duell sind Handzeichen und Körper- und Gesichtsposen. In der Geschichte gewinnt der Franzose das Duell, aber erst nachdem der Engländer eine eindrucksvolle manuelle Schimpfkanonade abgefeuert und immerhin einen Achtungserfolg mit seiner Gebärdenkunst errungen hat. Die genaue Kenntnis von Körperposen und Gebärden war eine wichtige Voraussetzung für alle elisabethanischen Schauspieler, und es gab strenge Richtlinien darüber, wie man die Hände, das Gesicht und den Körper auf der Bühne bewegen mußte. Shakespeares Stücke sind voll von Anspielungen auf stilisierte Handbewegungen, von denen einige noch heute bekannt und gebräuchlich sind.

Im siebzehnten und achtzehnten Jahrhundert spielte die Gestik weiterhin eine zentrale Rolle im sozialen Leben der Engländer. John Bulwers Werke machen deutlich, daß Handzeichen im England des siebzehnten Jahrhunderts stark verbreitet waren und daß es manchmal regionale Unterschiede bei diesen Gebärden gab. Er berichtet, daß es unterschiedliche Formen des Händeschüttelns auf Londoner Märkten gab und daß zum Beispiel der »Fischdialekt von Billingsgate«, wie er ihn nannte, etwas völlig anderes war als »die Pferderhetorik von Smithfield«.

Hogarths Darstellungen englischer Gesellschaftsszenen zeigen, daß ein lebhaftes Gebärdenspiel auch im achtzehnten Jahrhundert populär blieb und daß der Gebrauch nicht auf bestimmte Gesellschaftsschichten beschränkt war. Aus historischen Quellen geht hervor, daß das Gestikulieren ein wichtiger Bestandteil von Predigten geworden war: Die Geistlichen fuchtelten lebhaft mit den Armen und schmückten ihre Kanzeln mit allerlei gestischen Arabesken. Der neue Predigtstil stieß jedoch nicht auf ungeteilte Zustimmung, und schon bald kam es zu Beschwerden über die »schwatzhaften Hände« und »äffischen Gebärden« der Geistlichen.

Letzten Endes erwies sich nicht die Kanzel, sondern das Parlament als wahre Heimat des englischen Gebärdenspiels. Hier war der Ort, wo es sich ungehindert entfalten und seine schönsten Blüten treiben konnte. Westminster erlebte die Entwicklung des würdevoll imposanten Stils der politischen Redekunst, bei dem viel Wert auf raumgreifende Bewegungen und extravagante Handgebärden gelegt wurde. Aus zeitgenössischen Berichten erfährt man, daß Gladstone häufig »leidenschaftlich deklamierte«, »donnernde Reden« hielt und mit Vorliebe »dramatische Gesten« einsetzte, daß Robert Peel ein begeisterter Anhänger »lebhafter Gebärden« war, und daß Lord Balfour »heftig gestikulierte«. Das Faszinierende an dieser Entwicklung ist, daß sie sich praktisch in völliger Isolation vollzog, denn während die Politiker in Westminster emsig mit den Armen ruderten, tat die feine Gesellschaft alles in ihrer Macht stehende, um die Hände absolut still zu halten. Die feine Gesellschaft propagierte einen vornehmeren und kontrollierteren Verhaltensstil, zu dem abrupte und üppige Handbewegungen nicht paßten. Wildes Gestikulieren, so hatte man entschieden, war vulgär und unenglisch und mußte um jeden Preis vermieden werden. Mit der Zeit setzte sich diese Einstellung immer mehr durch. Nach und nach durchdrang sie die übrigen Gesellschaftsschichten, und die Leute hörten auf, mit den Händen zu reden. Zur Zeit der Jahrhundertwende hatte das Gestikulieren deutlich abgenommen.

Ein Vergleich der europäischen Völker zeigt, daß sie sich gebärdenmäßig in drei Gruppen einordnen lassen. Zur ersten Gruppe gehören die nordischen Völker – Schweden, Finnen, Norweger und Dänen –, die sehr wenig gestikulieren und in jeder Beziehung gebärdensprachliche Analphabeten sind. Die zweite Gruppe umfaßt Völker wie die Briten, Deutschen, Holländer, Belgier und Russen, die mäßigen Gebrauch von Gesten machen. Menschen, die in diese Gruppe fallen, gestikulieren für gewöhnlich nur, wenn sie aufgeregt sind, wenn sie über größere Entfernungen miteinander kommunizieren müssen oder wenn sie jemanden einschüchtern oder beleidigen wollen. Zur dritten Gruppe gehören Italiener, Griechen, Franzosen, Spanier und die Ehrenbürger des Mittelmeers – die Portugiesen. Die Angehörigen dieser Gruppe lieben es zu gestikulieren. Bei ihren Gesprächen sind Arme und Hände häufig in Bewegung, ziehen Kreise und Linien durch die Luft, unterstreichen, was gesagt wird, und lenken die Aufmerksamkeit des Zuhörers auf sich. Selbst wenn diese Menschen nichts sagen, sind ihre Hände ständig in Bewegung und senden manuelle Winksprüche aus.

Es ist erstaunlich, wie wenig Gemeinsamkeiten zwischen den Gebärdenrepertoires der europäischen Völker bestehen. Zu den wenigen Gebärden, die in ganz Europa bekannt sind, gehört die »lange Nase«. Jemandem eine lange Nase zu drehen, ist vor allem bei Kindern, aber auch bei Erwachsenen ein beliebtes Zeichen des Spotts. Eine weitere, in ganz Europa verbreitete Geste ist der demonstrativ emporgereckte Mittelfinger. Viele Gebärden, die man auf den ersten Blick für universell gültig hält, sind entweder auf einen Teil Europas beschränkt oder haben unterschiedliche Bedeutungen in den einzelnen Ländern. Das »Daumen-hoch«-Zeichen, das man mit Gladiatorenkämpfen und den Kampffliegern des Zweiten Weltkriegs assoziiert, bedeutet zum Beispiel in Europa nicht überall das gleiche. In den meisten europäischen Ländern wird es als Zeichen der Zustimmung oder Anerkennung benutzt oder um zu zeigen, daß man startklar ist – mit anderen Worten, um eine positive Botschaft zu übermitteln. In Griechenland wird die Geste dagegen in einem beleidigenden Sinn gebraucht und manchmal mit dem Ausdruck *Katsa pano!* verbunden, was »Setz dich drauf!« bedeutet. Für die Griechen ist der hochgereckte Daumen also eine obszöne, kastrierende Geste, die eine ähnliche Bedeutung wie der emporgestoßene Mittelfinger hat – etwas, das Sie bedenken sollten, wenn Sie das nächste Mal per Anhalter durch Griechenland fahren.

Die »Wangenschraube« hat ebenfalls mehr als eine Bedeutung in Europa. Diese Geste, bei der man den Zeigefinger in die Wange bohrt und ihn herumdreht, wird von den Italienern verwendet, um anzuzeigen, daß sie eine Sache oder einen Menschen zum Anbeißen finden. Die Anspielung bezieht sich normalerweise auf Nudelgerichte, aber gelegentlich kann auch eine schöne Frau gemeint sein. Für die Deutschen bedeutet das Zeichen etwas völlig anderes. In Deutschland ist es Autofahrern bei Strafe untersagt, beleidigende Gebärden zu machen. So ist es unter anderem verboten, sich mit dem Finger an die Schläfe zu tippen und anderen Verkehrsteilnehmern einen Vogel zu zeigen, was in Deutschland und anderswo bekanntlich zum Ausdruck bringt, daß man den Adressaten für einen Idioten hält. Um diese lästige Einschränkung zu umgehen, haben deutsche Autofahrer eine geniale Lösung gefunden: Statt sich mit dem Zeigefinger an die Schläfe zu tippen, bohren sie ihn einfach in die Wange. Durch diese simple Verlagerung des Fingers können deutsche Autofahrer sich weiterhin nach Herzenslust beleidigen, ohne rechtlich belangt zu werden.

Obwohl die Deutschen nicht viel gestikulieren, gibt es regional unterschiedliche Gebärden – auf jeden Fall galt das bis zum Fall der Mauer. Eine wissenschaftliche Studie, die 1985 von Gabriele Oettingen und Martin Seligman in ganz Berlin durchgeführt wurde, ergab, daß die Westberliner wesentlich mehr demonstrative und symbolische Gesten benutzten als die Ostberliner. Diese unterschiedliche Gebärdensprache war mit weiteren Verhaltensunterschieden verknüpft. So stellte sich heraus, daß die Westberliner wesentlich häufiger lächelten und lachten und eine aufrechtere Körperhaltung einnahmen als die Ostberliner. Die Autoren interpretierten diese Unterschiede als Zeichen der größeren Verzagtheit und Depression, verursacht durch das politische System im Osten. Seit Fertigstellung dieser Studie hat sich das politische System bekanntlich vollständig gewandelt, obwohl viele Einwohner Ostberlins noch immer Grund zum Unglücklichsein haben. Es wäre interessant zu erfahren, ob die Verhaltensweisen, die in Ostberlin vor dem Fall der Mauer festgestellt wurden, sich inzwischen verändert haben.

Innerhalb Europas gibt es mehrere Gebärden, die auf ein einziges Land beschränkt sind. Ein gutes Beispiel liefert das beleidigende V-Zeichen der Briten, bei dem Zeige- und Mittelfinger »V«-förmig gespreizt werden und die Handfläche zum Körper zeigt. Eine weitere landesspezifische Geste ist die französische *La Barbe*, was langweilig oder gelangweilt bedeutet. Bei dieser Gebärde zieht man die Fingerrücken von oben nach unten über die Wange, um eine Rasur oder ein Bartstreichen nachzuahmen. Manchmal wird die Geste mit dem Ausdruck *être de Birmingham* – »aus Birmingham« – verbunden, was besagt, daß man zu Tode gelangweilt ist. Birmingham wird nicht erwähnt, weil man das Leben dort für besonders langweilig hält, sondern weil es einmal für seine Rasierklingen berühmt war, und *rasoir* bedeutet im Französischen sowohl Klinge als auch Langweiler. Die unterschwellige Verknüpfung von Langeweile und Bärten hängt wahrscheinlich mit der lästigen Prozedur des Rasierens zusammen und mit der Tatsache, daß Langweiler so lange quasseln, daß man sich in der Zwischenzeit einen Bart wachsen lassen kann.

Neben den landesspezifischen Gebärden gibt es auch einige Gesten, die in mehreren Ländern gebräuchlich sind. Trinkgebärden sind ein gutes Beispiel für Zeichen, die häufig imitiert werden und mühelos Grenzen überschreiten. In Europa gibt es drei grundlegende Trinkgebärden – eine, bei der Daumen und Zeigefinger ein imaginäres Bierglas umfassen; eine, bei der die Hand eine Weinflasche nachahmt, indem man die Hand zur Faust ballt und mit ausgestrecktem Daumen zum Mund zeigt, und eine dritte Geste, bei der die Form eines Wodkaglases nachgebildet wird. Bei der letzten Gebärde ruht der Zeigefinger oben auf einem imaginären Wodkaglas, während der Daumen es von unten hält. Das Interessante an diesen Gesten ist, daß sie alle ein Trinkgefäß nachahmen. Die Bierglasgeste gibt es in Großbritannien, Deutschland, Holland und Belgien – mit anderen Worten, in allen Ländern, in denen Bier das Nationalgetränk ist, während die Weinflaschengeste eher in Italien, Frankreich und Spanien verbreitet ist – also in Ländern, wo Wein bevorzugt wird. Die Wodkageste ist erwartungsgemäß in Rußland, der Ukraine und Polen anzutreffen – in allen Ländern, wo man mit Vorliebe Wodka trinkt.

Zusätzlich zu den landesspezifischen und den grenzüberschreitenden Gebärden gibt es eine Gruppe von Gesten, die innerhalb desselben Landes unterschiedliche Bedeutungen haben. Das Ringzeichen ist ein solcher Fall. Bei dieser Geste bringt man die Spitzen von Daumen und Zeigefinger so zusammen, daß sie einen Kreis bilden. Für die meisten Europäer ist diese Gebärde ein Zeichen der Zustimmung oder Anerkennung und bedeutet etwa »prima!« oder »in Ordnung«. In diesem Sinn wird die Geste zum Beispiel von den meisten Nordfranzosen und von einigen Südfranzosen verstanden. Für die restliche französische Bevölkerung enthält die Geste eine negative Botschaft, die entweder »Null« oder »wertlos« impliziert. Das wäre an sich noch kein Problem, wenn alle Franzosen wüßten, daß das Zeichen zwei Bedeutungen hat. Das ist jedoch nicht der Fall. Einige Leute benutzen die Geste als Zeichen der Zustimmung, andere verwenden sie im Sinn von Null oder wertlos, und alle bestreiten, daß die Geste irgendeine andere als die von ihnen hineingelegte Bedeutung hat.

Wie ist es möglich, daß eine Geste so gegensätzliche Bedeutungen innerhalb derselben Gesellschaft annehmen kann und daß die Leute nicht merken, was geschieht? Es gibt offenbar mindestens zwei mögliche Erklärungen für diese sonderbare Situation. Erstens bringen die meisten Franzosen ihre Anerkennung eher mit dem »Daumen-hoch«-Zeichen zum Ausdruck als mit dem Ringzeichen. Weil das Ringzeichen selten ist, fällt seine Mehrdeutigkeit nicht so schnell auf. Zweitens gleicht das Ringzeichen einer Gebärde, die eingesetzt wird, um seinen Worten mehr Nachdruck zu verleihen. Da das Ringzeichen häufig in Verbindung mit dem gesprochenen Wort benutzt wird, wird es leicht als zusätzliches Zeichen der Hervorhebung verstanden statt als eigenständige Gebärde.

Das Ringzeichen kann die unterschiedlichsten Bedeutungen annehmen, weil es sowohl einen Kreis als auch einen präzisen Kontakt der Daumen- bzw. Fingerspitze beinhaltet. Durch den präzisen Kontakt bietet sich das Zeichen für positive Bestätigungen wie »gut« oder »okay« an, während der Kreis sich für Botschaften wie »Null« oder »wertlos« eignet. Der Kreis macht das Zeichen auch zu einem guten Ausdrucksmittel für alles, was mit Löchern oder Öffnungen zu tun hat. Im Mittleren Osten und in Afrika wie auch in Griechenland und der Türkei wird es für diesen Zweck genutzt. Wenn ein Grieche oder ein Türke das Ringzeichen macht, sagt er weder, daß er etwas gut, noch daß er etwas wertlos findet. Er bezieht sich entweder auf den After oder die Vagina und äußert damit eine Einladung an bzw. einen Kommentar über einen Mann oder eine Frau. Die genaue Bedeutung der Geste und ihre ernsten oder komischen Aspekte werden durch die Situation und die Beziehung zwischen den Beteiligten bestimmt. In den meisten Fällen wird das Zeichen allerdings als homosexuelles Angebot oder als Anspielung auf die Homosexualität verwendet.

Vor einigen Jahren warb Olympic Airlines in der britischen Presse mit einer Anzeigenreihe, bei der jeweils ein Reisender in seiner Nationaltracht abgebildet war und das Ringzeichen machte. Das Zeichen sollte auf das »O« von Olympic Airlines anspielen und gleichzeitig als internationales Symbol für Qualität und Anerkennung stehen, aber die Kampagne ging nach hinten los, weil viele der abgebildeten Personen aus Ländern stammten, in denen das Ringzeichen als homosexuelle Anspielung und nicht als Zeichen der Anerkennung verstanden wird. Irgend jemand muß die Werbeagentur darauf hingewiesen haben, denn die Kampagne wurde schon kurz nach ihrem Start abrupt abgebrochen. Sowohl Werbefachleute als auch Touristen können immens davon profitieren, wenn sie wissen, was ihre eigenen Gesten in einer fremden Kultur bedeuten.

Humor

Man sagt, daß zwar alle Menschen auf dieselbe Weise lachen, aber nicht zwangsläufig aus denselben Gründen. Wenn dies für eine einzelne Gesellschaft zutrifft, so um so mehr für Menschen, die unterschiedlichen Gesellschaften angehören, weil die Themen, die Menschen erheiternd finden, und die Situationen, die sie zum Lachen reizen, sich von Gesellschaft zu Gesellschaft enorm unterscheiden. Einige Formen des Humors, wie Slapstickkomödien, lösen überall Heiterkeit aus. Da aber die meisten Witze darauf basieren, daß die Zuhörer gemeinsame Voraussetzungen und Erfahrungen mitbringen, lassen sie sich nur schwer in andere Länder exportieren. Das gilt insbesondere für Witze, die auf Wortspielen aufbauen und sich darum nur schwer und in einigen Fällen praktisch überhaupt nicht übersetzen lassen. Wenn man außerdem bedenkt, daß viele Witze sich auf regionale Besonderheiten und aktuelle Ereignisse beziehen, wird klar, warum der Versuch, Ausländern einen Witz zu erzählen, so häufig in ohrenbetäubendem Schweigen endet.

Das Gefühl der größeren Vertrautheit, das Menschen bei Angehörigen ihrer eigenen Kultur empfinden, hat viel damit zu tun, daß sie einen gemeinsamen Sinn für Humor haben, eine gemeinsame Weltanschauung. In einer jüngeren Meinungserhebung wurde die britische Öffentlichkeit darüber befragt, ob ihrer Ansicht nach andere Völker Sinn für Humor hätten. Die Ergebnisse spiegeln ein typisch ethnozentrisches Vorurteil wider: Zwei Drittel der Befragten waren der Meinung, daß die Engländer Sinn für Humor hätten, und etwas mehr als die Hälfte billigte dies auch den Iren zu. Länder wie Frankreich und Rußland wurden dagegen ganz anders eingeschätzt. Nur dreizehn Prozent der Befragten hielten zum Beispiel die Franzosen für humorvoll, und nur acht Prozent waren bereit, diese Einschätzung auch für die Russen gelten zu lassen.

Was Menschen für humorvoll halten, ist stark davon abhängig, was sie selbst als amüsant empfinden. Viele Nationen sind der reizvollen Überzeugung erlegen, daß ihr Sinn für Humor der einzig wahre sei, aber niemand hängt dieser Vorstellung mit mehr Inbrunst an als die Engländer. Bis zum siebzehnten Jahrhundert bezog sich das Wort *humour* auf die vermeintlichen vier Hauptbestandteile des Körpers – Blut, Schleim, schwarze und gelbe Galle. Gegen Ende des Jahrhunderts nahm der Begriff zusätzlich die Bedeutung von etwas Lustigem, Heiterem an, die wir heute damit verbinden. Soweit wir wissen, war Sir William Temple der erste, der den Begriff *humour* zur Beschreibung eines heiteren Gemüts verwendete, welches er zu etwas typisch Englischem erklärte: »Und doch müßte ich mich täuschen, wenn nicht das *Englische* in gewisser Weise alle neuen und alten Völker überragte, und zwar kraft einer wohl angeborenen Ader unseres Volkes, die bei uns als Humor bezeichnet wird, und selbst dieses Wort ist uns ganz und gar eigentümlich und in jeder anderen Sprache schwer auszudrücken.« Temple zufolge zeichnete sich der Humor durch eine natürliche Gelassenheit aus, und Personen, die über diese Eigenschaft verfügten, waren stolz darauf. Laut Temple war der englische Humor ein Ergebnis »des natürlichen Reichtums unseres Bodens, der Unvergleichlichkeit unseres Klimas wie auch der Gemütsruhe unserer Regierung und der Freiheit, Meinungen und Faktionen zu äußern, die auch unsere Nachbarn bewegen mögen, die diese aber verbergen müssen.«

Seit dem siebzehnten Jahrhundert gab es zahlreiche Versuche, den Humor nicht nur zu einer Erfindung, sondern auch zum ausschließlichen Eigentum der Engländer zu erklären. So schrieb zum Beispiel William Hazlitt im Jahr 1825, daß die Humorbegabung der Engländer sich auf deren intellektuelle Mittelmäßigkeit zurückführen ließe: »Ich habe inzwischen den Eindruck, daß die Engländer sich genau an jenem mittleren Punkt zwischen Intelligenz und Dummheit befinden (oder befanden), der zwangsläufig die reichste und fruchtbarste Ernte an Humor hervorbringen muß. Absurdes und Absonderliches gleiten spurlos am französischen Geist vorüber oder lösen sich in Leichtfertigkeit auf, während sie bei den Italienern in Trägheit und Genußsucht untergehen.«

Noch eindringlicher plädierte 1952 Louis Cazamian für den englischen Humor. Man müsse sich klar machen, so Cazamian, daß der Franzose »Geist, Schlagfertigkeit, Satire und all die brillanten Künste beherrscht, die die Menschen zum Lachen bringen, daß jedoch all seine schlauen Kunstgriffe ebenso vordergründig wie erfolgreich sind. Sie machen ihn zum bewundernswerten und bewunderten Spaßmacher, aber Humor ist das nicht, weil die Späße des Franzosen explizit und eindeutig selbstbefangen sind; man kann an seiner Mimik den bevorstehenden Höhepunkt, die Pointe der Geschichte ablesen; und wenn ein Mensch die Wirkung, die er erzeugen will, schon vorher preisgibt – was um alles in der Welt soll das noch mit Humor zu tun haben?«

Im Laufe der Zeit haben viele Autoren die Behauptung wiederholt, daß der Humor eine spezifisch englische Errungenschaft sei oder daß zwar andere Nationen über Witz, doch nur die Engländer über Humor verfügten. Es gibt keinen Zweifel, daß der englische Sinn für Humor sich stark von dem anderer Völker unterscheidet. Aber daraus zu schließen, daß der Humor eine ausschließlich englische Eigenschaft sei, dürfte etwas übertrieben sein.

Alltagshumor wird auf die unterschiedlichste Weise ausgedrückt, die gebräuchlichste Form sind Witzeleien und anekdotische Witze. Die Anziehungskraft des englischen Puns liegt in der klugen Manipulation der Sprache, etwas, das ihn den Engländern lieb und teuer gemacht hat, ebenso wie den Franzosen, die den Pun als *jeu de mot* kennen. Dagegen gibt es in Spanien kaum Puns, vor allem, weil das Spanische für diese Art von Wortspielen wenig geeignet ist. In den letzten Jahren hat der Pun viel von seiner Anziehungskraft verloren, teilweise weil er heute als etwas antiquierte Form des Humors gilt, teilweise weil er ein bißchen zu kopflastig für den Geschmack einiger Leute ist. Deshalb werden Puns häufig mit einem beifälligen Stöhnen aufgenommen und nur selten mit schallendem Gelächter.

Wenn die Engländer über andere Völker urteilen, neigen sie dazu, mehr Gewicht auf den Charakter als auf den Verstand zu legen. Tatsächlich wird geistige Überlegenheit häufig als Nachteil angesehen, etwas, das man lieber verbergen sollte, statt es öffentlich zu demonstrieren und damit vielleicht Dritte zu beschämen. Sinn für Humor gehört zu den Charakterzügen, die die Engländer besonders hoch schätzen. Wer es in seinem Leben zu etwas bringen will, muß in England tatsächlich in erster Linie über Humor und erst in zweiter Linie über Referenzen und Begabungen verfügen. Das ist einer der Gründe, warum Engländer sehr empfindlich reagieren, wenn man ihren Humor anzweifelt. Heathcote Garrod erkannte dies bereits vor mehreren Jahrzehnten, als er anmerkte: »Die sicherste Methode, einen Engländer vor den Kopf zu stoßen, ist die Andeutung, er habe keinen Humor. Das ist fast noch schlimmer, als zu behaupten, er sei ein Hundefeind.«

Was ist nun das Besondere am englischen Humor? Hängt es mit der »kaltblütigen Schweigsamkeit« der Engländer zusammen, wie Louis Cazamian meint, oder hat es mit den nationalen Merkmalen zu tun, die Harold Nicolson aufzählt, wie »Liebe zum Spiel«, »mangelndes Selbstvertrauen und Schüchternheit« und »geistige Trägheit«?

Zweifellos spielen einige dieser Faktoren eine Rolle, aber wichtiger sind die Kennzeichen des englischen Humors selbst. Es gibt fünf Faktoren, die offenbar charakteristisch für den englischen Humor sind. Das erste und wahrscheinlich herausragende Kennzeichen ist das »Bittersüße« des englischen Humors, eine sardonische Eigenschaft, die aus der einzigartigen Kombination von Heiterkeit und Ernst entsteht. Diese Verbindung von Stimmungen im englischen Humor wurde bereits im vierzehnten Jahrhundert konstatiert, als der französische Historiker Jean Froissart geäußert haben soll, daß die Engländer »sich traurig erheitern, gemäß der Sitte ihres Landes«. Der Gedanke fand ein Echo in Shakespeares *Heinrich IV.*, wo Falstaff auf einen »Scherz mit einer finstern Stirn« anspielt, und tauchte einige Jahrhunderte später auch bei William Hazlitt auf, der anmerkte, daß die Engländer »eine ganz besondere Eigenart haben. Ihre Heiterkeit ist eine Entspannung vom Schweren und Ernsten, eine Aufforderung an dunkle Sorgen zu verschwinden, wobei anfangs unklar bleibt, ob der Appell von Erfolg gekrönt sein wird. Mitunter bleibt die Stirn umwölkt, mitunter schmilzt das Eis nur langsam.«

Die Vorstellung, daß der englische Humor eine Art Amalgam, eine alchemistische Mischung von Frohsinn und Melancholie sei, findet sich auch bei dem Franzosen Hippolyte Taine; er beschrieb den englischen Humor als »den Ausbruch einer gewaltigen Fröhlichkeit, die unter einem Berg an Melancholie begraben liegt«. In seinen *Aufzeichnungen über England*, die Taine zwischen 1861 und 1871 verfaßte, ist der folgende Abschnitt über den englischen Humor enthalten: »Man darf durchaus nicht meinen, daß es ihnen völlig an Witz gebreche, eine bestimmte

Art wenden sie an – eine in Wahrheit wenig liebenswürdige –, die aber von Grund auf eigenartig, mächtig, durchdringend und sogar ein wenig bitter ist, wie ihre nationalen Getränke. Sie nennen sie ›humour‹; im allgemeinen ist Humor das Scherzen eines Menschen, der scherzend seine ernste Miene bewahrt.« Die ernste Note des englischen Humors hat sich mittlerweile verflüchtigt, aber das bittere Element spielt zweifellos noch immer eine große Rolle. Auch die Melancholie ist verschwunden und hat einem eher hintergründigen, mehr ironischen Sinn für Humor Platz gemacht.

Ein weiteres charakteristisches Merkmal des englischen Humors ist seine »Trockenheit«, die damit zusammenhängt, daß die Engländer Übertreibungen und jede Form von offenen Gefühlsausbrüchen vermeiden. Der englische Humor ist selten übersprudelnd oder überschäumend. Statt dessen bleibt er meist relativ flach, ganz wie man es von einem selbstbefangenen und schüchternen Volk erwarten würde. Der englische Humor ist von seinem ganzen Wesen her auf Unauffälligkeit ausgerichtet. Ein englischer Witz soll ein leises Glucksen auslösen, kein brüllendes Gelächter.

Die dritte Eigenschaft des englischen Humors ist sein »Stoizismus«. Auch wenn alles fürchterlich danebengeht, kann man sich in England immer auf zwei Dinge verlassen. Erstens wird irgend jemand eine Tasse Tee kochen, und anschließend wird dieselbe oder eine andere Person einen Witz reißen. Humor angesichts widriger Umstände ist ein wesentliches Merkmal des englischen Charakters – einige würden sagen der Inbegriff des Britischen. Dadurch soll nicht der Ernst der Lage geleugnet, sondern demonstriert werden, daß man das Unglück durch Lachen überwinden kann. In seinem 1931 veröffentlichten Buch *The English – Are They Human?* äußerte George Renier sich folgendermaßen zum englischen Humor: »Ich will es wagen und meine eigene Definition des Humors anbieten. Meiner Ansicht nach handelt es sich dabei um jene Fähigkeit, über die eine überwältigende Mehrheit der Engländer verfügt, nämlich in Situationen zu lachen oder zumindest zu lächeln, wo normale Menschen fluchen oder weinen würden. Ein Beispiel? Die Soldaten, die während des letzten Krieges mit einem ›Marmalade!‹ auf den Lippen zum Sturmangriff ansetzten. Kein Deutscher, kein Franzose wäre dazu in der Lage gewesen. Die Deutschen sangen Hymnen, die Franzosen fluchten und zitterten – übrigens ohne deshalb schlechtere Kämpfer zu sein. Aber die Engländer lachten dem Tod ins Gesicht. Man kann ein solches Volk bekämpfen. Man kann mit ihm Handel treiben. Aber stellen Sie sich vor, mit ihm zu leben!«

Das vierte und das fünfte Merkmal des englischen Humors sind ein Hang zum »Kindischen« und zum »Nonsens«. Ein Großteil des englischen Humors beschäftigt sich mit kindischen Themen – mit derben Streichen, Körperfunktionen und Klosettmotiven. Das ist die Kicherseite des englischen Humors und hängt eng mit dem »Peter-Pan-Komplex« zusammen, der in England stark ausgeprägt ist. Der Wunsch, Kind zu bleiben, ist in der Realität unerfüllbar, aber er läßt sich symbolisch befriedigen, indem man sich wie ein Kind benimmt, kindische Schlagworte benutzt und natürlich, indem man kindische Witze macht. Durch diese Formen der Regression kann man als Erwachsener zu einer Zeit zurückkehren, in der man keine Verantwortung trug und nach Herzenslust unartig sein konnte. Der Belgier Emile Cammaerts, der sich in den dreißiger Jahren in London niederließ, meinte folgendes zu den Regressionsbedürfnissen der Engländer: »Dieses Widerstreben, alt zu werden, ist ein zentrales Merkmal des englischen Volkstums des zwanzigsten Jahrhunderts. Wenn die gelehrten Wissenschaftler der Zukunft sich daran machen, die Ursprünge des Peter-Pan-Mythos zu enträtseln, was sie ohne Zweifel tun werden, werden sie erkennen müssen, daß er untrennbar mit dieser Insel verbunden ist.«

Die englische Vorliebe für Nonsens-Humor läßt sich mindestens bis zum Beginn des achtzehnten Jahrhunderts zurückverfolgen, als William Hazlitt verkündete: »Wir sind beinahe das einzige Volk, das noch Nonsens versteht und zu würdigen weiß.« Andere Autoren haben dieselbe Beobachtung gemacht. In seiner Abhandlung über den englischen Humor schreibt zum Beispiel Harold Nicolson: »Es ist wahr, daß die Deutschen ein gewisses Verständnis für Nonsens haben, aber für reinen Nonsens, Nonsens um des Nonsens willen, muß man sich an englische Autoren wenden.« Die berühmtesten Vertreter des englischen Nonsens-Humors sind Edward Lear und Lewis Carroll, deren skurrile Geschichten bei Erwachsenen und Kindern gleichermaßen beliebt sind. Das Kindische ist ein zentraler Aspekt des Nonsens-Humors, weil er alles auf den Kopf stellt und sich weigert, den Regeln der Erwachsenen zu gehorchen. Nicolson brachte es auf den Punkt, als er schrieb: »Der Nonsens ist im Grunde eine Rebellion gegen die Autorität des methodischen Denkens... er ist die ultimative Befreiung von den Zwängen der Vernunft.«

Das liefert einen wichtigen Anhaltspunkt dafür, warum der Nonsens eine so wichtige Rolle im englischen Humor spielt und warum er im französischen Humor fast gänzlich unbekannt ist. Für die Engländer ist methodisches Denken ein Mittel zum Zweck, eine Art Gebrauchsgegenstand, den man gegebenenfalls benutzt und ansonsten beiseitelegt. Für die Franzosen, die an die durch und durch logische Philosophie von Descartes gewöhnt sind, ist es einfach unvorstellbar, daß man aufhört, methodisch zu denken, um sich mit etwas so Kindischem wie Nonsens-Humor zu beschäftigen. Und doch haben die Franzosen einiges mit den Engländern gemeinsam, wie zum Beispiel die Vorliebe für Puns. Tatsächlich ist die französische Sprache der englischen überlegen, wenn es darum geht, Puns zu bilden, weil sie wesentlich mehr offene Laute enthält. Das erhöht die Zahl von Ausdrücken, die mehrere Bedeutungen haben, was eine Grundvoraussetzung guter Puns ist.

Es gibt zwei Hauptformen gallischen Witzes – eine ist intellektuell, die andere konzentriert sich auf den Körper. Der Witz des intellektuellen Typs ist tendenziell satirisch, aggressiv und bissig und stützt sich oft auf komplizierte Wortspiele und Puns, die gegen die Regierung, gegen Frauen und Ausländer gerichtet sind. Der andere Typ des gallischen Witzes beschäftigt sich mit Körperfunktionen und Sex und ist daher viel derber und direkter. Französische Sexwitze befassen sich entweder mit sexuellen Techniken und ihren zahllosen Variationsmöglichkeiten oder mit den intriganten und komischen Aspekten der Verführung und Untreue.

Frankreichkenner betonen immer wieder den liebenswürdigen Charakter von französischen Sexwitzen und daß sie nichts von der angstbesetzten Aggression haben, die sich unter der Oberfläche angelsächsischer Witze verbirgt. Das liegt vor allem daran, daß die Franzosen ein wesentlich entspannteres Verhältnis zur Sexualität haben, was bedeutet, daß sie weniger Ängste durch den Humor abbauen müssen. Außerdem hat das Witzemachen in Frankreich viel stärker den Charakter eines sozialen

Vergnügens – oder um mit J. B. Priestley zu sprechen: »Der französische Witz hat etwas Öffentliches an sich.« Er soll nicht so sehr beeindrucken als dafür sorgen, daß die Menschen sich wohlfühlen und amüsieren.

Der deutsche Humor unterscheidet sich sehr stark vom französischen, größtenteils weil die Franzosen absolut keinen Sinn für analen Humor haben, während die Deutschen ganz wild auf diese Thematik sind. Skatologische Motive tauchen in Kinderrätseln und Sprichwörtern auf, ebenso wie in Flüchen, Beleidigungen, Schimpf- und Schmähworten, Drohungen und auch in Witzen. Laut Gershon Legman löst bereits der leiseste Hinweis auf die anale Thematik einen Heiterkeitserfolg aus: »Ein geschickter Witzeerzähler kann ein deutsches Durchschnittspublikum dazu bringen, sich kreischend vor Begeisterung in den Sitzen zu wälzen und sich vor Lachen den Bauch zu halten, indem er einfach nur andeutet, daß er einen Witz erzählen wird, dessen Pointe irgendwas mit ›Scheiße‹ zu tun hat.« Legman gibt eine psychoanalytische Erklärung für die Analität des deutschen Humors: »Dies ist zweifellos eine Reaktion auf die übertrieben strenge und frühe Reinlichkeitserziehung und die allgemeine Härte und Zwanghaftigkeit im teutonischen Charakter.« Diese Interpretation des deutschen Humors wird auch von anderen Beobachtern, wie dem holländischen Psychoanalytiker Renatus Hartogs und dem amerikanischen Volkskundler Alan Dundes, bestätigt. Mehrere Ausländer haben Vergleiche zwischen dem schwerfälligen Stil des deutschen Humors und der Spritzigkeit des gallischen Witzes gezogen, die meist zugunsten des letzteren ausgefallen sind. Stendhal sagte zum Beispiel: »Ich glaube, daß an einem einzigen Abend in Paris mehr witzige Bemerkungen fallen, als in Deutschland in einem ganzen Monat.« Hartogs zieht folgendes Resümee: »Der Unterschied zwischen dem deutschen und französischen Humor entspricht in etwa dem Unterschied zwischen Kartoffelknödeln und Crêpe Suzette. Die Pointe eines deutschen Witzes bricht mit elefantösem Gepolter herein. Der französische Witz kommt eher auf leisen Vogelschwingen daher. Das gilt sowohl für saubere wie für schmutzige Witze.«

Die Witze, die in einem Land kursieren, enthüllen eine Menge über die Sorgen und Hoffnungen der Bewohner und über ihre Beziehungen zueinander. Während zum Beispiel in Frankreich sexuelle Witze sehr verbreitet sind, sind sie in Belgien dünn gesät. Das hängt damit zusammen, daß die Belgier noch immer eine sehr konservative Einstellung zum Sex haben. Auch Italien ist ein interessanter Fall, weil das, was die Menschen für witzig halten, stark davon abhängig ist, in welcher Region sie leben. Wie das Essen, der Wein und der Dialekt weist auch der Humor starke regionale Unterschiede auf.

Viele, die den Humor studiert haben – unter ihnen Freud –, sind zu dem Schluß gekommen, daß Witze eine heimliche Waffe sind – daß ihr wahrer Zweck darin besteht, unter dem Vorwand der Erheiterung den Zuhörer oder die Personen, auf die sie sich beziehen, zu verletzen. Auf einige Formen des Humors ist diese Theorie nur schwerlich anwendbar, aber bei einigen Varianten ist sie sicher zutreffend. Wenn zum Beispiel eine bestimmte Gruppe Macht über eine andere ausübt, kursieren in der mächtigeren Gruppe oft Witze über die untergeordnete Gruppe. Dafür gibt es zwei Gründe. Erstens gewähren Witze eine Art symbolischer Kontrolle über das Verhalten der untergeordneten Gruppe, und zweitens legitimieren sie die Stellung der Machthabenden. Es gibt allerdings auch Fälle, wo dieses Verhältnis umgekehrt ist und die schwächere Gruppe Witze über die Angehörigen der Machtgruppe erfindet. In Italien ist zum Beispiel die Polizei zur Zielscheibe zahlreicher abfälliger Witze geworden. Vor dem Zusammenbruch des Kommunismus haben auch die Einwohner Polens, der Tschechoslowakei und der Sowjetunion viele Witze über die Geheimpolizei, die Politiker und den Staat gemacht – mit anderen Worten, über all jene Institutionen, die Macht auf den einzelnen ausübten und gegen die der Humor die einzig verfügbare Waffe war. Viele Jahre lang waren Witze die einzige Form des politischen Widerstands in der Sowjetunion. Die Witze konnten zwar das System nicht verändern, aber sie gaben dem einzelnen eine Illusion von Macht, wie unbedeutend auch immer, und die Möglichkeit, den Staat zu attackieren:

Eine Abordnung der russischen Regierung besucht eine Schule, um den Patriotismus der Kinder zu überprüfen.
»Iwan«, fragt ein Mitglied der Kommission, »wer ist dein Vater?«
»Mein Vater ist der sowjetische Staat«, antwortet Iwan.
»Braver Junge! Und wer ist deine Mutter?«

»Die kommunistische Partei«, entgegnet Iwan.
»Sehr gut! Und was möchtest du einmal werden, wenn du groß
bist?«
»Ein Waisenkind.«

Abstand und Nähe

Wenn Fremde einander begegnen, müssen sie oft entscheiden, in welchem Abstand zueinander sie stehen oder sitzen wollen. Das ist keine Sache, die man diskutiert oder sich bewußt überlegt – man fragt sich beispielsweise nicht, ob man freundlich sein und dicht zusammenstehen will oder ob man sich förmlich verhalten und einen größeren Abstand wahren sollte. Man nimmt einfach den Abstand ein, der einem unter den jeweiligen Umständen irgendwie »richtig« vorkommt. Was einem »richtig« vorkommt, hängt zu einem großen Teil davon ab, welcher Kultur man angehört. Wenn zwei Menschen derselben Kultur angehören, erweist sich die Frage des richtigen Abstands selten als Problem. Doch wenn sie aus Kulturen stammen, in denen unterschiedliche Konventionen über den richtigen Abstand gelten, können sich alle möglichen Probleme ergeben.

Europäische Gesellschaften lassen sich – sehr grob – in drei geographische Zonen einteilen, was ihre Vorstellungen über Abstand und Nähe angeht. Die erste wird von Desmond Morris als »Ellbogenzone« bezeichnet. Hier stehen die Leute so dicht zusammen, daß ihre Ellbogen sich berühren können. Diese Zone umfaßt solche Länder wie Spanien, Frankreich, Italien, Griechenland und die Türkei. Die zweite Zone deckt den größten Teil Osteuropas einschließlich Polens, Ungarns und Rumäniens ab. In diesen Gebieten, die Morris als »Handgelenkzone« bezeichnet, stellen die Leute sich so zueinander auf, daß sie sich mit den Handgelenken berühren könnten, wenn sie es wollten. Schließlich gibt es die sogenannte »Fingerspitzenzone«, wozu Großbritannien, Holland, Belgien, Deutschland und die skandinavischen Länder gehören. In dieser Zone hält man eine Armeslänge Abstand und verzichtet gern auf die Möglichkeit, einander zu berühren. Das Auffälligste an diesen Abstandszonen ist ihre geographische Verteilung: Die »Ellenbogenzone« liegt im wärmsten Teil Europas, die »Fingerspitzenzone« im kältesten und die »Handgelenkzone« etwa in der Mitte. Dafür gibt es mehrere mögliche Erklärungen. Die erste und einleuchtendste ist das Klima. Bekanntermaßen kann die Außentemperatur den Stoffwechsel und das körperliche und seelische Wohlbefinden beeinflussen. Außerdem wirkt sich ein warmes Klima auf die sozialen Gewohnheiten der Menschen aus, weil es Kontakte im Freien begünstigt. An der ganzen Mittelmeerküste sind die Sommer trocken und heiß und selbst die Wintermonate meist relativ mild. Das gibt den Leuten die Möglichkeit, sich viel öfter im Freien zu treffen und zu unterhalten. Es ist denkbar, daß diese häufigen Kontakte die Menschen enger zusammenbinden, woraus sich wiederum die Neigung entwickelt, dichter zusammen zu stehen und zu sitzen.

Eine weitere mögliche Erklärung für unterschiedliche Abstands- und Nähegewohnheiten ist die Persönlichkeit. So hat man beispielsweise darauf hingewiesen, daß die Mittelmeerkulturen zum »Kollektivismus« neigen, während die Menschen in Nord-, Mittel- und Osteuropa eher zum »Individualismus« tendieren. Damit verbindet sich die Vorstellung, daß individualistische Kulturen mehr Gewicht auf die Ziele und Ambitionen des einzelnen als auf die der Gruppe legen, während es in kollektivistischen Gesellschaften genau umgekehrt ist. Weil kollektivistische Gemeinschaften mehr Wert auf den Gruppenzusammenhalt legen, fördern sie soziale Verhaltensweisen, die die Menschen zusammenbringen und ihnen ein Gefühl von Zugehörigkeit vermitteln – wie zum Beispiel die Sitte, nah beieinander zu stehen oder zu sitzen. Individualistische Gesellschaften haben ein vergleichsweise geringes Interesse an solchen Themen wie dem Gruppenzusammenhalt und fördern daher auch seltener das Bedürfnis nach körperlicher Nähe.

Es stimmt zwar, daß die Menschen im Mittelmeerraum näher zusammenstehen, gleichzeitig verändern sie diesen Abstand aber auch wesentlich häufiger als Nordeuropäer. Auch die Körperhaltung, die sie zueinander einnehmen, wechselt viel häufiger als im Norden. Wenn man Italiener beobachtet, die sich in der Öffentlichkeit unterhalten, fällt einem auf, daß sie kaum einen Moment stillstehen. Sie bewegen sich vielmehr dauernd vor und zurück, drehen ihre Körper manchmal zueinander, manchmal voneinander weg. Das zeigt sich besonders deutlich, wenn Männer miteinander reden.

Das entscheidende Merkmal des mediterranen Verhaltensstils

scheint also nicht in erster Linie die Nähe, sondern die Veränderlichkeit zu sein. Wenn ein Italiener zum Beispiel mit seinem Vorgesetzten spricht, stellt er sich für gewöhnlich direkt vor ihn und nimmt eine respektvolle vis-à-vis-Haltung ein. Ein Engländer in derselben Situation neigt eher dazu, sich etwas von seinem Chef abzuwenden. Es ist interessant zu beobachten, was geschieht, wenn dieselben Leute sich mit ihrem besten Freund auf dem Bürgersteig unterhalten. Während der Engländer auch hier die leicht abgewandte Körperhaltung beibehält, steht der Italiener entweder direkt vor seinem Freund oder stellt sich seitlich neben ihn und wandert dann zwischen diesen beiden Extremen hin und her.

Die Italiener neigen zu vielfältigen Variationen des physischen Abstands, weil für sie Nähe und Körperhaltung wichtige Kommunikationsmittel sind. Wo und wie ein Italiener seinen Körper bei einem Gespräch positioniert, sagt viel über sein inneres Engagement aus, über seine Einstellung zur anderen Person und über seine Wahrnehmung der äußeren Situation. In England sind dagegen der körperliche Abstand und die Körperhaltung vergleichsweise unbedeutende Kommunikationsmittel, und daher zeigen diese Verhaltensaspekte auch eine relativ geringe Variationsbreite. Die einzige Gelegenheit, bei der ein Engländer über den körperlichen Abstand nachdenkt, ist, wenn ihm jemand zu dicht auf die Pelle rückt.

Wie andere Nordeuropäer reagieren die Engländer sehr empfindlich auf ungerechtfertigte Verletzungen ihres persönlichen Freiraums und treffen alle erdenklichen Vorkehrungen, um diese Gefahr abzuwenden. Zu diesem Zweck haben sie eine Reihe von Strategien entwickelt. Eine besteht darin, ein völlig ausdrucksloses Gesicht zu machen, das andere Menschen abschreckt und auf dem nötigen Abstand hält. Eine weitere Methode ist der Aufbau einer physischen Barriere, indem man entweder die Arme verschränkt oder eine Tasche oder ein Paket vor die Brust hält. Für weitere Variationen dieser Strategien muß man nur eine englische Bibliothek aufsuchen, wo man beobachten kann, wie die Engländer sich hinter riesigen Bücherstapeln verbarrikadieren, um ein bißchen Privatheit zu genießen und andere Bibliotheksbenutzer in Schach zu halten. In Südeuropa wird man ein solches Schauspiel selten erleben.

Engländer werden leicht nervös, wenn sie keinen vernünftigen

Abstand voneinander halten können. Es ist interessant, wie Engländer sich verhalten, wenn sie irgendwo zusammengepfercht sind – wie sie versuchen, die Anwesenheit der anderen zu leugnen, indem sie sich ganz in sich selbst zurückziehen. In einem vollbesetzten Fahrstuhl entwickeln Engländer beispielsweise ein ungeheures Interesse am Fußboden, an der Decke, an blinkenden Fahrstuhlknöpfen – kurz an allem, das sie vor der gräßlichen Peinlichkeit bewahrt, einem Fremden ins Gesicht sehen zu müssen. Ähnliche Rückzugsmuster kann man in Londoner U-Bahnen beobachten, wo die Fahrgäste sich hinter Zeitungen verschanzen oder sich schutzsuchend in das Zischen ihres Walkmans flüchten. Welch völlig anderes Bild bietet da die Pariser Metro, wo die Leute ganz entspannt und gelassen wirken!

Zusätzlich zu jenen unsichtbaren Grenzen, die unsere Körper umgeben und sicherstellen, daß andere unseren persönlichen Freiraum nicht verletzen, gibt es noch weitere unsichtbare Grenzen, die wir sozusagen in unseren Köpfen errichten. Diese Grenzen sollen andere davon abhalten, uns psychisch zu nahe zu kommen. In den meisten Gesellschaften gibt es ungeschriebene Gesetze darüber, welche Auskünfte man von anderen Menschen einholen darf. Diese Gesetze können sich von Gesellschaft zu Gesellschaft stark unterscheiden. In Südeuropa kommt es zum Beispiel häufig vor, daß junge Touristen gefragt werden, wie alt sie sind, ob sie verheiratet sind und warum sie keine Kinder haben. In anderen Teilen Europas würden diese harmlosen Fragen als Affront aufgefaßt werden, als schwerwiegende Verletzung der Privatsphäre. Ähnliche Probleme können sich bei Fragen nach der beruflichen Tätigkeit ergeben. In Deutschland ist es zum Beispiel durchaus üblich, jemanden nach seiner Arbeit zu fragen. Solche Fragen werden sogar als schmeichelhaftes Zeichen des Interesses gedeutet. Aber in Großbritannien gibt es bestimmte Kreise, in denen es nicht ratsam ist, jemanden beim ersten Zusammentreffen nach seinem Beruf zu fragen – nicht weil diese Information als etwas Hochheiliges gilt, sondern weil die Frage auf einen gewissen Mangel an Einfallsreichtum hindeutet. Jemanden nach seinem Beruf zu fragen, wird als ziemlich müdes und phantasieloses Mittel angesehen, um ein Gespräch anzuknüpfen.

In Skandinavien gelten ganz andere gesellschaftliche Regeln über Intimität und Selbstenthüllung als im übrigen Europa. In

Norwegen legt man viel Gewicht auf solche Werte wie Unabhängigkeit und Selbstbeherrschung, und die Unantastbarkeit des Privatlebens wird sehr ernst genommen. Das begünstigt ein Verhalten, das auf andere Europäer übertrieben streng und abweisend wirkt. Die Anthropologin Marianne Gullestad hat untersucht, welche symbolischen Grenzen die Norweger errichten, um ihre Privatsphäre zu schützen. Diese »Pforten« und »Zäune«, wie sie sie nennt, können die unterschiedlichsten Formen annehmen und sind alle darauf ausgerichtet, den ungehinderten Zugang zur gegenseitigen Privatsphäre zu versperren.

Ausländische Besucher berichten häufig, wie schwierig es ist, mit Schweden in engeren Kontakt zu kommen, eine Ansicht, die die Schweden selbst bestätigen würden. Das hängt größtenteils damit zusammen, daß die Schweden sehr großen Wert auf ihre Privatsphäre legen und es ihnen daher schwerfällt, persönliche Gedanken und Gefühle vor anderen zu offenbaren. Das heißt nicht, daß die Schweden sich niemals offenbaren; sie neigen nur dazu, diesen Prozeß zunächst hinauszuzögern und ihn dann zu übertreiben. Der Versuch, einen Schweden besser kennenzulernen, hat gewisse Ähnlichkeiten mit dem Versuch, Ketchup aus einer Flasche zu bekommen. Man schüttelt die Flasche zum wiederholten Mal und nichts geschieht; dann, genau in dem Moment, wo man es am wenigsten erwartet, ergießt sich eine Ketchuplawine auf den Teller. Dasselbe gilt für die Schweden: Man verbringt Wochen, manchmal Monate in ihrer Gesellschaft, ohne herauszufinden, was sie wirklich denken. Dann, wenn man gerade aufgeben will, öffnen sich die Schleusen, und man erfährt alles, was man schon immer über seine schwedischen Bekannten erfahren wollte, und noch eine Menge mehr.

Die Finnen sind den Schweden in vielen Hinsichten ähnlich. Besucher aus Großbritannien, Frankreich und Deutschland finden es zum Beispiel häufig schwierig, engere Kontakte zu Finnen zu knüpfen, weil sie oft den Eindruck machen, daß sie sich andere Leute am liebsten vom Leibe halten, sowohl im wörtlichen wie im übertragenen Sinne. Das Ungewöhnliche an den Finnen ist, daß sie zwar möglicherweise zögernd Freundschaft mit Fremden schließen, doch wenn sie es einmal tun, so ist es für immer. Der Beginn einer engeren Beziehung wird oft durch einen rituellen Saunabesuch eingeleitet. Wenn ein Finne Sie in die Sauna einlädt, stehen Sie mit ziemlicher Sicherheit im Begriff, eine lebenslange Freundschaft einzugehen.

Die Engländer sind für ihre Schüchternheit und Zurückhaltung bekannt, auch wenn ihr Ruf mit dem der Schweden nicht konkurrieren kann. Ein Hauptfaktor, der Engländer und Schweden verbindet, ist das Bedürfnis nach einer ungestörten Privatsphäre und eine Abneigung gegen äußere Einmischungen. In beiden Gesellschaften hat das zur Entwicklung verschiedener sozialer und psychologischer Abwehrmechanismen geführt, die die Leute einsetzen, um sich vor indiskreten Übergriffen zu schützen. Im Gegensatz dazu unternehmen die Italiener sehr wenig Anstrengungen, um ihren psychologischen Freiraum zu schützen oder sich von anderen abzugrenzen. Es ist kaum überraschend, daß sie zwar ein Wort für »privat«, aber keines für »Privatsphäre« haben.

Ein Vergleich von Nord- und Südeuropäern zeigt, daß die Südländer nicht nur wesentlich dichter zusammen sitzen oder stehen, sondern daß sie auch eher bereit sind, sich anderen gegenüber zu offenbaren. Diese Verbindung zwischen körperlicher Nähe und Selbstoffenbarung ist kein bloßer Zufall, denn beide Verhaltensweisen drücken den Wunsch nach Intimität aus. Psychologen haben vor einiger Zeit herausgefunden, daß der körperliche Abstand und die Intensität des Blickkontakts eng damit zusammenhängen, welchen Grad an Vertraulichkeit die Menschen anstreben. Man hat festgestellt, daß Menschen, die gezwungen sind, dichter zusammenzurücken, den Grad der Intimität konstant halten, indem sie einander weniger anschauen, und daß Menschen, die ein größeres Maß an Intimität suchen, einfach näher aneinanderrücken oder sich öfter ansehen.

Diese Studien deuten darauf hin, daß der körperliche Abstand eine zentrale Rolle für die Regulierung der Intimität spielt und daß dasselbe für die Bereitschaft gilt, seine Gedanken und Gefühle zu offenbaren. Die Tatsache, daß Nordeuropäer diese vertraulichen Verhaltensweisen seltener zeigen, läßt sich allerdings auf zweierlei Weise interpretieren – entweder gehen Nordeuropäer tatsächlich weniger enge Beziehungen ein als Südeuropäer, oder sie haben einen vergleichbaren Grad an Vertrautheit, legen aber mehr Wert darauf, ihre Zuneigung nicht offen zu demonstrieren.

Unabhängig davon, welche Erklärung zutreffen mag, kann es

doch kaum einen Zweifel geben, daß das Leben in einer Fingerspitzenkultur mit völlig anderen physischen Empfindungen verbunden ist als in einer Ellbogenkultur. Wenn Menschen dicht beieinander stehen oder sitzen, ist es viel leichter, den anderen zu sehen, zu hören, zu riechen und zu berühren. Jeder füllt das Gesichtsfeld des anderen viel stärker aus, jeder kann den anderen viel genauer inspizieren und weiß, daß er selbst ebenso kritisch begutachtet wird. Diese hautnahe Begutachtung ist ein zentrales Merkmal jedes engen physischen Kontakts – ein Merkmal, das vielen Menschen Unbehagen bereitet.

Ethnische Witze

Eine verbreitete Form von Witzen sind die »ethnischen Witze« –
zum Beispiel »Wie verwirrt man einen Iren?... Man gibt ihm
zwei Schaufeln.« Oder: »Der irische Versuch, den Mount Eve-
rest zu besteigen, ist gescheitert... ihnen sind die Baugerüste
ausgegangen.« Solche Witze enthalten zwei Botschaften. Die
eine besagt, daß die »Zielscheibe« des Witzes, in diesem Fall die
Iren, dumm ist. Die zweite Botschaft lautet, daß wir, die Witzeerzähler, logischerweise klug sind. Ethnische Witze sind sehr
verbreitet, und jede europäische Nation scheint darin verwickelt
zu sein, entweder als »Erzähler« oder als »Zielscheibe« und
manchmal in beiden Rollen. Die Engländer erzählen zum Beispiel Witze über die Iren, die Franzosen und Holländer erzählen
Witze über die Belgier, und die Schweden erzählen Witze über
die Finnen und die Norweger. Oft stammen Witzeerzähler und
Zielscheiben aus demselben Land. So erzählen beispielsweise die
Iren abfällige Witze über die Bewohner der Grafschaft Kerry im
Süden der Insel, die Dänen erzählen Witze über die Jüten aus
Aarhus, und in Griechenland sind die Bewohner des pontischen
Gebirges am Schwarzen Meer die regionalen Zielscheiben. Die
Norddeutschen verbreiten Geschichten über die Bayern, die ih-
rerseits mit ähnlichen Geschichten über die Preußen aufwarten.

Die Hauptthemen ethnischer Witze sind Dummheit, gefolgt
von Geiz, Schläue, Faulheit, Feigheit und der Unfähigkeit, die
Sprache des Witzerzählers korrekt anzuwenden. All diese wenig erstrebenswerten Eigenschaften werden zu Witzen verarbeitet und auf die Leute auf der anderen Seite der ethnischen Grenze
abgefeuert. Aber ethnische Witze sind weit mehr als nur sprachliche Waffen, sie errichten auch psychologische Zäune um bestimmte Gruppen. Wie aufgeblasene Wachtposten marschieren
sie an der Grenze auf und ab und tun jedermann kund, daß die
Leute auf dieser Seite des Zauns jenen auf der anderen Seite haus-
hoch überlegen sind.

Es gibt mehrere Motive für ethnische Witze. Christie Davies, der eine spezielle Studie zu diesem Thema verfaßte, weist darauf hin, daß die Zielscheiben ethnischer Witze häufig Randgruppen sind, die sich von der Gruppe, die Witze über sie erzählt, losgesagt haben oder damit drohen. Diese Zielgruppen sind zwar unbeliebt, aber Davies hat festgestellt, daß es sich dabei häufig nicht um die am stärksten abgelehnte oder gefürchtete Gruppe handelt. Das deutet darauf hin, daß die Zielscheiben gewählt werden, weil sie wehrlos und zahlenmäßig schwach sind oder nicht zurückschlagen können. Ethnische Witze sind also offenbar ein Mittel der symbolischen Kontrolle über diese Gruppen. Sie geben den Witzeerzählern die Möglichkeit, bestimmte Eigenschaften bei sich selbst zu leugnen und sie statt dessen, als Witz getarnt, auf die unglücklichen Mitglieder anderer Gruppen zu projizieren. Auf diese Weise lassen sich häßliche Unterstellungen bequem hinter lärmendem Gelächter verbergen.

Aber ethnische Witze befriedigen noch weitere Bedürfnisse. So überzeugen sie zum Beispiel die Witzeerzähler, daß sie eine Mittelstellung zwischen gleichermaßen unattraktiven Extremen einnehmen – zum Beispiel, daß sie weder so einfältig wie die Iren, noch so abgebrüht wie die Juden sind. Ethnische Witze enthalten versteckte Rechtfertigungen. Sie legitimieren die bestehenden Verhältnisse zwischen Gruppen, indem sie die Mitglieder der Randgruppe entweder als zu dumm oder zu faul darstellen, als daß sie etwas Besseres verdient hätten. Dieses eigennützige Merkmal ethnischer Witze zeigt sich sehr deutlich an den Witzen, die die Engländer über die Iren und Schotten verbreiten.

Der Volkskundler Alan Dundes hat mehrere Typen von ethnischen Witzen beschrieben. Vor allem gibt es den Typ, der mit einer wiederkehrenden Wendung beginnt, wie zum Beispiel »Was macht ein..., wenn...?«. Diese Witze präsentieren ein stereotypes Bild von Verhaltensweisen und beschreiben, wie sich Angehörige verschiedener ethnischer Grupen angeblich benehmen, wenn sie auf einer einsamen Insel stranden, nur einen einzigen Fallschirm im Flugzeug haben oder eine tote Fliege in ihrem Glas finden. Zum Beispiel: Was tun ein Engländer, ein Ire und ein Schotte, wenn eine tote Fliege in ihrem Bierglas schwimmt? Antwort: Der Engländer besorgt sich einen Löffel, entfernt die Fliege aus dem Glas und trinkt es aus. Der Ire verhält sich genauso, nur daß er keinen Löffel, sondern die Finger benutzt. Der

Schotte holt die Fliege vorsichtig heraus und wringt sie über dem Glas aus, bevor er weitertrinkt.

Ethnische Witze werden manchmal in Form von Rätseln erzählt – wie »Was kriegst du, wenn du einen Deutschen und einen Franzosen kreuzt?« oder »Was ist das kürzeste Buch?« Sie tauchen auch in Form von Sprichwörtern oder Bonmots auf wie »Die Hölle ist ein Ort, wo die Franzosen als Ingenieure arbeiten, die Briten als Köche, die Deutschen als Polizisten, die Russen als Historiker und die Amerikaner als Liebhaber.«

Dann gibt es noch die post-koitale Variante, bei der Gruppen danach charakterisiert werden, was die Ehefrau nach dem Sex zu ihrem Mann sagt:

> Amerikanische Ehefrau: Gee Honey, das war phantastisch!
> Französische Ehefrau: Chéri, du bist ein wundervoller Liebhaber.
> Jüdische Ehefrau: Ich hätte einen Pelzmantel verlangen sollen.
> Deutsche Ehefrau: Welch eine Autorität! Wirklich meisterhaft!
> Englische Ehefrau: Na also, geht es dir jetzt besser?

Ethnische Witze stützen sich auf Stereotypen über andere Gruppen, und sie sind auch dafür verantwortlich, daß diese Stereotypen fortbestehen. Witzeerzähler und ihre Zielscheiben stehen sich meist relativ nah. Sie sind für gewöhnlich Nachbarn, haben oft eine gemeinsame Kultur und manchmal auch dieselbe Sprache. Die Rollen des Witzeerzählers und der Zielscheibe werden selten umgekehrt, und es ist die unglückliche Erfahrung der Zielscheiben, daß sie große Schwierigkeiten haben, es den Leuten heimzuzahlen, die Witze über sie reißen. Das ist sicherlich die Erfahrung der Norweger, die die schwedischen Witze über sie äußerst ärgerlich finden und sich durch Schwedenwitze zu revanchieren versuchen. Die Holländer erzählen eine Unmenge von Witzen über die Belgier. Die meisten dieser »Belgierwitze« oder *Belgenmoppen* richten sich gegen die holländisch sprechenden Flamen. Doch auch die Belgier reißen Witze über die Holländer, und um die Sache weiter zu komplizieren, erzählen auch Flamen und Wallonen ständig Witze übereinander und sogar über die Einwohner Brüssels. Dieses belgische Muster der ethnischen Witze ist also ziemlich ungewöhnlich, weil die beiden großen ethnischen Gruppen sich in ihrem Krieg der Worte relativ gleichberechtigt gegenüberstehen und beide Parteien etwa gleich viel einstecken und austeilen.

Die gängige Praxis bei ethnischen Witzen besteht darin, daß eine ethnische Gruppe entweder Witze erfindet oder bestehende Witze adaptiert und sie dann auf eine andere Gruppe überträgt. Es gibt allerdings einige Fälle, in denen eine Gruppe Witze über sich selbst macht; das bekannteste Beispiel sind die Juden. Jüdische Witze unterscheiden sich stark von anderen Witzen, vor allem weil sie jüdischen Ursprungs sind, aber auch weil sie den Juden häufig Eigenschaften zuschreiben, wie Geiz und Schläue, die sonst vielleicht eher geleugnet werden. Der springende Punkt an den jüdischen Eigenwitzen ist, daß sie für den internen Gebrauch bestimmt sind und nicht für andere Völker. Wenn Juden Witze über sich selbst machen, entsteht für gewöhnlich eine Atmosphäre bissiger Selbstverspottung; wenn Außenseiter hinzukommen, kann die Stimmung schnell umschlagen, und dieselben Witze können plötzlich bedrohlich wirken. Laut Gershon Legman gelten zwei wichtige Regeln für das Erzählen von ethnischen Witzen. Nach der einen Regel dürfen ethnische Witze nur erzählt werden, wenn keine Mitglieder der Zielscheibenkultur anwesend sind. Nach der anderen Regel dürfen ethnische Witze erzählt werden, wenn *ausschließlich* Mitglieder der Zielscheibenkultur zugegen sind. Die erste Regel stellt sicher, daß niemand sich angegriffen fühlt; die zweite Regel sorgt dafür, daß das Geheimnis gegenüber Außenstehenden bewahrt bleibt.

In den Witzen, die ethnische Gruppen übereinander erzählen, spiegelt sich oft wider, was die Gruppen voneinander halten. Diese Ansichten können solche Themen wie Intelligenz, Vertrauenswürdigkeit und sexuelle Präferenzen umfassen; manchmal geht es auch darum, welche Witze die anderen Gruppen vermeintlich amüsant finden oder ob sie überhaupt in der Lage sind, Witze zu verstehen. Alan Dundes stellt den folgenden Witz vor, der angeblich Aufschluß darüber gibt, wie Franzosen, Engländer, Deutsche und Juden sich unterscheiden, wenn es darum geht, eine Pointe zu verstehen:

Wenn ein Franzose einen Witz hört, lacht er immer dreimal, das erste Mal, wenn er den Witz hört, das zweite Mal, wenn Sie ihm den Witz erklären und das dritte Mal, wenn er den Witz versteht. Das liegt daran, daß die Franzosen gern lachen. Wenn Sie einem Engländer einen Witz erzählen, lacht er zweimal. Einmal, wenn er den Witz hört, und einmal, wenn Sie ihm den Witz erklären. Wenn Sie einem Deutschen einen Witz erzählen, lacht er nur einmal, und zwar wenn er den Witz hört. Er läßt sich den Witz nicht erklären, weil er zu arrogant ist. Außerdem haben die Deutschen sowieso keinen Sinn für Humor. Wenn Sie einem Juden einen Witz erzählen, unterbricht er Sie, bevor Sie ausgeredet haben. Erstens hat er den Witz schon mal gehört, zweitens erzählen Sie den Witz falsch und drittens erzählt er den Witz schließlich so, wie es sich gehört.

Der Kuß

Der Kuß ist zwar in ganz Europa verbreitet, aber es gibt einige Länder, wo sein Gebrauch vom Grad der Vertrautheit und dem Geschlecht der Beteiligten abhängt, und andere, in denen er nur wenig mit der Vertrautheit zu tun hat und das Geschlecht überhaupt keine Rolle spielt. In Mittelmeerländern begrüßen sich sowohl Männer als auch Frauen mit einem Kuß auf die Wange, unabhängig vom Geschlecht der anderen Person und häufig auch, wenn sie sich überhaupt nicht kennen. In Großbritannien, Deutschland und den skandinavischen Ländern ist diese Geste unter Frauen und zwischen Frauen und Männern üblich, vorausgesetzt, sie sind befreundet oder verwandt. In diesen Ländern küssen Männer sich in der Regel nicht auf die Wange, obwohl es Anzeichen dafür gibt, daß die Situation sich allmählich verändert.

Bis vor einigen Jahren waren Wangenküsse zwischen Männern in Großbritannien absolut tabu. In Künstler- und Theaterkreisen ließ man die Küsserei zwar durchgehen, aber im allgemeinen galten derart demonstrative Zärtlichkeiten als unmännlich. Im letzten Jahrzehnt hat sich jedoch das Denken in bezug auf Geschlecht und Identität bemerkenswert gewandelt. Diese Entwicklung, zusammen mit dem Einfluß kontinentaler Gebräuche, hat die Briten toleranter werden lassen, und mittlerweile ist es in bestimmten Kreisen nichts Ungewöhnliches mehr, wenn Männer sich auf die Wange küssen.

Trotz dieser Veränderungen kann man die Briten beim besten Willen nicht als küssende Nation bezeichnen. Für die meisten Briten ist die Sache ein soziales Minenfeld, weil sie nie genau wissen, ob sie sich nun die Hand geben oder sich lieber auf die Wange küssen sollten, wie viele Küsse angemessen wären und ob sie links oder rechts anfangen sollen. Das würde erklären, warum die Briten beim Küssen so dilettantisch wirken. Wie erklärt sich aber ihre Vorliebe für den »Vakuumkuß«, bei dem die Lippen die andere Person nicht tatsächlich berühren, und warum begleiten sie ihre Küsse so häufig mit geräuschvollen Schmatzlauten? Es scheint, daß der Vakuumkuß in Großbritannien so überaus beliebt ist, weil er ein Minimum an Körperkontakt erfordert und deshalb nur ein Mindestmaß an persönlichem Engagement; er verbindet die besten aller Welten miteinander, weil er die Möglichkeit eröffnet, den gesamten Kußvorgang zu absolvieren, ohne daß die Lippen dabei in Kontakt mit der anderen Person gebracht werden müssen. Die geräuschvollen Schmatzer und »Mwah!«-Laute, mit denen die Briten ihre Küsse begleiten, sollen vor allem ihre Verlegenheit kaschieren. Diese Vokalisationen mögen wie Zeichen der Wertschätzung und Begeisterung klingen, sind aber im Grunde eine Art Selbstverspottung, die den Kuß verleugnen und in einen Scherz verwandeln soll. In Ländern wie Italien und Frankreich haben die Leute ein völlig entspanntes Verhältnis zum sozialen Kuß. Sie wissen, wann er erwartet wird, wo sie hinküssen müssen und wie oft. Bei ihnen löst der Kuß keinerlei peinliche Gefühle aus, weshalb sie auch nicht im Traum auf die Idee kommen würden, ihn wieder zu verleugnen.

Wie viele Küsse man bei einem Wangenkuß verteilt, unterscheidet sich von Kultur zu Kultur. Skandinavier begnügen sich zum Beispiel häufig mit einem einzigen Kuß, während die Franzosen für den beidseitigen Wangenkuß bekannt sind – erst links, dann rechts. Die Holländer und Belgier neigen zum Mehrfachkuß mit mindestens drei einzelnen Küssen. Das heißt jedoch nicht, daß sie die größten Küsser Europas sind, denn was die reine Häufigkeit angeht, sind die Franzosen unschlagbar.

Die Franzosen sind ohne Zweifel Europas absolute Meisterküsser; das zeigt sich nicht nur daran, daß der Kuß eine zentrale Rolle im Alltag der Franzosen spielt, sondern auch an ihrem enormen Interesse an dem Thema. Es ist kein Zufall, daß die berühmtesten Skulpturen, die diesem Thema gewidmet sind – Rodins *Kuß* und Brancusis *Kuß* – beide in Paris entstanden sind. Die Franzosen sollen auch die Erfinder des Zungenkusses sein, jedenfalls behaupten das die Briten, die die Praktik als *French kissing* bezeichnen. Dieser Ruf könnte einfach das Ergebnis einer internationalen Projektion sein, mit anderen Worten ein Beispiel für die in England gängige Praxis, bestimmte Eigenschaften, die man verleugnen möchte, auf die Franzosen zu schieben. Gegen diese Theorie sprechen allerdings zwei Argu-

116

mente. Zum einen beziehen sich auch die Deutschen auf die Franzosen und bezeichnen den Zungenkuß als »französisches Küssen«. Zweitens deutet auch das französische Wort für den Zungenkuß, *maraichinage*, darauf hin, daß die Praktik französischen Ursprungs ist. *Maraichinage* ist von den *Maraichins* abgeleitet, das heißt von den Bewohnern des Distrikts Pays de Mont in der Vendée. Warum gerade diese Gemeinschaft als Erfinder des Zungenkuß auserkoren wurde, bleibt ein Rätsel. Obwohl diese Kußpraktik bei den Franzosen sehr beliebt ist, scheint es eher unwahrscheinlich, daß er von ihnen erfunden wurde. Aufgrund seiner wichtigen Rolle in der Umwerbungsphase scheint es viel wahrscheinlicher, daß der Zungenkuß sich unabhängig in mehreren Teilen der Welt entwickelt hat.

Wie auch immer – es gibt keinen Zweifel, daß die Franzosen zur Oberliga der europäischen Küsser gehören, während die Briten eher Kreisklasse sind. Es gab allerdings eine Zeit, in der es umgekehrt war – das heißt, in der die Franzosen viel zurückhaltender waren, und die Engländer als die Kußexperten Europas galten. Schon 1466 berichtete der böhmische Adlige Leo von Rozmital über die folgende, in England übliche Sitte: »Wenn Reisende in einem Gasthof eintreffen, kommt die Wirtin mit ihrer ganzen Familie an die Tür, um sie zu empfangen; und die Gäste müssen alle mit einem Kuß begrüßen.« Er schrieb, daß dies bei den Engländern dasselbe sei wie bei anderen Nationen das Händeschütteln.

Eine ähnliche Beobachtung machte auch der holländische Gelehrte Desiderius Erasmus. Als er 1499 nach England kam, schrieb er an seinen Freund, den italienischen Dichter Fausto Andrelini, und forderte ihn auf, seine Gicht zu vergessen und so schnell wie möglich nach England zu kommen, denn »es gibt hier Nymphen mit göttlichem Antlitz, reizend, gefällig; Du würdest sie leicht Deinen Camönen vorziehen. Zudem haben sie hier eine nicht genug zu preisende Sitte. Wohin Du kommst, jeder begrüßt Dich mit Kuß; wenn Du irgendwo weggehst, mit Abschiedskuß wirst Du entlassen. Kommst Du wieder, tut man Dir Liebes, kommt zu Dir, gibt Dir Gutes zu trinken; verläßt man Dich, werden Küsse ausgetauscht; trifft man sich irgendwo, gibt's Küsse mehr als genug; kurz, wohin Du Dich auch begibst, alles ist voll Annehmlichkeiten. Lieber Faustus, hättest Du einmal geschmeckt, wie mollig, wie duftig das ist, wahrhaftig, Du würdest nicht nur wie Solon zehn Jahre, sondern bis zum Tod in England bleiben wollen.«

Diese Beschreibungen zeigen nicht nur, daß das Küssen in England gegen Ende des fünfzehnten Jahrhunderts epidemieartige Ausmaße angenommen hatte, sondern daß die Sitte in Ländern wie Deutschland, Italien und Holland bis dahin praktisch unbekannt war. Tatsächlich ist vielfach dokumentiert, daß der freizügige Brauch, Fremde mit einem Kuß zu begrüßen, eine englische Besonderheit war. Als zum Beispiel der Engländer George Cavendish 1527 das Schloß eines französischen Adligen besuchte, empfing ihn die Hausherrin mit folgenden Worten: »Da Ihr fürwahr ein Engländer seid, dessen Landessitte ihm erlaubt, alle Weiber und edlen Frauen mit einem Kusse zu begrüßen, und obgleich dies in unserem Reiche nicht der Brauch ist, will ich es wagen, Euch zu küssen, und alle meine Mägde sollen ebenso verfahren.« Das war zweifellos ein mutiger Entschluß, denn im Frankreich jener Zeit war es unerhört für ein Mädchen, ihren Verlobten zu küssen oder sich von ihm küssen zu lassen, ganz zu schweigen von einem völlig Unbekannten.

In England lagen die Dinge völlig anders, denn Liebespaare küßten einander ganz selbstverständlich auf den Mund. Tatsächlich machte es so gut wie keinen Unterschied, ob man jemanden auf den Mund oder auf die Wange küßte, weil beides genauso gebräuchlich war. Nicander Nucius, ein griechischer Reisender, der 1545 nach England kam, beschrieb diese Situation in seinem Bericht über die Engländer und ihre Kußgewohnheiten: »Sie zeigen eine große Einfachheit und Abwesenheit jeglicher Eifersucht in ihrem Verhalten gegenüber den Frauen. Denn es küssen nicht nur jene, die zur selben Familie und zum Haushalt gehören, die Frauen auf den Mund, begleitet von Grußworten und Umarmungen, sondern auch völlig Fremde.«

Während des ganzen sechzehnten Jahrhunderts blieben die Begegnungen zwischen den Geschlechtern durch einen ausgiebigen Körperkontakt gekennzeichnet, der teilweise – zumindest aus unserer heutigen Sicht – recht intime Formen annahm. Neben dem Küssen gab es auch einen Brauch, der es den Männern gestattete, den Frauen zur Begrüßung an die Brust zu fassen, vorausgesetzt die Männer gehörten zur »Kußverwandtschaft« und die Frau war jung und unverheiratet. Da die jungen Frauen ihre Brüste damals recht freizügig entblößten, konnte man die-

sen Brauch leichter praktizieren als heute. Die Sitte galt allerdings nicht als erotisch, weil es sich bei den Beteiligten normalerweise um Verwandte handelte. So jedenfalls lautete die Theorie –
die Praxis mag anders ausgesehen haben.

Schon im sechzehnten Jahrhundert begann der allmähliche
Niedergang des englischen Kusses, aber die Praktik hielt sich
noch unter den Regentschaften von James I. und Charles I. bis
hin zur Restauration, als der Kuß erneut ins Kreuzfeuer der Kritik geriet. Bei den Franzosen galt die Küsserei seit langem als
altmodisch und unelegant. Als James II. nach England zurückkehrte, führte er den französischen Benimmkodex am englischen Hof ein und damit auch die Ächtung des Kusses. Sehr bald
begannen die englischen Höflinge und Adligen den Kuß durch
die Verbeugung zu ersetzen und durch ein Verhalten, das ein
Korrespondent des *Spectator* als die »vornehme Zurückhaltung«
der Franzosen beschrieb.

Es ist ein merkwürdiger Gedanke, daß die Engländer, die
nicht gerade als besonders berührungssüchtig oder über-
schwenglich gelten, einmal international für ihre küsserischen
Exzesse berüchtigt waren. Heute ist es fast unvorstellbar, daß
englische Männer und Frauen sich so hemmungslos auf den
Mund küssen, daß ausländische Besucher es als skandalös empfinden. Aus heutiger Sicht erscheint es auch seltsam, daß das
Verschwinden des inflationären Küssens in England auf die Einführung französischer Benimmregeln zurückzuführen ist und
daß diese zum Teil für den reservierten Verhaltensstil verantwortlich sind, der heute als Inbegriff des Britischen gilt. Wer
hätte gedacht, daß ausgerechnet die Franzosen daran schuld
sind?

Blicke

Besucher von mediterranen Ländern klagen oft darüber, daß sie sich beobachtet fühlen. Wenn sie die Straße entlanggehen, haben sie den Eindruck, daß alle Blicke auf sie gerichtet sind wie Radarstrahlen, die die Flugbahn einer feindlichen Rakete verfolgen, und wenn sie stehenbleiben, um einen kleinen Schwatz mit den Einheimischen zu halten, kommt es ihnen vor, als würde man sie – quasi gegen ihren Willen – in eine intime visuelle Umarmung ziehen. Dieses Unbehagen ist nicht schwer zu erklären: Es hängt damit zusammen, daß die Konventionen und Tabus, die den Blickkontakt regeln, sich je nach Kultur erheblich unterscheiden.

Die visuellen Gewohnheiten der Kontinentaleuropäer waren den Briten schon immer ein Dorn im Auge. 1728 schrieb Lady Mary Wortley Montagu aus Paris an Alexander Pope und berichtete: »Hier gafft sich alles an. Sich anzugaffen ist à-la-mode – es gibt ein Gaffen der Aufmerksamkeit und ein Gaffen des Intérêt, ein neugieriges Gaffen, ein erwartungsvolles Gaffen, ein überrraschtes Gaffen – und Sie würden sich köstlich amüsieren, wenn Sie wüßten, welch banalen Anlässe dieses ganze Gegaffe auslösen.« Oliver Goldsmith machte 1760 eine ähnliche Beobachtung: »Die erste nationale Besonderheit, die dem Reisenden begegnet, wenn er dieses Königreich betritt, ist eine merkwürdige Art anstarrender Lebhaftigkeit in jedem Auge, dem der Kinder nicht ausgenommen: Die Leute scheinen es sich in den Kopf gesetzt zu haben, klüger als andere zu sein, und stieren deshalb, um klug auszusehen.«

In jeder Gesellschaft erfüllt der Austausch von Blicken drei wichtige soziale Funktionen: Erstens übernimmt er eine »Kontrollfunktion«, weil er uns die Möglichkeit gibt, zu überprüfen, wie andere reagieren und wie sie sich verhalten; zweitens erfüllt er eine »Ausdrucksfunktion«, weil wir damit Informationen über unsere Einstellungen und Absichten vermitteln können. Und drittens hat er eine »Steuerungsfunktion«, weil wir mit seiner Hilfe die Handlungen anderer steuern und beeinflussen können. Diese drei Funktionen sind universell, doch das relative Gewicht, das diesen einzelnen Aspekten beigemessen wird, kann je nach Gesellschaft stark variieren. In Europa, wo sich die Art des Blickkontakts in zwei geographische Zonen unterteilen läßt, ist dies zweifellos der Fall. Zum einen gibt es eine »blickintensive« Zone; sie umfaßt jene Mittelmeerländer, deren Bewohner auch dichter zusammenstehen und stärkeren Körperkontakt suchen. Die andere ist die »blickarme« Zone, zu der Nord-, Zentral- und Osteuropa gehören – mit anderen Worten, jene Regionen, in denen die Leute auch größeren Abstand voneinander halten und sich seltener berühren.

Es ist kein Zufall, daß Körperabstand und Berührungen so eng mit der »Blickweise« zusammenhängen, weil all diese Verhaltensweisen wichtige Intimitätssignale aussenden. Wer seine Sympathie zeigen möchte, neigt dazu, den körperlichen Abstand zu verringern und den anderen häufiger zu berühren und anzuschauen. Dasselbe gilt auch umgekehrt: Menschen, die sich nicht sonderlich sympathisch sind, neigen dazu, den körperlichen Abstand zu vergrößern, Körperkontakte zu vermeiden und sich nicht direkt in die Augen zu sehen.

Ähnliche Prozesse laufen auch auf kultureller Ebene ab. In Gesellschaften, wo ein offener Gefühlsausdruck ermutigt wird, sehen die Leute sich auch intensiver an, nicht nur um ihre Wirkung auf andere zu überprüfen, sondern auch, um ihre Kontaktbereitschaft zu demonstrieren und ihre Zuneigung und Herzlichkeit zum Ausdruck zu bringen. In diesen Gesellschaften ist auch der Interaktionsstil durch ein höheres Maß an Spontaneität gekennzeichnet – man legt mehr Gewicht auf non-verbale Zeichen und benutzt daher auch mehr visuelle Signale, um das Gespräch zu steuern und Sprecherwechsel einzuleiten. Aber zu den wichtigsten Merkmalen einer »blickintensiven« Gesellschaft gehört, daß es viel mehr gegenseitige Blicke gibt. Je öfter zwei Leute sich ansehen, desto wahrscheinlicher ist es, daß ihre Blicke sich treffen. Dieser beidseitige Blickkontakt erhöht das Gefühl der gegenseitigen Nähe und Vertrautheit und löst gleichzeitig einen Anstieg der körperlichen Erregung aus, was wiederum die Sympathie erhöhen kann.

Diese Situation unterscheidet sich drastisch von der in einer »blickarmen« Gesellschaft, wo der Blick als Mittel der Kontrolle und Beeinflussung anderer eine wesentlich geringere Rolle spielt und auch kaum genutzt wird, um die Distanz zwischen Fremden zu verringern. Kinder in einer »blickarmen« Kultur lernen normalerweise, daß es unhöflich ist, andere Leute anzustarren, und daß man seinen Respekt am besten zum Ausdruck bringt, indem man völliges Desinteresse demonstriert, um die andere Person nicht unter Druck zu setzen – ein Verhalten, das Ervin Goffman als »höfliche Gleichgültigkeit« bezeichnet. Jemanden nicht anzusehen verringert natürlich auch das Risiko, abgewiesen zu werden; wer eine andere Person erwartungsvoll anschaut, läuft immer Gefahr, daß die andere Person den Blick zwar auffängt, aber schnell zur Seite sieht und damit auch das implizite Angebot ablehnt. Diese Gefahr ist in einer blickarmen Kultur wesentlich größer, weshalb Angehörige dieser Kulturen viel weniger Blicke riskieren, wenn sie ein Gespräch mit einem Unbekannten anknüpfen.

Blickarme Gesellschaften unterscheiden sich noch in anderer Hinsicht von blickintensiven Gesellschaften. Erstens ist das Anstarren häufig sehr viel stärker tabuisiert. In einer blickarmen Gesellschaft ist es ganz in Ordnung, wenn Verliebte sich pausenlos tief in die Augen sehen, und auch Freunde oder Bekannte dürfen dies in etwas abgeschwächter Form tun. Aber es ist wenig ratsam, einen Fremden anzustarren – nicht nur, weil man den anderen dadurch zwingt, irgendwie zu reagieren, sondern weil ein unverwandter Blick auch als Drohgebärde aufgefaßt werden kann. Diese Gefahr ist in einer blickintensiven Gesellschaft wesentlich geringer, weil es einfach viel zu viele Leute gibt, die sich gegenseitig anschauen. Deshalb wird das Anstarren in einer blickarmen Kultur auch leicht zum Vorspiel oder Vorwand für einen Streit, in einer blickintensiven Kultur dagegen nicht.

Obwohl blickarme Kulturen sich den Anschein geben, als würden sie ihre Mitglieder vor neugierigen Blicken schützen, zwingen sie sie in Wahrheit dazu, nach alternativen Kontrollmöglichkeiten zu suchen. Insbesondere die Briten haben ein ganzes Arsenal an Techniken entwickelt, um sich gegenseitig möglichst unauffällig zu beobachten. Ein Trick besteht darin, blitzschnell einen verstohlenen Blick zu riskieren, wenn die andere Person abgelenkt ist. Ein weiterer Trick ist die volle Ausnutzung des peripheren Gesichtsfelds, das heißt, man tut so, als würde man etwas anderes betrachten, beobachtet aber in Wirklichkeit die andere Person aus den Augenwinkeln. Diese geschickte Ausnutzung der Peripherie könnte erklären, warum es so schwierig ist, den Blick eines englischen Kellners auf sich zu ziehen. Nachdem er die Leute sein Leben lang heimlich beobachtet hat, beherrscht ein englischer Kellner die Kunst des Vorbeisehens zur Perfektion und schafft es mühelos, Kopf und Augen in die eine Richtung zu wenden und trotzdem in die andere zu sehen. Was die Fähigkeit des Gästetäuschens betrifft, können seine spanischen und italienischen Kollegen ihm nicht das Wasser reichen.

In einer blickintensiven Gesellschaft sieht man andere Leute nicht nur häufiger an; man wird auch selbst öfter angestarrt und entwickelt die Erwartung, daß man die Aufmerksamkeit anderer auf sich zieht. Für den Durchschnittsmenschen stellt das kein Problem dar, aber für schöne junge Frauen schon. Es gibt kaum etwas, das eine attraktive Italienerin tun kann, um sich vor den aufdringlichen Blicken der Männer zu schützen. Wenn sie nicht gerade lautstark protestieren will, kann sie ihr Desinteresse nur zum Ausdruck bringen, indem sie die Blicke nicht erwidert. Italienische Mädchen lernen dieses demonstrative Desinteresse sehr früh und setzen es so lange ein, bis es überflüssig wird. Weil nordeuropäische Frauen diese Strategien nicht von klein auf lernen, erwidern sie einen interessierten Blick viel häufiger, wenn sie ein Land wie Italien besuchen, was nicht immer ratsam ist.

Sartre definiert das Anstarren in seinem Buch *Sein und Nichts* als Form der Besitzaneignung. Menschen, die in blickarmen Gesellschaften leben, können diesen Gedanken leicht nachvollziehen. Sie teilen die Ansicht, daß ein rein kontrollierender Blick manchmal eine Art Diebstahl sein kann – deshalb haben sie auch so starke Tabus gegen das Anstarren entwickelt. Menschen in einer blickintensiven Gesellschaft stellen diese gedankliche Verbindung selten her, weshalb sie auch kaum Sanktionen gegen das Anstarren verhängt haben. V. S. Pritchett spricht zum Beispiel von »dem totalen Blick der Spanier« und von der Tatsache, daß »es ihnen nicht in den Sinn kommt, ihre Bewunderung oder ihre Begierde zu verbergen«. Er vergißt allerdings zu erwähnen, daß diese räuberischen Blicke der Männer auch ein Kommunikationsmittel zwischen Männern sind und in vielen Fällen ein visuelles Katz-und-Maus-Spiel, zu dem die Männer die Frauen verleiten möchten. Der Mann, der sich auf der Straße nach einer schönen Frau umdreht, befriedigt möglicherweise seine Neugier; aber wenn andere Männer dabei sind, muß er auch seine Heterosexualität und seine Männlichkeit deutlich unter Beweis stellen.

Obwohl die Blickweise sich am stärksten zwischen der blick-intensiven und der blickarmen Zone unterscheidet, gibt es auch einige sehr interessante Unterschiede zwischen einzelnen Ländern innerhalb dieser Zonen. Der britische Psychologe Roger Ingham hat zum Beispiel festgestellt, daß es markante Unterschiede zwischen den Blickmustern der Engländer und Schweden gibt. Er fand heraus, daß zwar die Gesamtzeit des Blickkontakts, der während eines Gesprächs hergestellt wird, bei beiden Gruppen in etwa gleich ist, daß aber die Schweden wesentlich längere Blicke austauschen, ihre Blicke unregelmäßiger sind und sich die Blicke häufiger treffen. Mit Hilfe von Persönlichkeitstests konnte Ingham nachweisen, daß bei den Engländern die Dauer des Blickkontaks mit dem Grad der Extrovertiertheit übereinstimmte, während die Blickdauer bei den Schweden mit sozialen Ängsten korrelierte. Er erklärte dieses Ergebnis damit, daß der Blickkontakt in England den Wunsch nach Vertrautheit widerspiegelt, während er in Schweden primär dem Ziel dient, ein Feedback einzuholen und die andere Person »im Auge zu behalten«. Diese Interpretation ist durch weitere Studien bestätigt worden, die zeigen, daß die Schweden wesentlich häufiger Blickkontakt suchen, wenn sie selbst reden, als wenn sie zuhören, was darauf hindeutet, daß es ihnen wichtiger ist, *interessant* als *interessiert* zu wirken.

Beleidigende Gesten

Es gibt zwei Möglichkeiten, jemanden zu beleidigen. Entweder, indem man etwas sagt, oder indem man etwas tut. Verbale fallen in verschiedene Kategorien; zu den gröbsten Beleidigungen gehören Verunglimpfungen der familiären Abstammung (z. B. Bastard, Hurensohn), die Unterstellung gewisser sexueller Präferenzen (Arschficker, Motherfucker, Wichser) und Gleichsetzungen mit einzelnen Körperteilen (z. B. Fotze, Arschloch). Es folgen Beleidigungen, bei denen man die betreffende Person mit Körpererzeugnissen (z. B. Scheißer, Pißnelke) oder Tieren (z. B. Ratte, Schwein) assoziiert oder gewisse Zweifel an ihrer Intelligenz erhebt (z. B. Trottel, Vollidiot). Die meisten verbalen Beleidigungen lassen sich in eine dieser Kategorien einordnen, aber es gibt auch einige »Kreuzungen«, die in zwei oder mehr Kategorien fallen, wie zum Beispiel »Scheißkuh«.

Auch wenn die konkreten Beleidigungen von Kultur zu Kultur variieren, lassen sich alle in diese Kategorien einordnen. Das Thema Sex ist ein universeller Bestandteil der Schmähsprache, zum Teil, weil die Sexualität stark tabuisiert ist, aber auch, weil sie eine Hauptursache von Ängsten bildet. Nach Ansicht des Anthropologen Edmund Leach besteht der Sinn von Beleidigungen primär darin, den Adressaten als nicht-menschlich zu etikettieren und ihm damit die Rechte abzusprechen, die einem Menschen normalerweise zugebilligt werden. Wie Leach ausführt, ist es wesentlich leichter, Menschen zu diskriminieren, wenn man sie zuvor als »Schweine« oder »Parasiten« kategorisiert hat.

Wer beleidigende Ausdrücke benutzt, weiß selten, woher sie kommen. In einigen Fällen wissen die Leute nicht einmal, was die Ausdrücke bedeuten, und ihre Opfer sind oft genauso unwissend. Robert Graves berichtet zum Beispiel, daß er einmal miterlebte, wie ein Mann aus der Londoner Empire Lounge hinausgeworfen wurde, weil er eine Bardame als *Maisonette* tituliert hatte. »So eine Unverschämtheit«, entrüstete sich die Bardame,

»ich bin eine anständige Frau!« Das Entscheidende an Beleidigungen ist nicht ihre wörtliche Bedeutung, sondern ihr provozierendes, herabsetzendes und verletzendes Potential. Es ist ein zentrales, wenn auch häufig unbewußtes Motiv für Beleidigungen, daß sie die Möglichkeit bieten, Aggressionen herauszulassen und Spannungen abzubauen.

Die meisten verbalen Beleidigungen sind propositional – das heißt, sie versuchen, dem Adressaten bestimmte Merkmale zuzuschreiben. In dieser Hinsicht unterscheiden Verbalinjurien sich sehr stark von manuellen Beleidigungen, von denen die meisten überhaupt nicht propositional sind. Wenn doch, handelt es sich häufig um gestische Analogien zu verbalen Beleidigungen, wie zum Beispiel bei der Infragestellung geistiger Fähigkeiten. Mit anderen Worten – was die enthaltene Botschaft angeht, macht es kaum einen Unterschied, ob Sie sich an die Stirn tippen, um jemandem mitzuteilen, daß Sie ihn für unterbelichtet halten, oder ob Sie ihm tatsächlich die Worte »Idiot!« oder »Spatzenhirn!« ins Gesicht schleudern.

Jedes europäische Land hat mindestens eine Gebärde, die zum Ausdruck bringt, daß man jemanden für entweder dumm oder verrückt hält. Die Italiener unterscheiden zwischen diesen beiden Defekten und tippen sich entweder mit den Fingerspitzen an die Stirn – für Dummheit – oder drehen den Zeigefinger an der Schläfe – für Irrsinn. Die Irrsinnsvermutung läßt sich auch signalisieren, indem man einen imaginären Ball neben seinen Kopf hält und ihn kräftig schüttelt – vermutlich um anzuzeigen, daß die betreffende Person ein kleines, handliches Gehirn besitzt, das lose in der Schale kullert. Diese Gebärden lassen sich entweder als Beleidigungen nutzen oder auch als ironische Anspielungen auf die eigene Dummheit oder die einer dritten Person. Das Herumdrehen des Zeigefingers an der Schläfe gilt auch in anderen europäischen Ländern als Synonym für Irrsinn, doch um Blödheit zu signalisieren, tippen die meisten anderen Europäer sich nicht an die Stirn, sondern ebenfalls an die Schläfe. Um die Sache weiter zu komplizieren, tippen Briten, Deutsche und Holländer sich sowohl bei Verdacht auf Klugheit wie auf Dummheit an die Stirn. Glücklicherweise lassen sich die beiden Bedeutungen normalerweise daran unterscheiden, welche Worte oder welcher Gesichtsausdruck die Geste begleiten.

Die meisten gestischen Beleidigungen in Europa befassen sich mit Sex. Wie bei ihren verbalen Verwandten gibt es auch bei den Gebärden einige Beleidigungen, die sexuelle Neigungen oder sexuelle Merkmale unterstellen. Um jemanden als homosexuell zu bezeichnen, kneifen die Italiener sich entweder mit Daumen und Zeigefinger ins Ohrläppchen oder schnippen mit dem Mittelfinger ans Ohr. Diese Gesten lassen sich benutzen, um jemanden ernsthaft oder neckend als homosexuell zu bezeichnen oder um ihn zu beleidigen. Außerdem gibt es bestimmte Gebärden, die auf die Entmannung des Opfers anspielen, symbolisch mit sexuellen Tätlichkeiten drohen oder einfach zum Ausdruck bringen: »Leck mich am Arsch.« Auch das »Hörnerzeichen« sagt etwas über die sexuelle Situation des Opfers aus – in diesem Fall, daß man ihm Hörner aufgesetzt hat. Beim Hörnerzeichen oder *mano cornuta*, wie die Italiener es nennen, spreizt man den Zeigefinger und den kleinen Finger von der geballten Faust ab und erzeugt damit eine Geste, die wie ein gehörnter Tierkopf aussieht. Das Hörnerzeichen ist ungewöhnlich, weil es zwei sehr unterschiedliche Botschaften übermitteln kann. Die eine Botschaft bezieht sich auf einen Hahnrei – sie besagt im wesentlichen, daß der Adressat von seiner Frau, seinem Ehemann oder Geliebten betrogen wurde und ihm dabei symbolisch Hörner aufgesetzt wurden. Volkskundler haben sich intensiv mit der Frage beschäftigt, ob die mit dieser Geste nachgebildeten Hörner die eines Stiers, einer Kuh, eines Hirschen, eines Widders oder eines Ziegenbocks sind, oder ob sie sich auf die Sporne beziehen, die man kastrierten Masthähnen abschneidet und auf den Kopf pfropft. Die Fragen konnten bislang nicht abschließend geklärt werden.

In England ist die Geste nicht gebräuchlich, obwohl die Verbindung von Hörnern und Untreue spätestens seit dem sechzehnten Jahrhundert bekannt war. Damals war es nichts Ungewöhnliches, daß ein betrogener Ehemann morgens aufwachte und ein Geweih an seiner Tür fand, das wohlmeinende Nachbarn dort angebracht hatten.

Als Zeichen des Hahnreis wird die Hörnergeste noch heute in Spanien, Portugal, Italien, in Teilen Frankreichs, in Griechenland und dem früheren Jugoslawien benutzt. In Italien, Frankreich, Griechenland und dem ehemaligen Jugoslawien wird dieselbe Gebärde auch eingesetzt, um Unglücksboten abzuwehren. Die jeweilige Bedeutung läßt sich leichter erkennen, wenn man auf die genaue Handhaltung achtet. Wenn das Hörnerzeichen zur Abwehr eingesetzt wird, zeigt die Hand entweder nach unten oder direkt auf die Wurzel des Übels. Wenn zum Beispiel ein Leichenzug vorbeikommt, steckt ein Italiener häufig die Hände in die Taschen und macht heimlich das Hörnerzeichen, um das Unglück abzuwenden. Alternativ könnte er das Zeichen auch machen, indem er die Hörner auf jemanden richtet, der ihm Angst macht. Wenn das Hörnerzeichen im beleidigenden Sinn benutzt wird, kann es prinzipiell in jede Richtung zeigen, obwohl die Tendenz besteht, auf die Person zu deuten, der die Beleidigung gilt.

Wie kommt es, daß das Hörnerzeichen zwei ganz verschiedene Bedeutungen hat? Die Antwort hängt offenbar mit dem Mithraskult und der damit verbundenen Stieranbetung zusammen. Bis zu der Zeit, als Kaiser Konstantin das Christentum zur Staatsreligion erhob, hatte der Mithraskult sich insbesondere im alten Rom enormer Beliebtheit erfreut. Die Stieranbetung war im Altertum weit verbreitet, und Darstellungen von Hörnern galten als magisches Mittel, mit dem man sich die sexuelle Potenz und die mystischen Kräfte des Stiers nutzbar machen konnte. Die Tatsache, daß die Hörnergeste heute als Schutzzeichen verwendet wird, ist zweifellos eine Erweiterung dieses sehr alten Glaubens an die symbolische Kraft der Hörner.

Das würde die schützende Bedeutung des Hörnerzeichens erklären, aber es bringt wenig Licht in die Frage, warum die Geste auch als Anspielung auf sexuelle Untreue verwendet wird. Dazu muß man sich bewußt machen, was geschieht, wenn eine Religion durch eine andere ersetzt wird. Wenn diese Situation eintritt, werden die Gottheiten der alten Religion abgewertet und in die Unterwelt verbannt. Genau das geschah, als die römischen Kaiser das Christentum zur offiziellen Religion erhoben: Die entthronten Götter der besiegten Religion wurden zur Hölle gejagt, mitsamt ihren Hörnern, Hufen und langen Schwänzen – mit anderen Worten, mit den physischen Attributen des Teufels selbst. An diesem Punkt der Geschichte gerieten Hörner in Mißkredit, weil sie die Symbole einer entmachteten Religion waren und sich damit als Sinnbilder der Niederlage, der Täuschung und Untreue anboten. Es ist also sehr wahrscheinlich, daß die beleidigende Hörnergeste und ihr schützendes Pendant Überbleibsel aus zwei unterschiedlichen Phasen der Hornikonographie sind –

zum einen aus der Zeit, als die Götter Hörner trugen, zum anderen aus der Zeit, als die gehörnten Götter mit Schimpf und Schande in die Unterwelt vertrieben wurden.

Zusätzlich zu den gestischen Beleidigungen, die dem Adressaten bestimmte Eigenschaften zuschreiben, gibt es auch Zeichen, die ihre Opfer bedrohen. Die bekannteste Geste dieser Kategorie ist der emporgereckte Mittelfinger oder *digitus impudicus*, wie die alten Römer ihn nannten. Bei dieser Geste ballt man die Hand zur Faust und streckt nur den Mittelfinger aus. Die Gebärde ist offenkundig phallisch, und die verbalen Ausdrücke, mit denen sie gelegentlich verbunden wird, zeigen, daß es sich im wesentlichen um ein Kastrationssymbol handelt. Es erklärt dem Adressaten, was ihn erwartet, falls er demjenigen, der das Zeichen ausführt, je in die Hände fällt. Diese Geste ist sehr alt. Sie war schon bei den alten Griechen bekannt, die sie sowohl als phallische Beleidigung wie auch als Anspielung auf die Homosexualität benutzten. Als der griechische Philosoph Diogenes einmal von Fremden gefragt wurde, wo sie den Redner Demosthenes finden könnten, deutete Diogenes mit dem Mittelstatt mit dem Zeigefinger auf Demosthenes und spielte damit unmißverständlich auf dessen Homosexualität an. Von dem römischen Historiker Suetonius wissen wir, daß Kaiser Caligula es sich zur Gewohnheit gemacht hatte, einen homosexuellen Tribun der Prätorianergarde, Cassius Charea, zu schikanieren. Der Kaiser mokierte sich regelmäßig in der Öffentlichkeit über die Unmännlichkeit des Tribuns, und wenn er Cassius die Hand zum Kuß hinhielt, streckte er demonstrativ den Mittelfinger aus.

Seit dem klassischen Altertum hat sich die Bedeutung der Mittelfingergeste leicht gewandelt. Sie dient nicht mehr der Anspielung auf sexuelle Vorlieben der Opfer, sondern zeigt ihnen eher, wo sie den Mittelfinger hinstecken sollen oder was ihnen zustoßen wird, wenn sie nicht höllisch aufpassen. Die Römer haben viel dazu beigetragen, die Gebärde in der bekannten Welt zu verbreiten. Allerdings hat sie auf ihrem Weg durch Europa nicht alle Länder erreicht. In England ist sie offenbar kein Vermächtnis der Römerherrschaft, sondern in späterer Zeit aus Amerika importiert worden. Es gibt auch mehrere Varianten der Mittelfingergeste. Die Russen kehren das Zeichen zum Beispiel um, so daß die Handfläche dem Adressaten zugewandt ist. Die Person, die die Gebärde ausführt, umfaßt außerdem die Spitze des Mittelfingers mit den Fingern der anderen Hand, als ob sie den Schwanz einer Katze hochziehen und deren After entblößen wollte. Die russische Version der Mittelfingergeste soll nicht primär demonstrieren, was mit dem After des Opfers geschehen wird, sondern dem Adressaten zeigen, wozu er denjenigen einer Katze nutzen sollte.

Ein weiteres Kastrationszeichen, das in ganz Europa verbreitet ist, ist der »Unterarm-Ruck«. Dabei hebt man den Unterarm ruckartig hoch, wobei die Hand zur Faust geballt ist, und schlägt sich mit der anderen Hand auf den Bizeps. Wie beim Mittelfingerzeichen handelt es sich um eine phallische Gebärde, aber sie ist wesentlich energischer. Interessanterweise wird der Unterarm-Ruck in Großbritannien oder Irland nicht in einem beleidigenden Sinn verwendet. Hier wird die Gebärde eher langsam ausgeführt und als Zeichen sexueller Wertschätzung benutzt, für gewöhnlich zwischen Männern und Frauen. In Frankreich, Belgien, Spanien, Portugal, Griechenland und Süddeutschland gilt der Unterarm-Ruck als Beleidigung. In Frankreich ist die Geste unter dem Namen *bras d'honneur*, wörtlich »Arm der Ehre«, bekannt. Dort und anderswo wird die Geste von Ausdrücken wie »Nimm dies!« begleitet, was heißen soll: »Steck's dir in den Arsch!«

Eine weitere anale Gebärde ist die Entblößung der Pobacken, eine Geste, die ursprünglich genutzt wurde, um die Kräfte des Bösen abzuwehren, und später als Mittel, um menschliche Widersacher zu entwaffnen oder zu beleidigen. Diese Praxis ist nachweislich bereits im sechzehnten Jahrhundert bekannt gewesen, denn schon Martin Luther brüstete sich damit, daß er dem Teufel seine Kehrseite gezeigt und ihn damit erfolgreich in die Flucht geschlagen hätte. Italienische und französische Seeleute streckten ihr nacktes Gesäß über Bord, um widrige Winde zu vertreiben, und skandinavische Soldaten sollen ihre Kehrseiten dem Feind entgegengehalten haben, in der Hoffnung, daß dieser erschütternde Anblick seine Schwerter stumpf machen würde. Die Entblößung des Pos ist in Europa noch immer eine gebräuchliche Gebärde, hat aber ihre Zauberkräfte gegen das Böse verloren und ist statt dessen zu einer Beleidigung geworden. Die Geste wirkt beleidigend, weil sie die gesellschaftlichen Normen über eine angemessene Körperverhüllung verletzt und weil sie damit droht, zumindest auf symbolischer Ebene, den Betrachter mit Fäkalien zu beschmutzen. Aber die Zurschaustellung der nackten Kehrseite hat auch etwas extrem Infantiles. Kinder lernen sehr früh, daß sie ihren nackten Po nicht vor Fremden zeigen dürfen, weil er angeblich ein »unanständiger« Teil ihres Körpers ist. Bei Erwachsenen basiert die Anziehungskraft des »Mondgesichts« auf der Mißachtung von verinnerlichten elterlichen Verboten; das erklärt auch, warum die Geste so oft unter lautem Gelächter vollführt wird. Es ist ein erlösendes Lachen, das ein Gefühl der Befreiung zum Ausdruck bringt, weil man gegen die Autorität rebelliert, noch einmal zum »unartigen« Kind wird und ungeschoren davonkommt.

Sex und Skatologie sind nicht die einzigen Themen von beleidigenden Gebärden. Die Griechen haben zum Beispiel eine Gebärde, die sogenannte *moutza*, die von dem Ausruf »Fahr zur Hölle!« begleitet wird. Bei der *moutza* streckt man seinem Widersacher die Handfläche entgegen und spreizt Daumen und Finger. Die beleidigende Botschaft läßt sich auch durch eine abgekürzte Version der *moutza* vermitteln, bei der man nur den Zeige- und Mittelfinger spreizt. Diese *Mini-moutza* sieht genauso aus wie das englische Siegeszeichen. Man kann die Botschaft auch verdoppeln, indem man beide Handflächen und alle zehn Finger benutzt. Eine komische Variante dieser Gebärde besteht darin, auch noch die Fußsohlen zur Hilfe zu nehmen, obwohl diese vierfache Beleidigung gewisse Risiken für den Ausführenden birgt.

Die *moutza* ist ein sehr altes Zeichen, das auf die byzantinische Sitte zurückgeht, Straftäter in Ketten durch die Stadt zu führen, damit das Volk sie mit Schmutz und Unrat von den Straßen bewerfen konnte. Dieser Brauch ist heute glücklicherweise ausgestorben, aber die Gebärde lebt als höchst provokative Beleidigung weiter. Die besondere Form der *moutza* macht sie anfällig für Mißverständnisse. Für die meisten Fremden wirkt sie wie ein relativ harmloses, wenn nicht neutrales Zeichen, und da sie keinerlei Hinweise auf ihre greulichen Ursprünge enthält, wird sie leicht als eine Geste mißverstanden, die etwas mit der Zahl fünf zu tun hat. Das geschah vor einigen Jahren, als der Fußballverein von Nottingham Forest zu einem Gastspiel nach Athen kam. Der Sportjournalist einer britischen Zeitung berichtete, daß die jungen griechischen Fans auf das englische Team zugekommen seien und per Handzeichen signalisiert hätten, mit welchem Torstand das Spiel enden würde – Fünf zu Null für die Griechen. Hätte der Journalist die *moutza* gekannt, wäre ihm bewußt gewesen, daß die Geste beleidigend gemeint war und nicht das geringste mit sportlichen Wunschprognosen zu tun hatte.

Die *moutza* ist nur in Griechenland bekannt. Eine weitere Geste, die auf eine einzelne Kultur beschränkt ist, ist das englische V-Zeichen, bei dem Zeige- und Mittelfinger ein V bilden, und die Handfläche – anders als beim Victory-Zeichen – zum Körper des Ausführenden weist. Die Gebärde wird in einem beleidigenden Sinn benutzt und bedeutet in Großbritannien und Irland »Fuck off!«.

Die Ursprünge des beleidigenden V-Zeichens liegen weitgehend im Dunkeln. Man hat mehrere Deutungen entwickelt und zum Beispiel die Thesen aufgestellt, daß die Geste die einladend gespreizten Beine einer Frau oder das Dreieck der weiblichen Schambehaarung symbolisiert, daß es sich um eine extreme Variante der Mittelfingergeste handelt oder daß sie auf einen doppelten Penis anspielt. Die phantasievollste Theorie besagt, daß die Gebärde auf den Hundertjährigen Krieg zurückgeht. Vor der Schlacht von Agincourt im Jahr 1415 sollen die Franzosen gedroht haben, daß sie jedem englischen Bogenschützen, der in ihre Gefangenschaft geriete, den Zeige- und Mittelfinger abschneiden würden. Man sagt, daß die englischen Bogenschützen daraufhin jedesmal die beiden Finger erhoben, wenn sie einen Franzosen getroffen hatten – um zu demonstrieren, daß sie nach wie vor intakt waren. Das Problematische an dieser Theorie ist, daß sie das obszöne Element der Geste nicht erklären kann. Sie erklärt, wie es dazu kam, daß die Geste als Provokation benutzt wurde, aber nicht die sexuellen Untertöne.

Die Ursprünge des beleidigenden V-Zeichens aufzudecken, wird ferner durch den Umstand erschwert, daß keine detaillierten Beschreibungen oder Abbildungen der Geste aus der Zeit vor der Jahrhundertwende vorliegen und daß viele der Fotografien aus dem Zweiten Weltkrieg den Eindruck wecken, daß sie als Victory-Zeichen benutzt wurde. Thomas Burke gibt in seinem 1940 veröffentlichten Buch *The Streets of London* einen umfassenden Überblick über die historische Entwicklung der englischen Beleidigungen. »Beleidigende Gesten«, so Burke, »waren seit jeher ein fester Bestandteil des Londoner Alltagsle-

bens. In der Tudorzeit bekundete man seine Rauf- und Streitlust, indem man sich auf den Daumen biß; dasselbe signalisierte
Mitte des achtzehnten Jahrhunderts ein schief aufgesetzter Hut;
später deutete man mit dem Daumen über die linke Schulter und
unterstellte damit seinem Gegenüber eine uneheliche Herkunft;
im frühen neunzehnten Jahrhundert preßte man den Daumen an
die Nase, und soweit unsere Generation zurückdenken kann,
signalisiert man seine Streitlust durch zwei hochgestreckte Finger.« Letztere Beschreibung bezieht sich zweifellos auf das beleidigende V-Zeichen, bei dem die Handfläche zum Körper des
Ausführenden weist. Das heißt, daß die Geste in England zumindest schon vor dem Krieg bekannt war und möglicherweise
bis zur Jahrhundertwende zurückreicht. Aber gab es sie auch
vorher schon?

Eine der ersten möglichen Anspielungen auf die Geste findet
sich in Rabelais' *Pantagruel* von 1533. Rabelais beschreibt ein
Gebärdenduell zwischen einem Franzosen und einem Engländer
und schildert unter anderem folgenden Angriff des Franzosen:
»Dann spreizte er Zeige- und Mittelfinger der rechten Hand, so
weit er konnte, auseinander und zielte damit.« Eine weitere
mögliche Anspielung auf das beleidigende V-Zeichen findet sich
in Tobias Smolletts Roman *The Expedition of Humphry Clinker*
aus dem Jahre 1771. Smollett beschreibt eine Teeparty in Bath,
die außer Kontrolle gerät. »Einige schrien, andere fluchten, und
die bilderreiche Sprache von Billingsgate wurde rückhaltlos in
ihrer ganzen unverfälschten Würze und Schärfe zur Anwendung
gebracht; auch blieben diese Blumen der Rhetorik nicht unbe-
gleitet von bedeutsamen Gebärden. Einige schnippten mit den
Fingern, andere formten sie zur Gabel und wieder andere schlu-
gen die Hände ineinander oder auf ihre Kehrseiten.«

Leider geht auch aus diesen Beschreibungen nicht eindeutig
hervor, ob sie sich auf ein V-Zeichen beziehen, bei dem die
Handfläche zum Ausführenden oder in irgendeine andere Richtung weist. Es ist zum Beispiel durchaus denkbar, daß die zum V
gespreizten Finger des französischen Duellpartners auf die
Augen des Gegners deuteten. In diesem Fall wäre es eher eine
drohende als eine beleidigende Gebärde gewesen. Ähnliches gilt
für das von Smollett beschriebene V-Zeichen, bei dem die Handfläche genausogut vom Körper abgewandt sein könnte. Falls das
so war, ist die frühe Variante des beleidigenden englischen V-Zei-

chens wahrscheinlich vom europäischen Festland importiert worden. Ein V-Zeichen, bei dem die Handfläche auf den Adressaten wies, wurde in Italien lange Zeit als Symbol des Hahnreis benutzt. Dabei hielt man die Hand für gewöhnlich hinter den Kopf des vermeintlich Betrogenen und brachte damit zum Ausdruck, daß er »Hörner trug«. Diese Geste findet sich auch in Großbritannien, obwohl sie heute relativ selten geworden ist und offenbar alle Assoziationen mit dem Hahnrei verloren hat. Wahrscheinlich haben die Engländer dieses V-Zeichen von den Italienern übernommen, es umgedreht, so daß der Handteller zum Ausführenden wies, und dann die Bedeutung leicht abgewandelt.

Die Gelehrten haben auch einige Probleme damit, die Ursprünge jener anderen berühmten englischen Geste zu enträtseln – der des Daumenbeißens, die in *Romeo und Julia* erwähnt wird. In der betreffenden Szene schlendern Sampson und Gregory, Bedienstete der Capulets, durch die Stadt und erspähen zwei Diener der Montagues. Sampson sagt zu Gregory: »Ich will gegen sie den Daumen beißen; was für sie Schmach ist, wenn sie es hinnehmen.« Aus dieser Bemerkung geht klar hervor, daß Sampson eine Provokation beabsichtigt, eine Auslegung, die auch durch die hervorgerufene Reaktion bestätigt wird. Abram, auf den die Geste zielt, fragt: »Beißt ihr den Daumen gegen uns, Sir?« Sampson antwortet mit bewußter Doppeldeutigkeit: »Ich beiße wirklich meinen Daumen, Sir.« Abram ist gezwungen, die Frage zu wiederholen, und diesmal entgegnet Sampson: »Nein, Sir, ich beiße nicht den Daumen gegen Euch, Sir. Aber ich beiße meinen Daumen, Sir.« Der Dialog macht sehr deutlich, was sich zwischen den beiden abspielt, aber es ist nicht ganz klar, was die Gebärde des Daumenbeißens im einzelnen impliziert oder warum sie provokativ sein soll.

Mehrere Gesten sind als Kandidaten für das Daumenbeißen benannt worden. Dazu gehört das Nuckeln am Daumen, entweder als phallische Geste oder um auszudrücken, daß man den Adressaten für kindisch hält. Nach einer anderen Interpretation beißt man sich bei dieser Geste in den Daumenknöchel, um zu verdeutlichen, daß man seine Wut im Zaum hält, und eine dritte Theorie meint, daß man dabei mit dem Daumennagel von unten gegen die Schneidezähne schnipst, um zu zeigen, daß man etwas oder jemanden für wertlos hält. Das Problem bei all diesen Vorschlägen ist, daß man sich bei keiner dieser Gesten tatsächlich auf den Daumen beißt und daß sie nicht beleidigend sind. Es muß also eine andere Erklärung dafür geben, daß das Daumenbeißen zu Shakespeares Zeiten provozierend wirkte.

Das Rätsel löst sich, wenn man weiß, daß es in der zweiten Hälfte des sechzehnten Jahrhunderts üblich war, daß Männer Handschuhe trugen, die sie auszogen, wenn es zu einer Konfrontation kam – ähnlich dem heutigen irischen Brauch, die Jacke auszuziehen und damit seine Kampfbereitschaft zu signalisieren. Tatsächlich war die Sitte, den Handschuh auszuziehen und hinzuwerfen, schon lange vor Shakespeares Zeit zu einer ritualisierten Herausforderung geworden. Im Mittelalter warfen die Ritter ihren Handschuh hin, um sich gegenseitig zum Kampf aufzufordern, und auch bei Rechtsstreitigkeiten spielte der Handschuh eine Rolle. Ein Angeklagter vor Gericht pflegte zum Beispiel seinen Handschuh zu Boden zu werfen und ihn als Sicherheit dafür anzubieten, daß er seine Sache mit Waffen ausfechten würde; wenn sein Ankläger den Handschuh aufhob, nahm er die Herausforderung an – daher auch der Ausdruck »den Fehdehandschuh werfen«. Die mittelalterliche Sitte, den Handschuh als Herausforderung zu benutzen, war scheinbar auch zu Shakespeares Zeit noch populär, aber man hatte sie soweit abgekürzt, daß es ausreichte, den Handschuh mit den Zähnen auszuziehen – also in die Daumenspitze zu beißen –, um seine Absicht kundzutun. Als Sampson sich in den Daumen biß, stellte sich also die Frage, ob er Abram zu einem Kampf herausfordern wollte oder nicht, und deshalb beinhaltete die Geste eine potentielle Provokation.

Spitznamen

Wer über andere Leute redet, kann entweder die richtigen Namen oder – wenn vorhanden – die Spitznamen der betreffenden Personen verwenden. Dasselbe gilt für Völker und ethnische Gruppen. Statt von »den Franzosen« spricht ein Deutscher vielleicht von den »Franzmännern« und ein Engländer von den *Frogs*. Aus »den Deutschen« werden in England häufig *Krauts* und aus den Italienern *Dagos* oder *Spaghettis*. Die Vergabe von Spitznamen für Personen aus der eigenen Kultur bewirkt mehrere Dinge. Erstens ignoriert man den richtigen Namen und zwingt der Person eine Bezeichnung auf, die sie nicht selbst gewählt hat und auch nicht unbedingt als angenehm empfindet. Außerdem lenken Spitznamen die Aufmerksamkeit auf bestimmte wahrnehmbare oder vermeintliche Merkmale und wecken damit den Eindruck, daß die betreffende Person sich von allen anderen stark unterscheidet; manchmal implizieren sie sogar, wie man sich der Person gegenüber verhalten sollte. Kollektive Spitznamen folgen demselben Prinzip. Auch sie schreiben Mitgliedern von Outgroups einen Namen zu, den diese nicht selbst gewählt haben und den sie in vielen Fällen vehement ablehnen würden. Durch kollektive Spitznamen werden der jeweils anderen Gruppe negative Merkmale unterstellt und ethnische Unterschiede übertrieben, was eine willkommene Rechtfertigung dafür bietet, die Mitglieder der Outgroups zu diskriminieren.

Ethnische Spitznamen können vielfältige Formen annehmen. Einige basieren auf Namen, die angeblich in dem betreffenden Land selbst gebräuchlich sind. So bezeichnen die Engländer beispielsweise die Waliser als *Taffy*, die Schotten als *Jock* oder *Mac*, die Iren als *Mick* oder *Paddy* und die Deutschen als *Hans*, *Fritz* oder *Gerry*. Die meisten dieser Spitznamen geben sich einen neutralen Anschein, doch die Betroffenen empfinden diese Titulierungen häufig als diskriminierend, nicht zuletzt, weil sie eine Uniformität der Namensgebung implizieren, die in der jeweiligen Gemeinschaft nicht üblich ist. Bei Spitznamen wie *Taffy* und *Gerry* ist die Sache natürlich noch schlimmer. *Taffy* ist eine anglisierte Version von *Daffydd* und alles andere als ein walisischer Name. *Gerry* ist in Deutschland ein völlig ungebräuchlicher Name, dessen Ursprünge ungewiß sind. Er könnte aus der ersten Silbe von Germany abgeleitet sein, von dem englischen Slangwort für Nachttopf oder sogar von *jerry*, einem Begriff, der sich auf ein wackliges Bauwerk bezieht und um 1880 in Mode war.

Der Spitzname *Dago* wird von Italienern als beleidigend empfunden, obwohl er ursprünglich eine recht harmlose Bedeutung hatte. Der Spitzname kommt vom spanischen *Diego*, also dem Äquivalent des englischen James oder deutschen Jakob. Zu Anfang des neunzehnten Jahrhunderts war dieser Spitzname den Spaniern und Portugiesen vorbehalten, wurde dann aber um die Jahrhundertmitte auf die Italiener übertragen. Der absolute Spitzenreiter in dieser Kategorie beleidigender Spitznamen ist *John Crapose*, eine Bezeichnung, die die Engländer früher für die Franzosen verwendeten. Der Spitzname stammt vom französischen *crapaud*, »Kröte« – ein Wort, das die Engländer von fluchenden Franzosen aufschnappten und das den zusätzlichen Reiz hatte, daß es wie *crap* (Scheiße) klang. Diese Anziehungskraft war in der Tat so groß, daß die Engländer John Crapose in Windeseile zu *Crappo* abkürzten.

Eine weitere Gruppe von Spitznamen basiert auf den unterschiedlichen Nationalgerichten oder dem, was man dafür hält – wie *Limey* (»Limonenfresser«) für die Engländer, *Potato eater* (»Kartoffelfresser«) für die Iren oder *Mushroom picker* (»Pilzpflücker«) für die Tschechen. Hinter diesen Spitznamen verbirgt sich die Vorstellung, daß der Nationalcharakter eines Volkes ausschlaggebend für sein jeweiliges Lieblingsgericht ist – eine Art Umkehrung des berühmten Ausspruchs von Brillat-Savarin: *Dis-moi ce que tu manges, et je te dirai ce que tu es* – »Sag mir, was du ißt, und ich sage dir, wer du bist.« Die europäischen Spitznamen bieten ein wahres Festbankett an kulinarischen Bezeichnungen. Die Franzosen zum Beispiel pflegten die Engländer als *Rosbif* zu bezeichnen, und die Engländer erwiderten das Kompliment, indem sie die Franzosen zu *Frogs*, also Fröschen, erklärten – der einzige Unterschied bestand darin, daß die Franzosen die kulinarischen Vorzüge des Roastbeefs durchaus zu würdigen wußten, während die Engländer diese ganze Froschschenkelsache höchst ekelerregend fanden. Man geht allgemein davon aus, daß der Spitzname *Frogs* auf die Eßgewohnheiten zurückgeht. Es gibt allerdings noch eine alternative Erklärung, nach der die Bezeichnung von den Franzosen selbst erfunden wurde. Nach dieser Theorie bestand das Wappen der frühen fränkischen Könige aus drei springenden Fröschen, oder »Frogs saltant« in der englischen Heraldiksprache. Diese wurden später durch Lilien ersetzt. Viel später, als der französische Hof in Versailles gegründet wurde, versuchten die Höflinge, den Ruhm des alten fränkischen Königreichs wiederzubeleben, indem sie sich selbst als Kröten und die Einwohner von Paris als Frösche – *les Grenouilles* – bezeichneten. Auf diese Weise, so die Theorie, seien die Franzosen als Frösche bekannt geworden – und nicht durch irgendwelche ausländischen Anspielungen auf ihre Eßgewohnheiten.

Die Holländer, Deutschen und Italiener haben ebenfalls zu kulinarischen Bezeichnungen angeregt. Im siebzehnten Jahrhundert waren die Holländer als *Jan Kaas*, also »Hans Käse«, bekannt, im neunzehnten Jahrhundert bezeichnete man sie wie die Deutschen als »Kohlköpfe«. Der Spitzname *Sauerkraut* wurde den Deutschen erstmals gegen 1904 zugeteilt. Während des Ersten Weltkrieges wurde dieser Begriff zu *Kraut* abgekürzt und dann im Zweiten Weltkrieg zu *Krautkopf* umfrisiert. Seit dem achtzehnten Jahrhundert kursierte für die Italiener der Spitzname *Maccaroni*. Später wurde die Nudelmetapher auf *Spaghetti*, oder abgekürzt *Spag*, ausgeweitet. Weitere Beinamen wie *Meatball* (Fleischklößchen) oder *Greaser* (Schmalzlocke) ergänzten das Menue.

Die jeweilige Sprache und der besondere Akzent von Ausländern können ebenfalls zur Grundlage von ethnischen Spitznamen werden. Lange Zeit waren die Engländer aufgrund ihrer freizügigen Flüche bei den Franzosen als *les Goddams* bekannt. Die Engländer äfften die Franzosen gleichfalls nach und nannten sie *Parleyvoo* und später *Deedonks*. Parleyvoo war eine direkte Adaption von *parlez-vous* – »Sprechen Sie …?« – die erstmals um 1890 auftauchte. Der Spitzname Deedonks entstand im Ersten Weltkrieg und basiert wahrscheinlich auf dem französischen Ausruf *dis donc* – »Hey, sag mal!« Die Pronomen fremder Sprachen sind ebenfalls zu ethnischen Spitznamen verarbeitet worden. Die Polen bezeichneten die Deutschen zum Beispiel als *Derdiedasy*, eine Anspielung auf die deutschen Artikel.

Der englische Spitzname *Wop* für die Italiener geht offenbar ebenfalls auf einen bestimmten Sprachgebrauch zurück. Es gibt drei Theorien über die Ursprünge dieser Bezeichnung. Eine Theorie führt den Begriff darauf zurück, daß in den zwanziger Jahren viele Italiener versuchten, illegal in die USA einzuwandern, ein Großteil davon ohne die erforderlichen Einwanderungspapiere. Wenn diese illegalen Einwanderer von offiziellen Stellen aufgespürt und zurück nach Italien geschickt wurden, erhielten sie den Stempel *W.O.P.* in ihre Papiere, ein Akronym für *With Out Papers* (ohne Papiere). Wenn man Italoamerikaner nach dem Ursprung von *Wop* befragt, wiederholen sie für gewöhnlich diese Geschichte, zum Teil, weil sie so plausibel klingt, aber auch, weil sie die Italiener als heroische Underdogs darstellt. Es ist allerdings sehr unwahrscheinlich, daß der Spitzname eine Folge dieser Ereignisse ist. Dagegen spricht, daß es viele andere europäische Emigranten gab, die zu jener Zeit in die USA einwandern wollten und die von den offiziellen Stellen genauso behandelt wurden wie die Italiener, ohne den Spitznamen *Wop* davonzutragen.

Eine weitere Theorie geht davon aus, daß *Wop* ein Akronym für *Work On Pavement* (Pflasterarbeit) ist – eine Anspielung auf die Tatsache, daß viele italienische Einwanderer eine Tätigkeit im Baugewerbe aufnahmen. Meines Wissens gibt es auch für diese Theorie keinerlei Beweise. Wie bei der »Ohne Papiere«-Theorie scheint es sich auch hier um eine freie Erfindung zu handeln, mit der ein bestehender Begriff erklärt werden soll – mit anderen Worten, um einen Fall von »Volksetymologie«.

Am wahrscheinlichsten ist die Erklärung, daß *Wop* von *Guappo* kommt. Nach Irving Allen, der eine Untersuchung über ethnische Spitznamen durchführte, haben neapolitanische Einwanderer, die in den zwanziger Jahren nach Amerika kamen, einander mit *Guappo!* angeredet, ein Dialektwort, das »Kerl«, »Dandy« oder »gut-aussehend« bedeutet. Die Leute, die diesen Ausdruck hörten, aber kein Italienisch verstanden, nahmen an, daß es sich um ein Grußwort handelte, und übernahmen den Begriff als Spitznamen für die Italiener. Anthony Burgess berichtet, daß Neapolitaner sich selbst immer noch als *Guappi* – »die Schönen« – bezeichnen, was die Theorie weiter erhärtet.

Spitznamen sind nur eine von mehreren Möglichkeiten, um sich auf Mitglieder anderer Gruppen zu beziehen. Es gibt noch weitere sprachliche Mittel, die in die allgemeine Kategorie der »ethnischen Rufschädigungen« fallen – *blason populaire*, wie die Franzosen sagen. Eine Methode besteht darin, den Namen des Landes als Adjektiv zu benutzen – wie in *Dutch courage*, *Welsh comb*, *Irish spoon* oder *Scotch organ* (»Holländermut«, »Walisenkamm«, »Irenlöffel«, »Schottenklavier«). Jeder dieser Ausdrücke enthält eine abfällige und ironisch gemeinte Beschreibung der fraglichen Gruppe – Holländermut ist zum Beispiel ein Synonym für die angetrunkene Tapferkeit eines Angsthasen, und wer einen Walisenkamm benutzt, kämmt sich mit den Fingern. Bei einem irischen Löffel handelt es sich um eine Schaufel und bei einem Schottenklavier um eine Registrierkasse.

Die Art und Weise, wie Ländernamen zu ethnischen Rufschädigungen verarbeitet werden, bietet ein faszinierendes Spiegelbild internationaler Beziehungen. Im fünfzehnten Jahrhundert waren zum Beispiel die Spanier die bestgehaßten Feinde der Engländer, und in dieser Zeit erwarb die englische Sprache all ihre abwertenden Anspielungen auf die Spanier – Formulierungen wie *Spanish practice*, was Lug und Betrug bedeutet, oder *Spanish coin* für blumige Komplimente oder *Spanish castle* als Synonym für Tagträume. Im siebzehnten Jahrhundert hatten die Engländer das Interesse an den Spaniern verloren und stürzten sich auf die Holländer, die im Begriff standen, ein riesiges Handelsimperium aufzubauen. Die Engländer fühlten sich in ihren Interessen bedroht und reagierten mit einer Flut von abfälligen Formulierungen, die auf die Holländer anspielten – wie *Dutch auction* (Auktion, bei der der Preis so lange erniedrigt wird, bis sich ein Käufer findet), *Dutch bargain* (mit einem Drink besiegeltes Geschäft) oder *Dutch clock* (Ehefrau, Nachttopf). All diese neu geprägten Ausdrücke zielten darauf, die Holländer bei den Engländern in Mißkredit zu bringen und das englische Überlegenheitsgefühl zu stärken. Ausdrücke wie *Double Dutch* (Kauderwelsch) und *I'll be a Dutchman* (Ich will Hans heißen) entstanden ebenfalls in dieser Rivalitätsphase.

Anspielungen auf die Franzosen lassen sich in England bis ins sechzehnte Jahrhundert zurückverfolgen. Aber die meisten heute noch gebräuchlichen Ausdrücke wurden während der Konflikte des achtzehnten und neunzehnten Jahrhunderts geprägt – zum Beispiel Formulierungen wie *French kiss* für den Zungenkuß und *French letters* für Kondome. Anspielungen auf die Deutschen sind dünn gesät, zum Teil, weil die Engländer die Bewohner der nordeuropäischen Tiefebene lange Zeit generell als *the Dutch* bezeichneten – eine Vermischung, die vielleicht auf den ähnlichen Klang von Dutch und Deutsch zurückzuführen ist. Erstaunlicherweise sind die abfälligen Wortschöpfungen über die Deutschen in diesem Jahrhundert nicht sprunghaft angestiegen. Nach zwei Weltkriegen würde man erwarten, daß die Deutschen zur Hauptzielscheibe britischer Verunglimpfungen avanciert wären und ihrerseits zahlreiche Unfreundlichkeiten über die Briten hervorgebracht hätten. Nichts derartiges ist geschehen. Die einzige verleumderische Begriffsbildung, die die Engländer den Deutschen überhaupt entgegenschleudern könnten, ist das ziemlich schwache *German measles* (Röteln). Der einzige Vergeltungsschlag, den die Deutschen führen könnten, ist die Formulierung »Englische Krankheit« für Rachitis – kaum die Art von Schlammschlacht, die ernsthaft Gefühle verletzt.

Zwischen Engländern und Franzosen hat es einen wesentlich regeren Austausch von verleumderischen Sprachbildungen gegeben, größtenteils aufgrund der engen Nachbarschaft und der langen Geschichte gegenseitiger Animositäten. Die Engländer sagen zum Beispiel Dinge wie: »Entschuldigen Sie bitte mein Französisch«, wenn sie auf schlechtes Englisch anspielen, während die Franzosen mit Formulierungen zurückschlagen wie: *damné comme un Anglais* – verdammt wie ein Engländer. Wenn die Engländer über jemanden sprechen, der überstürzt aufbricht, benutzen sie den Ausdruck: *French leave*. Die Franzosen haben für dasselbe Phänomen den Ausdruck *filer à l'Anglaise*.

Sexuelle Begriffsbildungen sind praktisch von Engländern und Franzosen monopolisiert. Casanova, einer der ersten Benutzer von Kondomen, nannte sie *redingotes d'Angleterre* (englische Überzieher). Was die Franzosen heute als *une capote anglais* (englischen Umhang) bezeichnen, wird von den Engländern mit *French letter* umschrieben. Die Menstruation ist in Frankreich unter dem Begriff *avoir les anglais* (Engländer haben) bekannt, während Homosexualität und Flagellation als *le vice anglais* (das englische Laster) bezeichnet werden. Auch die Engländer hatten das dringende Bedürfnis, sich von bestimmten sexuellen Praktiken zu distanzieren und sie auf der anderen Seite des Kanals zu lokalisieren. Oraler Sex läuft bei ihnen unter der Bezeichnung *French way* (Französisch) oder *French arts* (französische Künste). *French kissing* bezieht sich wie bereits erwähnt auf den Zungenkuß, *French lessons* umschreibt die Anweisungen einer Prostituierten, und für Pornographisches prägte man Begriffe wie »französische Postkarten« oder »französische Drucke«.

Geschlechtskrankheiten sind ein weiterer Bereich, für den die europäischen Nationen sich gegenseitig verantwortlich machen, normalerweise, indem sie den Namen eines anderen Landes mit der Krankheit verbinden. Die Engländer bezeichneten die Syphilis ursprünglich als »spanische Pocken«. Später wurden daraus »französische Pocken«. Nachdem der italienische Arzt Giralomo Fracastor im Jahre 1503 ein Gedicht mit dem Titel *Syphilis sive Morbus Gallicus* veröffentlicht hatte, wurde die Syphilis in ganz Europa unter dem Begriff *Morbus Gallicus* oder »Franzosenkrankheit« bekannt. In England erweiterte man das Begriffsfeld und bezeichnete die Syphilis auch als *French compliment, French fever, French goods, French malady* – oder ganz einfach als *Frenchified*. Im Laufe der Jahrhunderte sind verschiedene Völker, wie zum Beispiel die Spanier, Polen und Italiener mit der Syphilis assoziiert worden, aber die meisten europäischen Nationen haben Frankreich die Schuld in die Schuhe geschoben. Die Franzosen selbst haben es vorgezogen, die Bewohner von Florenz und Neapel für die Krankheit verantwortlich zu machen.

Die Geschichte Europas zeigt, daß die Leute die »offiziellen« Ländernamen häufig durch Spitznamen ersetzen, daß sie andere Nationen und ethnische Gruppen gern mit sprachlichen und kulinarischen Bräuchen gleichsetzen und ihnen mit Begeisterung bestimmte sexuelle Praktiken unterstellen. Abfällige Begriffsbildungen über ethnische Gruppen sind wesentlich häufiger zwischen Ländern, die in irgendeiner Beziehung zueinander stehen, vor allem wenn diese Beziehung durch wirtschaftlichen Wettbewerb geprägt ist. Ethnische Verleumdungen wie »Franzosenkrankheit« basieren auf zwei grundlegenden Motivationsprinzipien. Das eine ist das Prinzip der Verleugnung, das Bedürfnis, sich von der Krankheit zu distanzieren. Das andere Prinzip ist das der Projektion, also das Bedürfnis, die Schuld auf jemand anderen zu schieben. Ein Engländer, der den Begriff

French disease verwendet, kann sich selbst leichter davon überzeugen, daß sein eigenes Volk nichts mit dieser Krankheit zu tun
hat und daß die Franzosen an allem schuld sind. Das festigt wiederum seine Bindung an die eigene Gruppe und bestärkt sein
stereotypes Bild von den Franzosen.

Gerüche

Die Engländer haben sich immer eingebildet, anderen Nationen überlegen zu sein, was sich unter anderem darin gezeigt hat, daß sie sich auf dem Gebiet der Körperhygiene und Reinlichkeit für absolut führend in Europa hielten. Besonders auffällig war dies im achtzehnten Jahrhundert, als Horden von englischen Reisenden zur »Grand Tour« auf den Kontinent aufbrachen und mit deprimierenden Berichten über die stinkenden Straßen und den betäubenden Körpergeruch der Eingeborenen zurückkehrten. Robert Southey schrieb 1797 aus Lissabon: »Es ist fürbaß erstaunlich, wie schmutzig diese Stadt ist. Alles wird auf die Straße geworfen, und Küchenabfälle und Tierkadaver werden der glühenden Hitze ausgesetzt. Ich glaube, diese Portugiesen würden sogar ihre Leichen auf die Straßen werfen und es den ›Toten überlassen, die Toten zu begraben‹, wenn die Priester sie nicht davon abhalten würden.« Etwa um die gleiche Zeit beschrieb Samuel Taylor Coleridge die Stadt Köln als einen Ort mit »siebenundzwanzig Gerüchen, ein jeder von ihnen einzig und unnachahmlich in seinem Gestank«, und William Thackeray berichtet einige Jahre später, daß die Stadt »im Anblick trostlos & im Geruch ekelhaft« sei. Doch Mrs. Francis Trollope blieb es vorbehalten, die Essenz der englischen Meinung über fremde Gerüche herauszudestillieren. Sie schrieb 1836: »Ich entsinne mich, wie ich letztes Jahr in Calais eintraf und mich köstlich über eine kleine Unterhaltung amüsierte, die sich zwischen einem erfahrenen Reisenden und einem Neuling entspann. ›Was für ein schrecklicher Gestank!‹, stöhnte der uneingeweihte Anfänger und vergrub die Nase in seinem Taschentuch. ›Das ist der Duft des Kontinents, Sir‹, antwortete der Mann von Welt. Und so war es.«

Warum wandten die Engländer jener Zeit sich so angewidert von den Gerüchen des Kontinents ab? War die Situation auf der anderen Seite des Kanals tatsächlich so schlimm, wie sie dargestellt wurde? Lag es daran, daß die Engländer die Gerüche nicht kannten? Oder war es einfach die Überheblichkeit der Briten, die das Thema Geruch zum Vorwand nahmen, um ihre Nase über die Fremden zu rümpfen? Um diese Fragen zu beantworten, muß man sich zuallererst bewußt machen, welch große Rolle der Geruch für die soziale Interaktion spielt.

Die Vorwürfe, die die Menschen über die Gerüche fremder Länder erheben, bilden lediglich die Spitze des »geruchlichen Eisbergs«, dessen weitaus größter Teil von der Diskussion ausgeschlossen bleibt, entweder weil er als unbedeutend gilt oder weil die Menschen sich der Gerüche, auf die sie reagieren, nicht bewußt sind. Lange Zeit wurde der Geruchssinn von den Erforschern des menschlichen Verhaltens ignoriert – und zwar so sehr, daß der Philosoph Immanuel Kant ihn sogar von seinem Verzeichnis der Sinne ausschloß. Doch in jüngster Zeit hat die Wissenschaft allmählich die volle Bedeutung des Geruches erkannt, der eine wichtige sexuelle und soziale Signalfunktion erfüllt und das menschliche Verhalten auf einer unbewußten Ebene enorm beeinflußt. Zu den wichtigsten Entdeckungen gehört, daß Gerüche starke Assoziationen und Erinnerungen wecken können. Dabei handelt es sich um das sogenannte »Marcel-Proust-Phänomen«, benannt nach dem französischen Schriftsteller, der ein Madeleine-Küchlein in seinen Tee stippte und entdeckte, daß das Aroma eine Flut von Kindheitserinnerungen auslöste, die er vollständig vergessen hatte. Es scheint, daß nichts die Erinnerung so lebendig machen kann wie ein Geruch. Das liegt daran, daß Gerüche direkt auf das Nervensystem wirken. Sie werden schnell von der Schleimhaut absorbiert, und die dekodierten Informationen werden sofort an das limbische System weitergeleitet, das in Verbindung mit unseren Gefühlen und Erinnerungen steht. Das erklärt, warum ein Duft, den wir vor vielen Jahren wahrgenommen haben, noch immer solche klaren und machtvollen Erinnerungen wecken kann.

Gerüche sind von zentraler Bedeutung, sowohl für unsere Wahrnehmung der äußeren Welt als auch für ihre tatsächliche Zusammensetzung. Es gibt zweifellos eine Vielzahl anekdotischer Nachweise dafür, daß Kulturen ganz verschiedene Düfte und Gerüche erzeugen – durch die Nahrung, die sie zu sich nehmen, und durch die unterschiedliche Art der Zubereitung. Es gibt auch Hinweise darauf, daß Völker sehr unterschiedliche Vorlieben und Toleranzschwellen haben, wenn es um Gerüche geht. In einer jüngeren Studie, die in Polen, der Schweiz, Schweden, Frankreich, Norwegen, Finnland und England durchgeführt wurde, erhielten die Probanden zweiundzwanzig »Rubbel-und-Riech-Karten« mit verschiedenen Aromen. Sie wurden aufgefordert, jede Karte aufzurubbeln, den Geruch zu identifizieren und zu bewerten. Der Geruch von Bananen wurde am häufigsten erkannt und am positivsten bewertet, während der Geruch von Gas in beiden Hinsichten am schlechtesten abschnitt. Pfefferminz, Zitrone und Vanille wurden ebenfalls sehr häufig erkannt, der Geruch von Knoblauch, Tabakrauch und Stinktieren dagegen nicht. Es zeigten sich auch nationale Unterschiede. Weintraube und Zimt wurden von allen Europäern mit Ausnahme der Engländer als angenehm empfunden. Andererseits wurde der Geruch von roter Beete von den Engländern wesentlich positiver beurteilt als von allen anderen Gruppen. Auch die Bewertung von Tannengrün variierte je nach Region sehr stark und wurde in Frankreich, Schweden, Finnland und Norwegen wesentlich besser bewertet als in Polen, England und der Schweiz. Internationale Forschungen dieser Art deuten darauf hin, daß die Vorliebe und Bewertung von Gerüchen stark davon abhängt, wie vertraut den Menschen ein gewisses Aroma ist. In Polen, wo man viel Essiggurken ißt, wird der Geruch schnell erkannt und auch als positiv empfunden. Das ist ganz anders in Ländern wie zum Beispiel der Schweiz, wo wenig Essiggurken gegessen werden und der Geruch weder erkannt noch gemocht wird.

Abgesehen von unterschiedlichen Geruchspräferenzen gibt es noch weitere Gründe, aus denen Kulturen sich gegenseitig als unsauber und übelriechend diffamieren. Einer ist Vertrautheit – die Tatsache, daß Kulturen ihre gegenseitigen Gerüche nicht kennen und daher zunächst unterstellen, sie seien unangenehm. Diese Erklärung wird indirekt durch Forschungen bestätigt, die zeigen, daß die interkulturelle Kommunikation verbessert werden kann, wenn man die Mitglieder verschiedener Kulturkreise mit den typischen Gerüchen anderer Länder vertraut macht.

Ein weiterer Grund, warum Gesellschaften sich gegenseitig der Unsauberkeit bezichtigen, ist, daß jede kulturelle Gruppe Reinlichkeit mit Redlichkeit gleichsetzt und beide Eigenschaften der eigenen Gruppe zuschreibt. Für einen erfolgreichen Gruppenzusammenhalt ist ein Gefühl von Identität erforderlich – ein

Selbstbild, das die Gruppenmitglieder in die Lage versetzt, sich selbst im Vergleich zu anderen als positiv zu sehen. Dazu müssen die Mitglieder der Ingroup eine passende Outgroup auswählen, von der sie sich vorteilhaft abheben. Reinlichkeitsstandards bieten eine gute Grundlage für Vergleiche, weil andere Kulturen sich immer als schmutzig und übelriechend darstellen lassen, weil sie einfach andere Gewohnheiten bei der Körperhygiene haben.

Die Briten werfen den Franzosen häufig vor, sie würden sich nicht waschen und ihren Körpergeruch mit Parfüm überdecken. Marktforschungsstudien haben gezeigt, daß die Franzosen seltener baden und duschen als die Engländer, aber es gibt keinen Grund zu der Annahme, daß die Franzosen Parfüm benutzen, um ihren Körpergeruch zu überdecken. Es spricht im Gegenteil alles dafür, daß sie Parfüms benutzen, um den Körpergeruch hervorzuheben. Für die Franzosen ist der Körpergeruch etwas Natürliches, ein Teil der animalischen Natur des Menschen. Jede Maßnahme, die diesen Geruch beseitigt, bedroht diese sinnliche Seite der menschlichen Natur und reduziert die Wollust und das sexuelle Verlangen. Daher ist äußerste Vorsicht geboten, wenn es ums Baden geht. Es könnte ratsam sein, festen Schmutz und schalen Schweiß zu entfernen, aber es besteht keinerlei Notwendigkeit, jene vertrauten Düfte zu unterdrücken, die uns einzigartig und unverwechselbar machen.

In Ländern wie Großbritannien und Deutschland geben Verliebte sich große Mühe, ihren individuellen Körpergeruch durch gründliches Waschen und den Einsatz von Deodorants zu vertreiben. In Frankreich ist die Situation wesentlich entspannter, und die Menschen empfinden den Körpergeruch häufig als reizvoll und sexy. Kurz bevor Napoleon von seinem Ägyptenfeldzug zurückkehrte, schrieb er an Josephine: *Ne te lave pas, j'arrive* – »Wasch dich nicht, ich komme.« Dieses offensichtlich lustvolle Vergnügen am Körpergeruch läßt sich in Frankreich und einigen anderen Mittelmeerländern auch heute noch beobachten. Der italienische König Viktor Emmanuel II. soll sich zum Beispiel bei seinen Höflingen beschwert haben, weil sie ein Bauernmädchen, das sein Wohlgefallen erregt hatte, sauber abgeschrubbt zu ihm führten. Ein etwas aktuelleres Beispiel liefert Marcello Mastroianni. Als er in einem Interview gefragt wurde, was er an Frauen besonders anziehend finde, antwortete er: »Ich mag es, wenn sie ein bißchen riechen.«

Historisch gesehen, haben die Franzosen immer ein erheblich größeres Interesse am Thema Geruch gezeigt als alle anderen Europäer. Während des siebzehnten Jahrhunderts erforschten sie die Zusammenhänge zwischen menschlichen Gerüchen und allen möglichen Faktoren. Sie stellten verschiedene Duftkategorien auf und untersuchten die Auswirkungen von Klima, Jahreszeiten, Nahrung, Temperament, Beruf und sogar Haarfarbe auf den Körpergeruch. Man entdeckte, daß Menschen aus verschiedenen Teilen des Landes spezifische Eigengerüche ausströmten, was größtenteils auf unterschiedliche Eßgewohnheiten zurückgeführt wurde. So schrieb zum Beispiel Jean-Joseph de Brieude im Jahr 1789: »Wenn zur Erntezeit all diese Völker in unseren Kantonen zusammenströmen, kann man diejenigen, die aus dem Quercy und dem Rouergue kommen, leicht am stinkenden Knoblauch- und Zwiebelgeruch erkennen, während die Einwohner der Auvergne eher nach ranzig werdender Molke riechen.«

Die Franzosen waren sich der Beziehung zwischen individuellem Eigengeruch und physischer Anziehungskraft offensichtlich bewußt – immerhin soll Heinrich III. sich unsterblich in Maria von Cleve verliebt haben, weil er an ihrer Wäsche geschnuppert hatte –, aber am bedeutsamsten erwies sich der Geruch in der Medizin und bei der Bekämpfung von Krankheiten. Die meisten Ärzte wandten die Regeln der »Osphresiologie« an, der neuen Wissenschaft der Geruchsdiagnose. Die Ärzte diagnostizierten und prognostizierten die Leiden ihrer Patienten an deren Körpergeruch, an ihrem Atem, Stuhl und Urin. Nach demselben Prinzip schrieb man bestimmten Gerüchen auch eine schützende Wirkung gegen Krankheiten zu. So glaubte man zum Beispiel, daß Gerüche die Luft reinigen könnten. Wer selbst einen intensiven Geruch ausströmte oder den starken Duft eines Riechfläschchens einatmete, konnte sich nach allgemeiner Auffassung gegen die Pest und andere Leiden schützen. Diese prophylaktischen Vorzüge der Gerüche, gepaart mit ihrer Bedeutung für die körperliche Anziehungskraft, die Mode und den schieren Hedonismus, gaben der Parfümindustrie enormen Auftrieb. Die frühen Parfümhersteller waren häufig Handschuhmacher, die parfümierte Handschuhe und andere duftimprägnierte Accessoires für den Adel und den Hof herstellten.

Frankreich ist nach wie vor das internationale Zentrum der

Parfümindustrie und auch führend im Parfümkonsum, sowohl im absoluten als auch im Pro-Kopf-Verbrauch. An zweiter Stelle steht Großbritannien, gefolgt von Deutschland, Österreich, Italien und Dänemark. Spanien, Schweden und Norwegen rangieren am unteren Ende der Parfümstatistik. Bemerkenswert ist die Situation in Spanien. Nach Ansicht von Sophie Le Norcy, einer Schulungsleiterin für Parfümverkäufer, ist die Duftnote, die spanische Frauen wählen, stark davon abhängig, welche Ideale die Frauen haben. »In den letzten Jahren hat die gebildete junge Spanierin das Bedürfnis gehabt, sich von der Tradition der schweren, blumigen Parfüms zu lösen, die zu einem Symbol für die vornehm-zurückhaltende Eleganz der biederen und verhätschelten Hausfrau geworden sind. Sie hat eine Vorliebe für herb-würzige, ausgesprochen maskuline Düfte gezeigt, ein Ausdruck der Befreiung von den Werten der traditionellen, nicht berufstätigen Hausfrau und Mutter.« Le Norcy weist darauf hin, daß das Verkaufstraining auch in anderen Ländern nationale Besonderheiten berücksichtigen muß. »Ein weiteres Beispiel ist Deutschland, wo es ganz unmöglich ist, für ein Parfüm mit dem Adjektiv »animalisch« zu werben. In dieser Kultur wird alles, was mit Tieren zusammenhängt, als unsauber, schmutzig oder primitiv betrachtet oder sogar als Zeichen ökologischen Fehlverhaltens. Wenn man also mit den beliebten ›Musk‹-Parfüms handelt, sollte man äußerst vorsichtig sein. Obwohl es allgemein bekannt ist, daß der natürliche Moschusgeruch aus der Tierwelt stammt, empfiehlt es sich, jede Anspielung auf diesen Aspekt zu vermeiden, wenn man sein Parfüm verkaufen möchte.«

Man hat behauptet, daß die Franzosen sich nur deshalb so meisterhaft auf die Erzeugung künstlicher Wohlgerüche verstehen, weil sie eine Möglichkeit finden mußten, um ihren eigenen Körpergeruch zu kaschieren und sich vor den Ausdünstungen ihrer Landsleute zu schützen. Das Problem an dieser Theorie ist, daß sie nur die halbe Wahrheit erzählt. Erstens ignoriert sie die Tatsache, daß die Franzosen bestimmte Körperausdünstungen aufrichtig genießen, und zweitens übersieht sie die vielfältigsten Verwendungszwecke der ersten Parfüms. Zweifellos gab es eine Zeit, in der die Gassen von Paris wie offene Kloaken rochen und sensible Franzosen ihre Nasen ständig in wohlriechenden Kräutersträußchen und parfümierten Ambrakugeln vergruben, um ihre aufkommende Übelkeit zu bekämpfen und die vom Pesthauch durchsetzte Luft zu filtern.

Doch Parfüms dienten auch ganz anderen Zwecken. Einige, wie zum Beispiel Rosen- und Geißblattextrakte, wurden verwendet, um die Stimmung und das Wohlbefinden zu heben, während Moschus und Zeder hemmungslos als sexuelle Lockmittel benutzt wurden. Moschus und Zeder waren weit verbreitet, bis sie Mitte des achtzehnten Jahrhunderts von Kräuter- und Blumenextrakten verdrängt wurden, die als weniger aufdringlich und nicht so eindeutig sexuell galten.

Trotz der Veränderungen, die sich im Laufe des letzten Jahrhunderts vollzogen haben, gilt auch heute noch, daß der Hauptzweck des Parfüms für die Franzosen nicht darin besteht, den individuellen Eigengeruch zu übertünchen. Sie müßten sonst eigentlich auch begeisterte Deodorantanhänger sein. Interessanterweise haben die Franzosen zwar europaweit den größten Verbrauch an Hautpflege- und Kosmetikartikeln, doch der Absatz von Deos ist gering. Weniger als die Hälfte der französischen Haushalte verfügt über ein Deodorant, und von den Männern benutzen nur 42 Prozent ein Deo. Das spricht dafür, daß die Franzosen sich nicht parfümieren, um ihren Körpergeruch zu verdekken, sondern um ihn mit weiteren Wohlgerüchen zu umgeben.

Pünktlichkeit

Europäische Länder lassen sich danach unterscheiden, ob sie viel Wert auf Pünktlichkeit, Zeitpläne und feste Termine legen, oder ob sie dieses Regiment der Zeit als künstlich und unnötig betrachten. In die erste Gruppe fallen die »zeitbewußten« Länder wie Deutschland, die Schweiz, Großbritannien und die skandinavischen Länder, zur zweiten Gruppe gehören die »zeitvergessenen« Länder wie Spanien, Portugal und Griechenland.

In diesen beiden Gesellschaftstypen herrscht ein sehr unterschiedliches Lebenstempo. In einer zeitbewußten Gesellschaft gilt Zeit als kostbares Gut, und es gibt starke Anreize für die Menschen, damit sie ihre Zeit nicht vergeuden und sie gewinnbringend nutzen. Zeitvergessene Gesellschaften betrachten Zeit nicht in erster Linie von einer wirtschaftlichen Perspektive und sehen daher auch weniger Sinn darin, durchs Leben zu hasten und von einem Termin zum nächsten zu jagen. Das bestätigen zum Beispiel interkulturelle Studien über das »Schrittempo des Lebens«, in denen Psychologen dokumentiert haben, wie schnell Fußgänger übers Pflaster eilen. Obwohl diese Untersuchungen ursprünglich darauf zielten, die Beziehung zwischen Lebenstempo und Bevölkerungsdichte zu erforschen, haben sie auch einige interessante kulturelle Unterschiede zu Tage gefördert. Sie zeigen, daß das Schrittempo in großen Städten wie München, Prag, Dublin, Edingburgh und Athen sich praktisch kaum unterscheidet, daß aber die Einwohner von kleineren Mittelmeerorten wesentlich langsamer gehen als die Bewohner gleichgroßer Ortschaften in Nord- und Mitteleuropa. Das ist besonders auffällig in griechischen Dörfern, wo das Leben im Schneckentempo voranzuschreiten scheint, eine Beobachtung, die schon Evelyn Waugh machte: »In Griechenland dauert alles einfach doppelt so lange wie irgendwo sonst auf der Welt. Auf dem Lande macht man einfach überhaupt keinen Gebrauch von der Zeit.«

Der Psychologe Robert LeVine und seine Mitarbeiter haben

das Lebenstempo in verschiedenen Ländern untersucht. Sie haben nicht nur getestet, wie schnell die Fußgänger sich voranbewegen, sondern auch, wie genau die Uhren in den Banken gehen und wie lange es in verschiedenen Ländern dauert, auf einem Postamt eine Briefmarke zu kaufen. Als sie die Einwohner von Rom und Florenz mit denen von London und Bristol verglichen, stellte sich heraus, daß das Schrittempo in England nur geringfügig schneller war als das in Italien, und daß die Uhren in englischen Banken etwas genauer gingen als die in italienischen. Große Unterschiede gab es allerdings bei den Postämtern, denn während der Briefmarkenkauf in einem englischen Postamt etwa achtundzwanzig Sekunden dauerte, brauchte man für dieselbe Transaktion in Italien durchschnittlich siebenundvierzig Sekunden. Es scheint, daß der Ruf der italienischen Postämter nicht ganz zu Unrecht besteht!

Wenn man nur zwei Länder untersucht, ergeben Messungen des Lebenstempos vielleicht ein widersprüchliches Bild. Aber wenn man mehrere Länder vergleicht, zeichnen sich bestimmte wiederkehrende Muster ab, die deutlich machen, daß es erhebliche Unterschiede zwischen den »schnellen« und den »langsamen« Ländern gibt. Einiges spricht auch dafür, daß das Lebenstempo mit der Lebensqualität und dem Gesundheitszustand zusammenhängt, denn Menschen, denen die Zeit ständig im Nacken sitzt, bezeichnen sich selbst als weniger zufrieden mit ihrem Leben und sind für gewöhnlich auch weniger gesund. Psychologen haben einen Persönlichkeitstyp, den sogenannten A-Typ, ausgemacht, der besonders anfällig für koronare Erkrankungen ist. Menschen, die dem A-Typ angehören, fühlen sich ständig unter Zeitdruck. Sie haben zu viel Arbeit und zu wenig Zeit, um diese Arbeit zu bewältigen, und der daraus resultierende Streß führt häufig zu Herzbeschwerden. Das bestätigen auch interkulturelle Studien über das Lebenstempo, die zeigen, daß die Zahl der Menschen, die an Herzerkrankungen sterben, um so höher liegt, je »schneller« ein Land ist. Das Lebenstempo scheint also nicht nur die Lebensfreude zu beeinflussen, sondern auch die tatsächliche Lebensdauer.

Forschungen haben auch ergeben, daß Menschen vom A-Typus eine ganz andere Einstellung zur Pünktlichkeit haben. A-Typen beschreiben sich selbst nicht nur als extrem pünktlich, sie leiden auch mehr darunter, wenn sie sich einmal verspäten. Sie legen großen Wert darauf, daß andere pünktlich sind, und sind nicht bereit, lange zu warten, wenn jemand nicht rechtzeitig zu einer Verabredung kommt.

Nicht nur einzelne Menschen, auch Kulturen unterscheiden sich sehr stark darin, wieviel Wert sie auf Pünktlichkeit legen. Zeitvergessene Kulturen wie Spanien und Griechenland sehen die Sache relativ gelassen. In diesen Ländern wird Zeit eher als etwas Zyklisches betrachtet, das sich schon vom Wesen her schlecht messen läßt. Zeit wird auch als etwas Elastisches angesehen, das sich den Anforderungen entsprechend ausdehnt und zusammenzieht. Das macht es viel schwieriger für die Menschen, präzise Auskünfte darüber zu geben, wann sie irgendwo eintreffen werden. Normalerweise führt das dazu, daß die Leute sich verspäten, aber es kann auch dazu führen, daß sie zu früh kommen. Wie George Orwell in *Mein Katalonien* anmerkt: »In Spanien ereignet sich nichts zur angesetzten Zeit; sei es eine Mahlzeit oder eine Schlacht. In der Regel geschieht alles zu spät. Nur rein zufällig – damit man sich selbst darauf nicht verlassen kann, daß sich etwas spät ereignet – geschieht es manchmal zu früh.«

In zeitbewußten und zeitvergessenen Ländern herrschen sehr unterschiedliche Vorstellungen darüber, was Unpünktlichkeit eigentlich bedeutet. In einem zeitbewußten Land wie Großbritannien wird ein Mensch für gewöhnlich als unpünktlich betrachtet, wenn er sich um mehr als fünfzehn Minuten verspätet, während die zulässige Höchstspanne in einem zeitvergessenen Land wie Spanien eher eine halbe Stunde beträgt, wenn nicht mehr. Sowohl in zeitbewußten als auch in zeitvergessenen Gesellschaften kommen die Menschen pünktlicher, wenn sie sich mit wichtigen, als wenn sie sich mit unwichtigen Leuten verabredet haben. Sie unterscheiden sich jedoch erheblich in dem Ausmaß an Angst und Energie, das sie in das Bemühen um Pünktlichkeit investieren. In einer zeitvergessenen Gesellschaft dauert es wesentlich länger, bevor jemand den Schluß zieht, daß der andere sich verspätet hat oder die Verabredung nicht einhält. Es ist auch weitaus unwahrscheinlicher, daß die Leute Erklärungen oder Entschuldigungen anbieten, wenn sie unpünktlich sind, und es wird auch seltener erwartet. Ein Spanier, der sich um eine Stunde verspätet, murmelt vielleicht etwas, das entfernt nach einer Erklärung klingt. Ein Engländer, der nur ein paar Minuten über die Zeit ist, wird sich wahrscheinlich wortreich entschuldigen und eine hieb- und stichfeste Erklärung für seine Verspätung liefern.

Das hängt zum Teil damit zusammen, daß Mitglieder unterschiedlicher Gesellschaften unterschiedliche Schlußfolgerungen daraus ziehen, wenn jemand zu spät kommt. In einer zeitgebundenen Gesellschaft wie der britischen wird Unpünktlichkeit als Zeichen schlechter Organisation oder als Unhöflichkeit ausgelegt, während es in einer zeitvergessenen Gesellschaft wie Spanien eher als Statusausdruck betrachtet wird. In Ländern wie Spanien wird Personen, die die großzügige Definition von Unpünktlichkeit überschreiten, ein hohes gesellschaftliches Prestige zugeschrieben. Das liegt daran, daß Leute in Machtpositionen stärker dazu neigen, anderen ihre Bedeutung bewußt zu machen, indem sie sie warten lassen. Dieses Verhalten gibt es auch in zeitbewußten Gesellschaften, aber es ist wesentlich seltener und löst auch zweifellos nicht dieselbe widerstrebende Anerkennung aus wie in romanischen Ländern.

Wenn das Zeitbewußtsein in einer Gesellschaft wächst, geschehen zwei Dinge: Die Menschen entwickeln eine Einstellung zur Zeit, die von einer Art Wettkampfcharakter geprägt ist, und »schnelle« Leute werden positiver bewertet. Das ist sehr deutlich in Deutschland und in Großbritannien zu beobachten, wo man sich der Zeit und der Anforderungen, die sie stellt, zunehmend bewußt wird. Es besteht eine wachsende Tendenz, die Bewältigung von Aufgaben als Charaktertest aufzufassen und dabei die Zeit als Hauptwidersacher zu betrachten; es ist auch immer öfter die Rede davon, daß jemand »vorankommt«, »vorwärtskommt«, »Fortschritte macht«, »andere einholt« oder »nicht hinterherhinken will«. Zeitvergessene Gesellschaften haben eine ganz andere Metaphorik der Zeit, weil Zeit nichts Angstbesetztes ist und die Menschen nicht das Gefühl haben, daß sie einen Gegner herausfordern oder besiegen müßten.

Die andere Sache, die geschieht, wenn eine Gesellschaft ein stärkeres Zeitbewußtsein entwickelt, ist, daß ihr zeitlicher Schwerpunkt sich zu verlagern beginnt. Was bislang als maßvolles Tempo galt, wird zunehmend als langsam angesehen, und was vorher als pathologische Hektik betrachtet wurde, wird mehr und mehr zum Normalen. Im letzten Jahrzehnt hat sich das Lebenstempo enorm erhöht, und Aktivitäten, die früher in

Ruhe angegangen wurden, werden heute mit viel größerer Hast erledigt. Eine neue Generation von schnellebigen, schnellesenden Workaholics, bewaffnet mit tragbaren Telefonen und computergestützten Terminkalendern, beherrscht die Szene und hetzt in halsbrecherischem Tempo durchs Leben, wie die Figuren in einem Zeitrafferfilm. Vor zehn Jahren hätte dieser hochtourige Lebensstil ziemliches Befremden ausgelöst. Tatsächlich hätte man ihn wahrscheinlich als Hyperaktivität diagnostiziert. Aber da das Lebenstempo sich ganz allgemein erhöht hat, wirkt dieses absonderliche Verhalten mittlerweile ganz normal, und alle möglichen Formen frenetischen und manischen Verhaltens sind entpathologisiert worden. Im Laufe dieses Prozesses ist das Hochgeschwindigkeitsleben zu einem kulturellen Modell geworden; heute ist es etwas, das den Menschen als respektabel und nachahmenswert erscheint.

Schlangestehen

Manche Gesellschaften stehen gern Schlange, andere nicht. Die Briten fallen definitiv in die erste Kategorie, die Italiener, Spanier und Franzosen in die zweite. Wenn es etwas gibt, das ein Südeuropäer haßt, dann ist das, irgendwo anzustehen. Wenn Sie also das nächste Mal in Italien sind und auf einen Bus warten, brauchen Sie nicht nach der Schlange Ausschau zu halten. Sie werden keine finden. Was Sie statt dessen finden werden, ist eine amorphe Menschenmenge, die sich an der Bushaltestelle zusammenknäuelt. Es hat wenig Sinn, herausfinden zu wollen, wer zuerst da war, wer Anspruch auf einen Sitzplatz hätte oder wer überhaupt auf den Bus wartet. Keine dieser Fragen spielt eine Rolle, wenn der Bus kommt – Sie werden ganz einfach von einer vorwärtsdrängenden Menschenwoge verschlungen.

Dieser südländische Abscheu vor dem Schlangestehen ist ein nie versiegender Quell des Erstaunens für die Briten, die dieses Verhalten als durch und durch rücksichtslos und unzivilisiert betrachten. Man sollte jedoch bedenken, daß es einmal eine Zeit gab, als die Briten sich haargenau so benahmen wie die Romanen, über deren chaotisches Verhalten sie heute verächtlich die Nase rümpfen. Während des neunzehnten Jahrhunderts waren die Franzosen, nicht die Briten, die bekanntesten Schlangesteher. Der englische Philosoph Thomas Carlyle meinte zu diesem Thema: »Das Talent, spontan eine Schlange zu bilden... ist ein herausragendes Merkmal der französischen Nation«, eine Beobachtung, die von der Tatsache bestätigt wird, daß das Englische eine Anleihe beim französischen Wort für Schwanz (Queue) machen mußte, um das Phänomen des Schlangestehens zu benennen.

Im neunzehnten Jahrhundert war die nationale Rollenverteilung vollständig umgedreht, denn während die Franzosen so emsig Schlangen bildeten wie die heutigen Briten, taten die Engländer alles in ihrer Macht stehende, um derartige Formationen zu vermeiden. Als der russische Revolutionär Alexander Herzen

1852 nach England kam, notierte er: »Nirgends gibt es so große, so dichtgedrängte, so beängstigende Menschenmengen wie in London, und sie haben nicht die leiseste Ahnung, wie man eine Schlange bildet; das Benehmen der Engländer zeugt von der für sie typischen Halsstarrigkeit: Sie drängeln sich zwei Stunden lang ununterbrochen vorwärts und schließlich drängeln sie nach irgendwohin durch; ich habe dies oft verwundert an Theatereingängen beobachtet; wenn die Leute sich hintereinander aufstellen würden, könnten sie wahrscheinlich innerhalb von einer halben Stunde hineinkommen; aber da sie alle in einer Masse vorwärtsstürmen, verfehlt die Mehrheit der vorn Stehenden die Tür und wird nach rechts und links zur Seite gestoßen.«

Die Briten sind wahrscheinlich so halsstarrig wie eh und je, aber die Vorbehalte, die sie einst gegen das Schlangestehen hatten, haben sie eindeutig abgelegt, und sie warten geduldig in einer Reihe, sogar dann, wenn es nicht unbedingt erforderlich wäre. Um mit George Mikes zu sprechen: »Ein Engländer bildet eine ordentliche Schlange – auch wenn er allein ist.« Die Briten gelten heute weltweit als vorbildliche Schlangesteher, eine zweifelhafte Ehre, die sie mit Völkern wie den Russen und den Polen teilen. Was reizt die Briten am Schlangestehen, und sind ihre Motive dieselben wie die der Osteuropäer?

Es gibt mehrere Theorien, die die Praxis des Schlangestehens erklären. Nach dem amerikanischen Anthropologen Edward Hall findet man Schlangen in Gesellschaften, in denen die Menschen gleichberechtigt behandelt werden. Obwohl es zutreffend ist, daß »Schlangenkulturen« zu Gleichheitsidealen neigen, ist es zweifellos nicht zutreffend, daß in Kulturen, in denen die Leute Schlange stehen, mehr Gleichberechtigung herrscht als in anderen Ländern. Auch ist es nicht der Fall, daß das Schlangestehen für alle Beteiligten zu identischen Ergebnissen führt. In Großbritannien muß sich zum Beispiel jeder am Schalter anstellen, wenn er eine Bahnfahrkarte kaufen möchte, gleichgültig, ob er erster oder zweiter Klasse reisen will. Schlangen sind also kein Garant für Gleichheit, aber sie versprechen, daß wer am längsten wartet, am schnellsten bedient wird. Die Tatsache, daß das Schlangestehen mit der gerechten Verteilung von Zeit zu tun hat, gibt einen Hinweis darauf, warum einige Länder gern Schlange stehen und andere nicht. Nationen, die viel Wert auf Zeit und Pünktlichkeit legen, bilden auch recht bereitwillig Schlangen, während Länder, die eine eher gelassene Einstellung zur Zeit haben, lieber darauf verzichten.

Es gibt weitere Gründe, warum einige Nationen sich lieber in einer Reihe aufstellen als andere. Dazu gehört das Bedürfnis nach Ordnung. Man hat wiederholt darauf hingewiesen, daß die Briten ein zwanghaftes Ordnungsbedürfnis haben, nicht in dem Sinne, daß sie eine saubere und aufgeräumte Umgebung brauchen, sondern in dem Sinn, daß sie wissen wollen, wo sie stehen und was sie zu erwarten haben. Sie fühlen sich für gewöhnlich unbehaglich, sobald eine Situation offen und unüberschaubar wird oder es zu einem allgemeinen Gerangel kommt – wenn Warenpreise nicht ausgezeichnet sind, wenn sie feilschen sollen, wenn sozusagen die Spielregeln nicht klar festgelegt sind. Berechenbarkeit ist von grundlegender Bedeutung für die Briten. Deshalb neigen Engländer, die sich im Ausland niederlassen, auch dazu, eine Art Westentaschen-England zu gründen, einen Mikrokosmos der Vertrautheit und Sicherheit, der die Illusion nährt, daß die Heimat immer in greifbarer Nähe ist. Die britische Vorliebe für das Schlangestehen ist ein Ausdruck dieses Bedürfnisses nach Ordnung und Vertrautheit. Wenn Engländer sich in einer Reihe aufstellen, wissen sie, was sie erwartet, und sie können abschätzen, in welchem Verhältnis sie zu den anderen stehen. Für die Briten ist das Schlangestehen also die Kamee einer idealen Gesellschaft, in der jeder seinen Platz kennt, ihn akzeptiert und nicht versucht, den anderen unfair zu übervorteilen.

Nun könnte man meinen, daß die Angehörigen von schlangestehenden Kulturen immer Schlange stehen und die Mitglieder von nicht-schlangestehenden Kulturen nie. Doch ganz so einfach ist die Sache nicht. Obwohl die Italiener das Schlangestehen als Gängelung und Demütigung betrachten, heißt das nicht, daß sie nie Schlangen bilden. Auch wenn sie sich an der Bushaltestelle nicht in einer Reihe aufstellen, tun sie es leise murrend an den Kassen der Supermärkte oder an Flughafenschaltern. Die Briten bilden anstandslos disziplinierte Schlangen an Fahrkartenschaltern, Bushaltestellen, Flughafenschaltern, im Weihnachtsschlußverkauf oder auf der Gartenparty des Buckingham Palace. Es gibt allerdings einige Situationen, in denen die Engländer bereit sind, die eisernen Regeln des Schlangestehens zu durchbrechen, und es gibt sogar Situationen, in denen sie sich überhaupt nicht anstellen. Wenn zum Beispiel mehrere parallele

Schlangen vor den Supermarktkassen stehen, kann man oft beobachten, wie ein Brite von Schlange zu Schlange hüpft, um einen Vorteil über andere Kunden zu erlangen, die in längeren oder langsameren Schlangen stehen. Das nennt sich »Lavieren« und unterscheidet sich vom sogenannten »Kolonisieren«. Beim Kolonisieren bemerkt jemand, der am Ende einer Schlange steht, daß eine neue Kasse eröffnet wird, und hastet hinüber, um seine eigene, neue Schlange zu gründen. Das Bemerkenswerte am »Lavieren« und »Kolonisieren« ist, daß beides als ganz legitim gilt, obwohl es gegen die Grundregel des »Wer zuerst kommt, mahlt zuerst« verstößt.

In dieser Hinsicht scheinen die Briten ein bißchen inkonsequent zu sein. Sie bestehen darauf, daß Leute, die in derselben Schlange stehen, sich an die Regeln halten, finden aber nichts dabei, wenn jemand zwischen den Schlangen hin und her hüpft oder sich vom Ende einer Schlange abschält, um eine neue zu bilden. Es gibt noch andere Situationen, in denen die Briten sich nicht an das Gesetz der Reihe halten. In Pubs und Geschäften bilden sie zum Beispiel keine sichtbaren Schlangen. Sie formen statt dessen »unsichtbare Schlangen« und erwarten, daß die Person hinter der Theke merkt, wer als nächster dran ist. Das klappt allerdings nicht immer, und Gäste, die übergangen werden, machen die Bedienung auf ihren Fehler aufmerksam. Manchmal kommt es sogar vor, daß jemand, der bedient werden soll, den Kellner darauf aufmerksam macht, daß ein anderer Gast vor ihm dran ist. Diese Form der Selbstverleugnung ist etwas, das Südeuropäern völlig unverständlich ist, es sei denn, der Betreffende hätte irgendwelche Hintergedanken dabei. Etwas, was die Romanen sehr gut verstehen können, ist die Situation, zu der es regelmäßig an den Getränkeständen in englischen Theatern kommt, wo das Gedrängel der Leute, die in der Pause nach einem Drink verlangen, an die liebenswürdige Selbstbescheidung eines Rugbygefechts erinnert. Im Gegensatz zu dem verbreiteten Image sind die Briten keine kompromißlosen Schlangesteher. Sie stehen nur Schlange, wenn die Konvention es verlangt, wenn genug Leute sich an die Regeln halten und wenn Sanktionen gegen Schlangensaboteure drohen. Andernfalls schieben und drängeln sie, was das Zeug hält, und benehmen sich genauso wie die Romanen, deren angeblichen Mangel an öffentlicher Rücksichtnahme sie so befremdlich finden.

In Rußland ist das Schlangestehen nicht nur eine nationale Institution. Es ist eine Lebensart. Man steht für alles Schlange: für Busse, Züge, Fahrkarten, Grundnahrungsmittel, Kleidung, Luxusgüter und um seine Miete zu zahlen – man steht sogar Schlange, um Schlange zu stehen! In seinem Buch *The Russians* weist Hedrick Smith darauf hin, daß das Schlangestehen zwar weltweit verbreitet ist, russische Schlangen jedoch »eine ganz eigene Dimension haben, wie die ägyptischen Pyramiden. Sie enthüllen viel über die russische Situation und die russische Psyche. Und ihre Mechanismen sind viel komplizierter, als man auf den ersten Blick vermuten würde. Auf den außenstehenden Betrachter wirken sie wie fast bewegungslose Reihen von Sterblichen, die zu einem kommerziellen Fegefeuer für ihre bescheidenen Einkäufe verdammt sind. Doch dem Außenstehenden entgeht die heimliche Anziehungskraft, die diese Reihen auf die Russen ausüben, ihre innere Dynamik, ihre ganz besondere Etikette.«

Das alltägliche Martyrium einer russischen Hausfrau könnte etwa folgendermaßen ablaufen: Sie kommt bei ihrem örtlichen Gastronom oder Lebensmittelgeschäft an und stellt sich sofort bei der Schlange an für – zum Beispiel – Würstchen. Nachdem sie sich durch die Schlange nach vorn gearbeitet hat, sagt die Person an der Theke, wieviel die Würstchen kosten. Unsere Hausfrau durchschreitet das Geschäft und stellt sich an der Schlange an, die vor der Kasse wartet. Wenn sie die Spitze dieser Schlange erreicht hat, bezahlt sie den Preis für die Würstchen, erhält ihre Quittung und geht zurück zur Würstchentheke, wo sie sich in eine andere Schlange einreiht, um die gekaufte Ware in Empfang zu nehmen. Nachdem die Hausfrau sich erfolgreich durch drei Schlangen gearbeitet hat, hat sie nichts anderes gekauft als ein paar Würstchen. Wenn sie weitere Lebensmittel erstehen möchte, muß sie die Prozedur erneut durchlaufen, und sie muß dieselbe Tortur Tag für Tag auf sich nehmen. Um die Sache weiter zu verschlimmern, sind bestimmte Lebensmittel regelmäßig nicht erhältlich, und die Bandbreite der angebotenen Waren ist entweder eingeschränkt oder gleich Null.

In einer Konsumgesellschaft mag es Spaß machen, einzukaufen, aber für die Russen ist es in etwa so verlockend wie ein Spießrutenlauf. Es ist auch eine notorische Verschwendung. Der russische Ökonom Yuri Orlov hat errechnet, daß die sowjetische Bevölkerung etwa dreißig Milliarden Stunden pro Jahr mit dem Schlangestehen verbringt – was laut Orlov der Jahresarbeitszeit von nicht weniger als fünfzehn Millionen Menschen entspricht. Für das Schlangestehen braucht man fünf- bis sechsmal so viel Zeit wie für den tatsächlichen Warenkauf, und der durchschnittliche Käufer muß vier bis fünf Läden aufsuchen, um seine täglichen Einkäufe zu erledigen. Russische Käufer leiten die Rarität einer Ware – und damit ihren Wert – häufig von der Zahl der Leute ab, die dafür Schlange stehen. Wenn eine Hausfrau zufällig auf eine Schlange stößt, stellt sie sich spontan hinten an und fragt erst dann, was überhaupt verkauft wird. Wenn sie keine Verwendung für die Sache hat, kauft sie häufig trotzdem, entweder weil sie davon ausgeht, daß die Ware etwas wert sein muß, weil so viele Leute dafür anstehen, oder weil sie weiß, daß sie die Sache hinterher an jemand anderen weiterverkaufen kann. Es sind also nicht nur individuelle Bedürfnisse, sondern die Schlangen selbst, die über den Wert einer Ware entscheiden.

Die Russen sind sehr gesprächig, wenn sie irgendwo anstehen müssen; sie nutzen die Gelegenheit, um neue Leute kennenzulernen und ein bißchen Small-talk zu treiben. Doch der Hauptzweck dieser Gespräche besteht darin, sich gegenseitig zu überzeugen, daß die Ware, für die man Schlange steht, das Warten lohnt. Der soziale Zustimmungsdruck kann auch zu einem uniformen Kaufverhalten führen, mit dem Ergebnis, daß Leute, die eigentlich etwas ganz anderes kaufen wollten oder eine etwas größere oder kleinere Menge der betreffenden Ware, überredet werden, denselben Standardkauf zu tätigen wie alle anderen Leute in der Schlange. Dieser Konformitätsdruck herrscht auch in polnischen Warteschlangen. Der polnische Soziologe Zbigniew Czwartosz hat sie folgendermaßen beschrieben: »Ich habe diese Erfahrung kürzlich selbst in einer Warschauer Fleischerei gemacht. Die ›Schlangengemeinschaft‹ einigte sich darauf, daß jede Person zusätzlich zu der offiziell zugeteilten Fleischration zwei Schweinshachsen kaufen sollte. Da dieses Erzeugnis im Speiseplan meiner Familie nicht vorkommt, weigerte ich mich kategorisch, es zu erwerben. Man redete auf mich ein, daß meine Frau mir niemals verzeihen würde, daß meine Nachbarn mir die Schweinshachsen mit Freuden abkaufen würden etc. Die Verkäufern hielt zwei Schweinshachsen in der Hand, während sie die Diskussion verfolgte, und traf schließlich die

Entscheidung für mich, indem sie die Schweinshachsen auf die Waage legte und sagte: ›Kaufen Sie bitte die Schweinshachsen und behindern Sie mich nicht länger in meiner Arbeit.‹ Ich kaufte die Schweinshachsen. Der Abweichler war bekehrt und der soziale Frieden gerettet.«

Wenn es etwas gibt, was die Russen und Polen noch mehr verabscheuen als das Schlangestehen, so ist das jemand, der versucht, sich in einer Schlange vorzudrängeln. Leute, die die Regeln mißachten, ziehen für gewöhnlich eine Menge lautstarker Kritik auf sich, obwohl bestimmte Ausnahmen von der Regel erlaubt sind. In Rußland ist es Leuten, die sich als Kriegsveteranen ausweisen können, gestattet, an die Spitze der Schlange vorzugehen, während es in Polen im allgemeinen zwei Schlangen gibt – eine »privilegierte« Schlange für Behinderte, ältere Leute, schwangere Frauen und Frauen mit kleinen Kindern, und eine »normale« Schlange für den Rest der Bevölkerung. Das erklärt, warum polnische Mütter die Mühe auf sich nehmen, ihre kleinen Kinder mit durch die Geschäfte zu schleppen. Wenn sie sie zu Hause in der Obhut einer Aufsichtsperson ließen, würden sie sich der Möglichkeit berauben, in den privilegierten Schlangen zu stehen und dadurch viel mehr Zeit beim Einkaufen verlieren.

Es gibt mehrere Gründe dafür, warum die Russen, Polen und die Bewohner anderer osteuropäischer Länder so viel Zeit beim Schlangestehen verbringen. Erstens ist das Warenangebot einfach zu knapp, um die Nachfrage zu befriedigen. Zweitens werden bestimmte Waren nur sporadisch angeboten. Das führt zu Panikkäufen und zur Bildung langer Schlangen, die manchmal durch bloße Gerüchte ausgelöst werden. Wenn die Leute hören, daß ein Geschäft eine neue Warenlieferung erwartet, bilden sie häufig spontane Schlangen, auch wenn die Ware frühestens am nächsten Tag in den Regalen erscheint. Die Russen haben ein ganz besonderes System entwickelt, um das Verbot der nächtlichen Schlangenbildung zu umgehen: Wenn die Nacht hereinbricht, tragen sich einfach alle Anwesenden in eine Liste ein, lösen die Schlange auf und stellen sich am nächsten Morgen vor Geschäftsbeginn wieder genauso auf. Der dritte Grund, aus dem Osteuropäer so viel Zeit beim Schlangestehen verbringen, ist, daß Einzelhandelsketten für bestimmte Waren noch immer vom Staat kontrolliert werden. Wenn der Staat ein Monopol auf bestimmte Waren und Dienstleistungen hat, besteht normalerweise keine Veranlassung für ihn, den Käuferfluß zu beschleunigen.

Ein Vergleich der europäischen Länder zeigt markante nationale Unterschiede, sowohl was die äußeren Umstände des Schlangestehens angeht, als auch was die spezifischen Gründe betrifft. An dem einen Ende des Spektrums stehen die Italiener, Spanier und Franzosen, die am wenigsten mit dem Schlangestehen im Sinn haben. Es gibt Situationen, in denen diese Nationen sich in einer Reihe aufstellen, aber sie sind eher rar gesät. Das hängt damit zusammen, daß Menschen aus romanischen Ländern die grundlegende Philosophie, die sich hinter dem Schlangestehen verbirgt, nicht akzeptieren, nämlich den Gedanken, daß Leute, die zuerst kommen, auch zuerst bedient werden sollten. Für sie ist das Schlangestehen – ähnlich wie die Regierung – etwas Aufgezwungenes, eine ungerechtfertigte Form der Bevormundung und Einmischung. Ihrer Ansicht nach ist es eine erniedrigende Gängelung, die den einzelnen daran hindert, seinen Verstand und seine Phantasie zu seinem persönlichen Vorteil zu nutzen.

Am entgegengesetzten Ende des Spektrums stehen die anderen europäischen Länder, die eine ganz andere Haltung zum Schlangestehen haben. Für sie ist diese Sitte ein rationales Mittel, um das Problem unnötigen Wettbewerbs zu vermeiden. Außerdem empfinden sie das Schlangestehen als gerecht, weil es stärkere oder intrigante Personen davon abhält, andere zu übervorteilen. Es ist vielleicht nicht überraschend, daß von allen westlichen Nationen die Briten dem Schlangestehen am innigsten zugetan sind, zum Teil weil es die Gefahr des Körperkontakts zwischen Fremden verringert – die Briten hassen es, wenn man ihnen in den Nacken pustet –, aber auch weil das Schlangestehen die Gefahr verringert, daß Leute wütend oder aggressiv werden. Weil die Briten bereitwillig disziplinierte Schlangen bilden, stehen sie allgemein in dem Ruf, besonders friedlich und schwer erregbar zu sein. Aber die wahrscheinlichere Erklärung ist, daß sie so leicht in Zorn geraten, daß sie den Schutz des Schlangestehens brauchen. Die Italiener sind im Gegensatz zu den Engländern für ihr leicht entflammbares Temperament bekannt, aber sie neigen in der Öffentlichkeit viel weniger zu körperlicher Gewalt als die Engländer, was ein weiterer Grund dafür ist, daß sie den ritualisierten Schutz des Schlangestehens nicht brauchen.

Oberflächlich betrachtet, scheinen die Osteuropäer dem Schlangestehen ebenso verbunden zu sein wie die Engländer. Doch sie haben völlig andere Gründe dafür. In den ehemaligen Ostblockländern ist das Schlangestehen primär eine Folge von Warenknappheit, Warenspekulation und fehlendem Wettbewerb. Es ist auch das Vermächtnis einer Politik, die mit gezielten Maßnahmen darauf hinwirkte, das Volk sinnlos zu beschäftigen und fügsam zu machen. Es braucht nicht die Intelligenz eines großen russischen Kopfes, um zu erkennen, daß Menschen, die ihr Leben damit verbringen, sich in Schlangen anzustellen, wenig Zeit haben, um den Umsturz des Systems zu planen. Obwohl sich die Situation in Osteuropa in den letzten Jahren enorm gewandelt hat, ist die wirtschaftliche Infrastruktur von diesen Veränderungen bislang größtenteils unberührt geblieben. Doch da die Planwirtschaft zunehmend durch marktwirtschaftliche Mechanismen ersetzt wird, kann man davon ausgehen, daß das Angebot an Konsumgütern steigen wird und die Leute dann auch weniger Grund haben, in langen Schlangen anzustehen. Falls diese Situation eintritt, wäre es interessant zu beobachten, ob die Schlangen gänzlich verschwinden, ob Osteuropäer einfach weniger Zeit beim Schlangestehen verbringen oder ob ihre Vorliebe für das Schlangestehen tiefer reicht, als eine rein ökonomische Analyse vermuten läßt. Vielleicht stellt sich heraus, daß die Osteuropäer sich so an das Schlangestehen gewöhnt haben, daß sie die Sitte auch dann noch beibehalten, wenn keine äußere Notwendigkeit mehr besteht.

Reserviertheit

Ausländer berichten häufig über den schüchternen, distanzierten Charakter der Engländer und die Tatsache, daß es enorme Anstrengungen kostet, sie aus ihrem Panzer zu locken. Auch die Engländer selbst haben diese Eigenschaft an sich festgestellt. So bezog sich zum Beispiel Tobias Smollett im Jahre 1766 auf »diese gewisse Reserviertheit«, die seiner Ansicht nach »der englischen Wesensart eigentümlich« war. Smollett verglich die Zurückhaltung der Engländer mit der spontanen Herzlichkeit anderer Nationen: »Wenn zwei Angehörige irgendeines anderen Volkes sich im Ausland zufällig begegnen, fallen sie einander um den Hals wie alte Freunde, auch wenn sie sich noch nie zuvor gesehen haben. Hingegen bewahren zwei Engländer, die in dieselbe Situation geraten, eine beiderseitige Reserviertheit und Zurückhaltung und bleiben außerhalb der Sphäre ihrer gegenseitigen Anziehungskraft, wie zwei Körper, die sich abstoßen.«

Diese Erfahrung machte auch der englische Reisende Alexander Kinglake, als er im Jahr 1835 auf seinem Weg nach Kairo die syrische Wüste durchquerte. Kinglake war per Kamel unterwegs und hatte mit Ausnahme der Bediensteten, die ihn begleiteten, schon seit Tagen keine Menschenseele mehr zu Gesicht bekommen. Dann stieß er plötzlich unverhofft auf einen anderen Engländer, auch auf einem Kamel, der in die entgegengesetzte Richtung ritt. »Als wir aufeinander zukamen, stellte sich die Frage, ob wir miteinander reden sollten oder nicht. Ich hielt es für wahrscheinlich, daß der Fremde mich ansprechen würde, und in diesem Fall war ich bereit, mich so gesprächig und gesellig zu zeigen, wie es meine Natur erlaubte. Aber was ich im einzelnen sagen wollte, konnte ich mir immer noch nicht vorstellen. Die Tatsache, daß man nichts zu sagen hat, ist natürlich unter zivilisierten Menschen keinerlei Entschuldigung dafür, daß man nichts sagt; aber ich war schüchtern und träge und hatte keine große Lust, anzuhalten und inmitten dieser unendlichen Einsamkeit wie ein Morgenbesucher zu plaudern. Der andere Reisende mag dasselbe gedacht haben, denn abgesehen davon, daß wir die Hand zum Gruß an unsere Mützen hoben und einander höflich zuwinkten, ritten wir so kühl und distanziert aneinander vorüber, als wären wir uns in der Pall Mall begegnet. Unsere Begleiter wollten sich jedoch nicht um das Vergnügen bringen lassen, endlich wieder andere Stimmen zu hören und neue Gesichter zu sehen. Ihre Herren waren kaum aneinander vorbeigeritten, als die jeweiligen Bediensteten auch schon in aller Ruhe anhielten und ein Gespräch begannen.«

Was bringt die Engländer dazu, einfach mit einem kühlen Winken aneinander vorbeizuziehen? Warum sind sie so abweisend, und ist dieses Verhalten, wie Smollett meint, der englischen Art eigentümlich?

Einer der Gründe für die Reserviertheit der Engländer ist das tiefverwurzelte Bedürfnis, anderen Leuten nicht lästig zu fallen und selbst nicht belästigt zu werden. Dieser Charakterzug ist jedoch nicht auf die Engländer beschränkt und findet sich auch in anderen Teilen Europas wie Finnland, Schweden, Norwegen und im Norden Deutschlands – hauptsächlich überall dort, wo es den Menschen mehr darum geht, Ablehnung zu vermeiden, als Zuneigung zu wecken. Die Umgangsformen in diesen Ländern sind von dem starken Wunsch geprägt, das Mißfallen anderer und die damit verbundenen negativen Konsequenzen zu vermeiden. Das ist völlig anders im Süden Europas, wo die Menschen viel stärker durch den Wunsch nach Anerkennung motiviert sind.

Der Wunsch, kein Mißfallen zu erregen, zeigt sich an mehreren Symptomen. Erstens veranlaßt er die Menschen, einen weiten Bogen um Fremde zu machen, vor allem, wenn diese den zusätzlichen Nachteil haben, Ausländer zu sein. Zwei Leute, die sich nicht kennen, bewahren einen möglichst großen körperlichen Abstand voneinander, damit sie mit der anderen Person kein Gespräch anfangen müssen. Dieses Vermeidungsverhalten hängt häufig damit zusammen, daß die Leute einfach nicht wissen, was sie sagen sollen. So haben beispielsweise die Engländer oft große Probleme damit, ein Gespräch anzuknüpfen, was einer der Gründe dafür ist, warum das Wetter und andere Formen unpersönlicher Trivialitäten so beliebte Konversationsthemen sind, nicht nur zwischen Fremden, sondern auch zwischen Leuten, die sich seit Jahren kennen.

Nach Ansicht der amerikanischen Autorin Susan Sontag haben die Schweden ähnliche Gesprächsprobleme: »Sobald eine Unterhaltung beginnt, kann man förmlich spüren, wie die körperliche Anspannung zwischen den Sprechern wächst... Die Wahl des Gesprächsthemas stellt ein Problem dar.« »Den Gesprächen«, so Susan Sontag, »droht immer die Gefahr, daß ihnen der Treibstoff ausgeht, was sowohl mit dem Gebot der Diskretion wie auch mit der positiven Anziehungskraft des Schweigens zusammenhängt.« Susan Sontag zufolge sind die liebsten Gesprächsthemen der Schweden das Wetter, Geld, Alkohol und geplante Aktivitäten, wobei letztere von der öffentlichen Bekanntgabe eines geplanten Toilettenbesuchs bis zur Ankündigung eines bevorstehenden Urlaubs reichen können. Vertraute und vorhersehbare Themen ritualisieren die Begegnung, so daß weniger wichtig wird, was gesagt wird, als vielmehr, daß überhaupt etwas gesagt wird. Die Konversation wird zu dem, was der Anthropologe Bronislaw Malinowski als »phatische Kommunion« bezeichnet – das heißt, miteinander reden, um eine Gemeinschaft zu schaffen, und nicht, um Informationen auszutauschen.

Dieser Gesprächsstil, bei dem es mehr um die Form als um den Inhalt geht, ist besonders reizvoll für Leute wie die Schweden und Engländer, die immer Angst haben, die zulässigen Grenzen zu überschreiten und jemanden vor den Kopf zu stoßen. Der andere große Vorteil vertrauter Gesprächsthemen liegt darin, daß sie andere Leute daran hindern, ihre Nase allzu tief in persönliche Angelegenheiten zu stecken. Die Engländer sind zum Beispiel extrem vorsichtig bei der Preisgabe persönlicher Informationen, vor allem, wenn es um Gefühle geht. Es ist keine Seltenheit, daß Engländer sich jahrelang kennen, ohne je etwas Wichtiges über den anderen zu erfahren. Diese Erfahrung machte auch der französische Romancier André Maurois, als er während des Zweiten Weltkriegs ein Zelt mit einem britischen Offizier teilte. Maurois und sein englischer Gefährte waren sechs Monate zusammen, teilten Zelt, Proviant und Badewanne, aber in der ganzen Zeit stellte der britische Offizier dem Franzosen keine einzige persönliche Frage.

Es gibt zwei Gründe, warum die Engländer mit persönlichen Fragen so zurückhaltend sind. Zum einen möchten sie selbst nicht aufdringlich wirken, und zum anderen möchten sie vermeiden, daß andere sich zu Indiskretionen berechtigt fühlen. Sie halten es immer für ratsam, andere auf Distanz zu halten, weil dadurch der emotionale Ton der Beziehung verringert wird und die Situation besser unter Kontrolle zu halten ist. Zu den Faktoren, die diese Kontrolle gefährden könnten, gehören Unterschiede in der gesellschaftlichen Stellung. Wie Mitglieder anderer stratifizierter Gesellschaften verbrüdern sich auch die Engländer vorzugsweise mit Angehörigen der eigenen sozialen Schicht, und wenn sie mit Leuten aus anderen Kreisen verkehren müssen, ziehen sie es vor, daß diese aus niedrigeren und nicht aus höheren Gesellschaftsschichten kommen. Wenn Engländer im Ausland aufeinandertreffen, fehlen häufig die vertrauten Hinweise auf die soziale Schichtzugehörigkeit – vor allem, wenn niemand die Möglichkeit hatte, etwas zu sagen und sich durch seine Aussprache zu verraten. Das birgt die Gefahr, daß man sich auf ein Gespräch und möglicherweise sogar auf ausgedehnte Kontakte mit Personen einläßt, denen man auf heimatlichem Boden aus dem Weg gehen würde. Der einfachste Schutz gegen diese Art von Irrtum besteht darin, auf Distanz zu bleiben und die eigenen Landsleute nach Möglichkeit zu meiden, wenn man sich im Ausland aufhält, es sei denn, man hat die Kandidaten vorher auf Herz und Nieren überprüft. Damit verbaut man sich zwar unter Umständen die Möglichkeit, viele interessante Menschen kennenzulernen, aber man hat zumindest die Sicherheit, daß man nicht mit Personen verkehren muß, um die man normalerweise einen weiten Bogen machen würde.

Schüchternheit ist ein weiteres zentrales Motiv für die Reserviertheit der Engländer. Anders als die Südeuropäer sind die Engländer besonders anfällig für Schüchternheit, Selbstbefangenheit und Verlegenheit. Geoffrey Gorer, der in den fünfziger Jahren eine Studie über die Engländer verfaßte, kam zu dem Ergebnis, daß Schüchternheit ein zentrales Merkmal des englischen Charakters sei. Bei einer großen Meinungserhebung, die Gorer im Rahmen seiner Studie durchführte, gaben über die Hälfte der Befragten an, daß sie als Jugendliche »extrem schüchtern« gewesen waren. Gorer zieht aus seinen Ergebnissen den Schluß, daß die charakteristische Schüchternheit der Engländer ein Hauptgrund für ihre »distanzierte Herzlichkeit« sei und viel dazu beitrage, daß Engländer mitunter so »isoliert und einsam« wirkten. Aus psychologischer Sicht entsteht Schüchternheit, wenn man das Gefühl hat, sich selbst beweisen zu müssen, und fürchtet, daß andere Menschen einen negativ beurteilen könnten. Weil die Engländer sich primär damit beschäfigen, welchen negativen Eindruck sie machen könnten, sind sie erheblich anfälliger für Schüchternheit als zum Beispiel die Italiener, die vergleichsweise mehr Gewicht auf das positive als auf das negative Urteil anderer legen. Das heißt nicht, daß Italiener niemals schüchtern oder selbstbefangen sind, sondern nur, daß sie diese Gefühle nicht in demselben Grad empfinden wie die Engländer. Die Engländer stehen zum Beispiel nicht gern im Mittelpunkt des Interesses und haben eine Abneigung gegen Leute, die sie als Angeber empfinden. Sie sind zwar manchmal schwer zufriedenzustellen, nehmen aber alle möglichen Entbehrungen und Unannehmlichkeiten in Kauf, um »kein Theater zu machen«. Obwohl sie für ihr Leben gern stöhnen, hassen sie es, sich zu beschweren. Das zeigt sich besonders deutlich in Restaurants, wo man häufig beobachten kann, daß Engländer zwar bei ihren Begleitern über das Essen murren, sich aber kaum je beim Kellner oder Geschäftsleiter beschweren. In Italien ist es häufig umgekehrt: Zuerst beschwert sich der Gast beim Kellner und erst anschließend bei seinen Freunden.

Vor einigen Jahren hat ein Team von europäischen Psychologen unter der Leitung von Robert Edelmann eine interkulturelle Studie zum Thema Verlegenheit in Griechenland, Italien, Spanien, Portugal, Großbritannien und Deutschland durchgeführt. In jedem Land wurden die Probanden gebeten, eine Reihe von Fragen zu beantworten und anzugeben, welche Situationen ihnen peinlich sind, welche Gefühle sie damit verbinden und welche Methoden sie anwenden, um ihre Verlegenheit zu kaschieren. Als die Autoren die körperlichen Symptome der Verlegenheit untersuchten, stellten sie einige interessante Unterschiede zwischen den Ländern fest. Das Erröten war zum Beispiel in Großbritannien viel verbreiteter als in allen anderen Ländern. Engländer neigten auch häufiger dazu, den Blick abzuwenden oder verlegene Gesten zu machen. In Griechenland und Portugal zeigte sich die Verlegenheit viel häufiger durch einen erhöhten Puls. Die sozialen Symptome der Verlegenheit – das heißt, jene Zeichen, die für andere wahrnehmbar sind –, sind also in Großbritannien viel ausgeprägter als in anderen Ländern. Ob die Briten tatsächlich verlegener werden als andere Völker, ist schwer zu sagen. Es scheint jedoch zweifelsfrei festzustehen, daß sie sich ihrer eigenen Verlegenheit viel stärker bewußt sind und eher das Gefühl haben, daß man ihnen ihre Unbeholfenheit meilenweit ansieht. Das hängt zum Teil damit zusammen, daß sie sozial reservierter sind, aber es könnte auch eine Ursache für ihre Reserviertheit sein.

Ein italienisches Achselzucken.

Die dänische Antwort auf das Referendum zur Europäischen Gemeinschaft 1992.

ie Griechen signalisieren »nein« durch ein Zurückwerfen des Kopfes. Manchmal
ird der Geste mehr Nachdruck verliehen, indem man zusätzlich die Augen
hließt, die Augenbrauen hochzieht und einen Schnalzlaut hören läßt.

Winston Churchill im Jahr 1949 mit einigen Griechen, die das englische Siegeszeichen nachahmen wollen. Weil ein V-Zeichen mit nach vorn gerichteter
Handfläche in Griechenland als Beleidigung gilt, haben die Griechen nur die
Möglichkeit, das Siegeszeichen umzukehren, so daß der Handteller zum Ausführenden weist. Dies gilt jedoch in Großbritannien als Beleidigung. Zwei der
Griechen auf dem Foto sind sichtbar unschlüssig, was sie mit ihren Händen
anfangen sollen, während einer schließlich das beleidigende englische V-Zeichen
macht. (*Popperfoto*)

Begrüßungsformen

Wie Menschen sich begrüßen und verabschieden, sagt viel darüber aus, was für eine Beziehung sie zueinander haben. Es gibt auch Aufschluß darüber, in welcher Gesellschaftsform sie leben. Alle Gesellschaften dieser Welt haben festgelegte Begrüßungsrituale – von denen einige sehr kurz und rudimentär, andere überaus kompliziert und langwierig sind. Aber unabhängig davon, wie zeitaufwendig oder komplex diese Begrüßungsrituale sein mögen – sie alle erfüllen drei grundsätzliche Funktionen. Erstens verringern sie die Unsicherheit, die immer damit verbunden ist, wenn Menschen einander begegnen; zweitens können die Beteiligten damit zum Ausdruck bringen, daß sie freundliche Absichten hegen, und drittens bieten sie einen allgemeinen Bezugsrahmen, über den die Menschen ihre Beziehung begründen oder definieren können.

Zwischenmenschliche Beziehungen lassen sich auf vielfältige Weise definieren, aber es gibt zwei grundlegende Faktoren, die für jede Beziehung von Bedeutung sind. Das ist zum einen der »Machtfaktor« – das heißt, welche Statusunterschiede zwischen den Beteiligten bestehen – und zum anderen der »Solidaritätsfaktor« – das heißt, wie groß die gegenseitige Sympathie ist. Diese Unterscheidung zwischen Macht und Solidarität spiegelt sich in zwei grundsätzlichen Begrüßungsformen wider – die eine ist die respektvolle Begrüßung, die Machtunterschiede hervorhebt, und die andere ist die solidarische Begrüßung, die Gleichheit und Zuneigung betont. Zu den respektvollen Begrüßungen gehören solche Ehrerweisungen wie das Niederfallen, die Verbeugung und der Kniefall – tatsächlich alle einseitigen Respektbekundungen, die von der anderen Person nicht auf die gleiche Weise erwidert werden. Solidarische Begrüßungen sind dagegen an ihrer Symmetrie erkennbar. Dazu gehören Begrüßungen wie Umarmungen, gegenseitige Küsse und der Händedruck – mit anderen Worten, alle Gesten, bei denen Personen ihre Gleichheit hervorheben oder ihre gegenseitige Zuneigung zum Ausdruck bringen, indem sie einander auf die gleiche Weise begrüßen.

Die Begrüßungsgewohnheiten verschiedener Kulturen sind zu einem großen Teil davon abhängig, wie die Macht in einer Gesellschaft verteilt ist. Traditionelle Gesellschaften mit starker Machtbetonung sind häufig hierarchisch strukturiert, mit zahlreichen sozialen Unterschieden und sehr klaren Kriterien für die gesellschaftliche Stellung des einzelnen. In diesen Gesellschaften gibt es für gewöhnlich eine große Zahl von zeremoniellen Höflichkeitsritualen, die dazu beitragen sollen, die Sozialstruktur aufrechtzuerhalten und jedermann auf seinen Platz zu verweisen. Dazu gehört auch ein reiches Repertoire an respektvollen Begrüßungen, die die Menschen bei jeder Begegnung an ihre soziale Stellung erinnern sollen. In Gesellschaften, die mehr Wert auf Gleichberechtigung legen, ist die Situation ganz anders, weil Statusunterschiede eine geringere Rolle spielen und daher auch komplizierte Respektbekundungen weniger wichtig sind. Tatsächlich haben Statusunterschiede in einigen egalitären Gesellschaften so stark an Bedeutung verloren, daß es überhaupt keine ehrerbietigen Begrüßungsrituale mehr gibt. Statt dessen bezeugt man seinen Respekt einfach durch solidarische Begrüßungsformen, die erforderlichenfalls speziell für diesen Zweck übernommen werden, wie zum Beispiel das Händeschütteln.

Die Struktur einer Gesellschaft hat offenbar entscheidenden Einfluß darauf, wieviele respektvolle Begrüßungen es gibt und wie kompliziert, zeitaufwendig und unterwürfig diese Rituale sind. Für solidarische Begrüßungen scheint die Sozialstruktur dagegen kaum eine Rolle zu spielen. Das hängt damit zusammen, daß jede Gesellschaft bestimmte Rituale braucht, mit deren Hilfe die Mitglieder ihre Gleichheit und ihre Zuneigung zum Ausdruck bringen können. Das gilt sowohl für hierarchische als auch für egalitäre Gesellschaften.

Die europäischen Begrüßungs- und Abschiedskonventionen haben sich in den letzten tausend Jahren enorm gewandelt. Im Mittelalter war es bei Männern und Frauen gleichermaßen üblich, daß sie ihrem Lehnsherrn Respekt bezeugten, indem sie vor ihm auf ein Knie niedergingen. Später wurde dann die Verbeugung populär. Dabei zog man das rechte Bein nach hinten, so daß beide Knie gebeugt waren, und neigte den Oberkörper vor. Bei den Männern war es üblich, daß sie drei oder vier Verbeugungen machten, wenn sie auf den König zugingen, und den Vorgang wiederholten, wenn sie sich wieder zurückzogen. Zum Begrüßungsritual gehörte auch, daß man den Hut zog, und zwar entweder vor oder während der Verbeugung. Die entsprechende Begrüßungsform bei den Frauen war der Knicks, bei dem man beide Knie beugte und den Oberkörper vorneigte.

Diese mittelalterlichen Respektbezeugungen unterschieden sich von den solidarischen Begrüßungen jener Zeit, zu denen normalerweise ein beiderseitiger Kuß gehörte und gelegentlich eine Umarmung. Das Küssen galt als Ausdruck der Zuneigung und des Wohlwollens und als Mittel, um Mitgliedern des eigenen und des anderen Geschlechts eine Ehre zu erweisen. Der Händedruck war zwar auch üblich, diente aber nicht der Begrüßung. Er wurde vielmehr als Versprechen und als eine Methode zur Besiegelung von Verträgen verwendet. Erst einige Zeit später wurde er in die Reihe der solidarischen Begrüßungen aufgenommen.

Die Verneigung und der Knicks blieben mehrere Jahrhunderte lang populär, aber während des sechzehnten Jahrhunderts fing man an, sich intensiver mit diesen Grußformen zu beschäftigen und sie weiter zu verfeinern. Man legte mehr Wert auf das Ziehen des Hutes, vor allem auf die Einzelheiten der Ausführung. Laut Etikette durfte der Hut zum Beispiel nur mit den Fingern und nicht mit der ganzen Hand gelüftet werden und mußte nach dem Abnehmen stets zum Körper zeigen, damit seine Innenseite verborgen blieb. Zur Verbeugung gesellte sich die zusätzliche Praxis, die eigene Hand zu küssen – normalerweise die linke, die zum Herzen führte – und den Kuß in die Richtung der Person zu werfen, die man begrüßen wollte.

Die Praxis des Kußhandwerfens soll an den spanischen Königshöfen des sechzehnten Jahrhunderts entstanden und von dort aus nach Italien, Frankreich und England gekommen sein. Tatsächlich ist die Sitte wesentlich älter und wurde bereits von den alten Griechen als Anbetungsgeste verwendet. Im antiken Griechenland gab es zwei Demutshaltungen für religiöse Handlungen. Bei der einen breitete man die Arme aus und hob die Handflächen gen Himmel. Diese Haltung wurde bei Bittgebeten eingenommen. Bei der anderen Haltung, der sogenannten *proskynesis*, warf man den Göttern oder einer religiösen Statue eine Kußhand zu. Aus historischen Überlieferungen wissen wir, daß man bei dieser Geste nicht alle Fingerspitzen an den Mund legte

– wie es die Franzosen machen, wenn sie jemanden oder etwas preisen wollen –, sondern daß man dazu die Seite des Zeigefingers küßte, während die anderen Finger auf der Handfläche zusammengerollt blieben. Das Interessante daran ist, daß die *proskynesis* zwar mit dem aufkommenden Christentum in Ungnade fiel und durch die heute noch gebräuchlichen Gebetshaltungen der Hände verdrängt wurde, daß sie aber nicht völlig verschwand. Auch heute gibt es noch einige Gegenden, wo diese Gebärde gebräuchlich ist und haargenau so ausgeführt wird wie im antiken Griechenland.

Eine gute Gelegenheit, um *proskynesis* heute noch zu beobachten, bietet das Fest zu Ehren von San Gennaro, dem Schutzheiligen von Neapel. Zu diesem feierlichen Anlaß wird die Glasphiole mit dem getrockneten Blut des Heiligen aus ihrer sicheren Verwahrung geholt und den Bürgern von Neapel vorgeführt, die sich in der Kathedrale versammelt haben. Der Hauptzweck dieses Gottesdienstes besteht darin, ein Wunder zu erbitten und zu sehen, ob das Blut sich verflüssigt. Wenn es das nicht tut, setzt die Gemeinde ihre Gebete fort, wobei die ungeduldigeren Gemeindemitglieder mit dem Heiligen verhandeln und andere auf ihn fluchen. Dieses Ereignis ist von großer Bedeutung für die Neapolitaner, denn es gilt als böses Omen, wenn das Blut sich nicht verflüssigt, als Zeichen, daß der Stadt eine Katastrophe bevorsteht – zum Beispiel ein Erdbeben, ein Vulkanausbruch oder die Wahl eines kommunistischen Bürgermeisters. Doch wenn das Blut sich tatsächlich verflüssigt, bricht die ganze Gemeinde in lautstarken Jubel aus. Die Menschen vergießen Freudentränen, und alles ruft *Miracolo! Miracolo!* Wenn die Glasphiole, die das Blut enthält, durch die Reihen getragen wird, strecken die Nächststehenden die Hände danach aus und küssen das Gefäß. Die Leute, die weiter entfernt stehen, küssen ihren eigenen Zeigefinger und werfen der Phiole eine Kußhand zu – genauso wie die alten Griechen bei ihren religiösen Handlungen vor mehr als dreitausend Jahren.

Im Altertum war der Kuß in ganz Europa verbreitet. Es ist allerdings möglich, daß er den alten Iren und Walisern nicht bekannt war, denn es gab kein keltisches Wort für den Kuß, und die Worte, die später in das Gälische und Walisische übernommen wurden, waren dem lateinischen Wort für »Frieden« entlehnt. Tatsächlich begegnen die Iren und Waliser dem Kuß noch heute mit einer gewissen Skepsis. Havelock Ellis berichtet, daß die Waliser sich bis Anfang dieses Jahrhunderts nur bei ganz besonderen Anlässen küßten und daß ein Mann seine Frau verstoßen konnte, wenn sie einen anderen Mann küßte, auch wenn die Sache völlig harmlos war. Die Überreste dieser Haltung sind in keltischen Gemeinden auch heute noch zu spüren. Der Anblick von turtelnden Liebespaaren ist zwar nichts Ungewöhnliches mehr, aber der freundschaftliche Kuß ist in Irland und Wales zweifellos weit weniger verbreitet als in England und anderen Teilen Europas.

Im Englischen und im Deutschen gibt es nur ein einziges Wort für »Kuß«, während das Lateinische drei hat bzw. hatte. *Osculum* war ein freundschaftlicher Kuß auf Stirn oder Wange, *basium* ein gefühlvoller Kuß auf die Lippen und *sauvium* der Kuß der Liebenden, der ebenfalls auf den Mund plaziert wurde. Der soziale Kuß war im alten Rom groß in Mode, und es war allgemein üblich, daß die Leute sich mit einem Kuß auf Hand, Wange oder Lippen begrüßten. Man rieb sich die Lippen mit Kräutern oder Gewürzen ein, um angenehm zu duften, und es gab sogar ein Gesetz, das sogenannte *Jus osculi*, nach dem alle männlichen Verwandten einer Frau das Recht hatten, sie zu küssen. Einige Leute entwickelten den Ehrgeiz, so viele Küsse von so vielen Leute wie möglich zu ergattern. Diese »Küsser« oder *basiatores*, wie sie genannt wurden, waren ständig auf der Suche nach neuen Opfern, denen sie ihre Lippen aufdrücken konnten, und sie lauerten offenbar überall. Martial klagte zu jener Zeit: »Kehrst du nach fünfzehnjähriger Abwesenheit zurück, so empfängt dich Rom mit einem Vielfachen der Küsse, die Catull von Lesbia erhielt. Jeder Nachbar, jeder bartstoppelige Bauer preßt dir einen stark gewürzten Kuß auf. Hier greift dich der Weber an, da der Tuchwalker und dort der Schuster, der zuvor das Leder küßte; hier überfällt dich der Besitzer eines schmutzigen Bartes und ein einäugiger Edelmann; da ein Mensch mit blutunterlaufenen Augen und Kerle, deren Münder mit allen erdenklichen Abscheulichkeiten gefüllt sind. Keine besonders lohnende Rückkehr.« Schließlich eskalierte diese Küsserei derartig, daß Kaiser Tiberius gezwungen war, ein Gesetz zu erlassen, das die täglichen Küsse oder *cotidiana oscula* so weit einschränkte, daß das Leben in Rom wieder zu einem gewissen Maß an Normalität zurückkehren konnte.

Im Mittelalter kam das Küssen erneut in Mode. Die Ritter küßten sich beispielsweise vor einem Turnier, so wie Boxer einander heute vor einem Kampf die Hand schütteln, und von den königlichen Pagen wurde erwartet, daß sie die Gegenstände küßten, die man ihnen zu tragen gab. Der Kuß war auch ein Zeichen der Solidarität und ein Mittel, um seinen Respekt zu erweisen. Es war üblich, daß man mit Angehörigen des eigenen und des anderen Geschlechts freundschaftliche Küsse austauschte, wenn man sich begegnete, und Frauen hießen Gäste und Fremde für gewöhnlich mit einem Kuß willkommen. Sehr verbreitet war auch der einseitige Kuß, mit dem man seinem Lehnsherrn huldigte. Der Vasall küßte die Hände oder Füße und gelegentlich die Schenkel seines Lehnsherrn und übergab ihm anschließend ein Geschenk oder *baise-main*, um sich für dieses Privileg zu bedanken. Wenn der Lehnsherr nicht anwesend war, wurde von den Vasallen erwartet, daß sie die Tür, das Schloß oder den Riegel seines Hauses küßten, die alle als Ersatz für den Hausherrn dienten.

Heute ist der Handkuß fast ganz ausgestorben. Bis zum Zweiten Weltkrieg war es in Ländern wie Polen, Ungarn oder der Tschechoslowakei recht verbreitet, daß Männer einer Frau zur Begrüßung oder zum Abschied die Hand küßten. In einigen Ländern haben sich Nischen gebildet, in denen dieser Brauch noch immer gepflegt wird, aber ihre Zahl sinkt rapide. Es gibt auch einige Länder, wo der Handkuß vor langer Zeit in der Versenkung verschwand, wo jedoch weiterhin Begrüßungsrituale praktiziert werden, die auf diesen Brauch anspielen. Wenn ein Österreicher eine Frau trifft, kann er zum Beispiel sagen »Küß die Hand«, auch wenn er noch nie in seinem Leben irgendeine Hand geküßt und auch in Zukunft nicht die Absicht hat.

Es gibt zwei Hauptkategorien von Begrüßungen – solche, bei denen die Beteiligten Körperkontakt herstellen, und solche, bei denen sie das nicht tun. Zu »kontaktlosen« Begrüßungen kommt es für gewöhnlich, wenn die Leute nicht die Zeit oder Lust haben, um sich auf ein Gespräch einzulassen, und sich statt dessen lieber von weitem grüßen. Normalerweise entbietet man dabei irgendein Grußwort, aber man kann sich auch auf eine Gebärde wie ein Winken oder ein Neigen des Kopfes beschränken.

Das Kopfneigen ist in ganz Europa verbreitet, aber es gibt eine speziell britische und irische Variante. Das ist die »Kopfschraube«, eine Gebärde, bei der man das Kinn schräg zur Seite dreht, während der obere Teil des Kopfes nach vorn und nach unten bewegt wird. Das führt zu einer Kopfneigung mit integrierter Schraube. Fremde, die diese Grußform das erste Mal sehen, haben oft Schwierigkeiten, die Bedeutung zu enträtseln, und selbst wenn sie darin ein landesübliches Begrüßungsritual erkennen, finden sie die Sitte meist ziemlich sonderbar.

Interessanterweise gibt es mindestens vier mögliche Ursprünge für die Kopfschraube. Dazu gehört der ausgestorbene Brauch, daß man an seiner Stirnlocke zieht, was im Mittelalter eine verbreitete Demutsgebärde der Bauern war. Eine weitere mögliche Quelle ist der gleichfalls verschwundene Brauch, die Krempe seines Hutes oder seiner Mütze zu berühren, entweder als Ersatz oder als Einleitung für das Anheben des Hutes. Beide Bewegungen führen zu einer asymmetrischen Kopfneigung, die gewisse Ähnlichkeiten mit der Kopfschraube hat. Die Gebärde könnte auch aus dem Augenzwinkern entstanden sein. Das Zwinkern bringt eine Art Komplizenschaft mit dem Adressaten zum Ausdruck und ist häufig von einer unwillkürlichen Seitwärtsdrehung des Kopfes begleitet. Tatsächlich ist es nichts Ungewöhnliches, daß die Kopfschraube mit einem Zwinkern verbunden wird, was ebenfalls dafür spricht, daß die beiden Aktionen historisch verwandt sind. Außerdem kann die Kopfschraube auch ohne begleitendes Zwinkern die Botschaft der Komplizenschaft vermitteln. Schließlich könnte sie sich auch ganz einfach aus einer Kombination der beiden grundlegenden Kopfbewegungen entwickelt haben, mit denen Menschen ihre Demut zum Ausdruck bringen. Das ist zum einen das Senken und zum anderen das Schräglegen des Kopfes. Wenn man den Kopf senkt, läßt man ihn nach vorn fallen, eine Bewegung, für die es zahlreiche Parallelen bei den Demutsgebärden des Tierreichs gibt. Beim Schräglegen des Kopfes neigt man ihn seitlich zur Schulter. Der unterwürfige Charakter dieser Geste beruht zum Teil auf der insgesamt gebeugten Körperhaltung, aber der zur Schulter geneigte Kopf erinnert auch an die Bewegungen, die kleine Kinder machen, wenn sie Schutz bei ihren Eltern suchen. Die Kopfschraube ist also eine Kreuzung zwischen dem Senken und dem Schräglegen des Kopfes – eine Begrüßung, die die unterwürfigen Elemente beider Gebärden vereinigt.

Die zweite Kategorie von Begrüßungen bilden jene, bei denen

die Beteiligten Körperkontakt herstellen. Dieser Körperkontakt kann vom Händeschütteln, was am wenigsten intim ist, bis hin zu Wangenküssen und Umarmungen reichen. Diese Begrüßungen finden sich in ganz Europa, aber der Grad ihrer Popularität und die gesellschaftlichen Regeln darüber, wer welche Begrüßungsform bei wem anwenden darf, können sich von Land zu Land sehr stark unterscheiden.

Die zentrale Botschaft des Händedrucks ist Gleichheit. Er bietet beiden Parteien die Möglichkeit, die gleichen Handlungen auszuführen und damit ihre Solidarität zum Ausdruck zu bringen. Dieser Aspekt hat den Händedruck so beliebt gemacht und viel dazu beigetragen, daß er an die Stelle von solchen Begrüßungen wie der Verbeugung und dem Knicks getreten ist, die die Unterschiede zwischen Menschen eher unterstreichen als verringern. Obwohl der Händedruck primär die Gleichheit der Beteiligten hervorhebt, bietet er enorme Variationsmöglichkeiten für den Ausdruck von Freude und Zuneigung. Es gibt zahlreiche Abstufungen, die unter anderem davon abhängig sind, wie ausdauernd man die Hand seines Gegenübers auf- und abschwingt oder wie kräftig man zudrückt.

Bis zum Mittelalter wurde der Händedruck oder Handschlag fast ausschließlich benutzt, um einen Geschäftsabschluß zu besiegeln und redliche Absichten zu bekräftigen. Erst später wurde aus diesem Zusammenbringen der Hände eine Begrüßungsform, die ihren Weg durch ganz Europa antrat. Nach Ansicht des Historikers Theodore Zeldin wurde der Händedruck von England nach Frankreich exportiert, wo er als *le handshake* bekannt wurde. Die nimmermüde Energie, mit der das Händeschütteln heutzutage in Frankreich praktiziert wird, spricht dafür, daß es mit Begeisterung aufgenommen wurde; die Franzosen schütteln sich pausenlos die Hand – wenn sie einander vorgestellt werden, wenn sie sich begrüßen und wenn sie sich verabschieden, und sie finden es auch völlig normal, derselben Person mehrmals am Tag die Hand zu drücken. Auch die Russen sind ganz erpicht darauf, sich mehrmals am Tag die Hand zu geben, ebenso wie die Italiener und die Spanier. Den Briten und den Deutschen reicht es für gewöhnlich, wenn sie die Hand ihres Gegenübers zur Begrüßung und zum Abschied drücken dürfen.

Es gibt noch weitere kulturelle Unterschiede in der Art und Weise, wie das Händeschütteln praktiziert wird. Die Franzosen neigen zu einem kurzen, kräftigen Händedruck, während die Italiener den Prozeß eher in die Länge ziehen und sich auch dann noch an den Händen halten, wenn sie ihre Grußworte austauschen. Auch die Konventionen darüber, wer wessen Hand schütteln sollte, unterscheiden sich von Land zu Land. In Frankreich gilt der Händedruck als legitimes Begrüßungsritual unter Fremden, unabhängig von deren Geschlecht. In Großbritannien besteht dagegen die Tendenz, den Händedruck auf Begegnungen zwischen männlichen Fremden zu beschränken, während Männer und Frauen, die einander nicht kennen, eher zu einer Begrüßung ohne Körperkontakt neigen. In dieser Gewohnheit spiegelt sich vielleicht die grundsätzliche Unentschlossenheit wider, mit der Briten auf neue Bekanntschaften reagieren. Es könnte auch damit zusammenhängen, daß der Händedruck ursprünglich ein Mittel zur Besiegelung von geschäftlichen Abmachungen war und damit eine Handlung, die fast ausschließlich Männern vorbehalten war.

Wenn man mit dem Zug durch Europa fahren und in allen Hauptstädten Station machen würde, würde man bald bemerken, daß die Menschen einander auf die unterschiedlichste Weise begrüßen und verabschieden und daß einige Sitten auf ein einzelnes Land beschränkt sind, während andere alle Grenzen überschreiten. Die Umarmung ist ein gutes Beispiel für eine Begrüßungsform, die in mehreren Ländern üblich ist. In Italien gilt die Umarmung oder *abraccio* bei beiden Geschlechtern und in allen Altersstufen als Geste der Liebe und Zuneigung, die gelegentlich von einem oder mehreren Küssen begleitet wird. Die Umarmung ist auch in Griechenland und Jugoslawien üblich, ebenso in osteuropäischen Ländern wie Polen, Bulgarien und Rußland.

An der Umarmung in Osteuropa ist interessant, wie man sie für politische Zwecke eingespannt und zu einem öffentlichen Ausdruck brüderlicher Solidarität umfunktioniert hat. Mehrere Jahrzehnte lang war die Umarmung oder der »Bärenknutsch« ein Markenzeichen der sowjetischen Innen- und Außenpolitik. Vor allem Chruschtschow und Breschnew waren dafür berüchtigt, daß sie ausländische Würdenträger und heimkehrende Kosmonauten in die Arme schlossen und ihnen obendrein einige herzhafte Küsse auf die Wange drückten. Als Gorbatschow an die Macht kam, behielt er diesen Brauch zunächst bei, ersetzte die Bärenumarmung später jedoch durch den Händedruck. Diese Veränderung hat den einfachen Grund, daß die politische Umarmung in Osteuropa zu einem deutlichen Symbol des kommunistischen Establishments geworden ist. Deshalb muß die neue Politikergeneration diese Praktik tunlichst vermeiden, wenn sie sich von der alten Ordnung distanzieren will. Hier wie anderswo sagt die Form der Begrüßung viel über die Menschen aus.

Achselzucken

Obwohl das Achselzucken in ganz Europa verbreitet ist, wird es mit einigen Kulturen stärker assoziiert als mit anderen. Wir sprechen ganz selbstverständlich von achselzuckenden Franzosen, Italienern oder Juden, aber selten von einem achselzuckenden Schweden oder Norweger. Das liegt nicht daran, daß die Schweden und Norweger niemals die Achseln zucken; es liegt einfach daran, daß sie diese Gebärde nicht ganz so häufig benutzen wie Italiener oder Juden. Es gibt mehrere Gründe, aus denen das Achselzucken in diesen Kulturen so beliebt ist. Der erste ist, daß das Achselzucken sehr ausdrucksstark ist und deshalb gut zu Gesellschaften paßt, die einen Sinn für offene Dramatik haben. Weitere Gründe für die Popularität dieser Gebärde hängen mit ihren Ursprüngen zusammen, mit den dazugehörigen Bewegungen und den Botschaften, die sie vermittelt.

Das Achselzucken ist eine überaus faszinierende Gebärde, nicht zuletzt weil es die Grundlage von Darwins Theorie über den Gefühlsausdruck bildet, aber auch weil es eine sehr komplexe Bewegung ist, die reiche Variationsmöglichkeiten bietet. Darwin vertrat die Ansicht, daß sich das Achselzucken als Umkehrung einer Entrüstungsgebärde verstehen ließe. Doch hier irrte Darwin, denn das Achselzucken ist primär durch ein Hochziehen der Schultern und eine Seitwärtsneigung des Kopfes gekennzeichnet, und es gibt keine Möglichkeit, diese Bewegungen sozusagen in ihr »Gegenteil« zu verkehren. Anders als zum Beispiel bei einer Dominanzgebärde ist das Interessante am Achselzucken, daß es keine entgegengesetzte oder spiegelbildliche Gebärde gibt. Das Achselzucken besteht ganz unabhängig als eigenständiges Zeichen der Hilflosigkeit, Unfähigkeit und Resignation. Diese Konstellation von Botschaften macht das Achselzucken ungeheuer reizvoll für Menschen, die aus historischen oder persönlichen Gründen jede Verantwortung ablehnen oder zeigen möchten, daß sie nicht in der Lage sind, eine Bitte oder Forderung zu erfüllen. Das Achselzucken ist der gebärdensprachliche Rückzieher *par excellence*. Daher ist es auch kaum überraschend, daß das Achselzucken sich vor allem in jenen Kulturen großer Beliebtheit erfreut, in denen die Menschen aufgrund der engverwobenen Gesellschaftsstruktur ständig Forderungen aneinander stellen und gleichzeitig versuchen, sich alle Möglichkeiten offen zu halten.

Ein zentrales Merkmal des Achselzuckens ist, daß man es auf unterschiedliche Weise praktizieren kann. Zu den Grundelementen der Gebärde gehören hochgezogene Schultern, erhobene Arme, dargebotene Handflächen, hochgezogene Augenbrauen, eine Seitwärtsneigung des Kopfes und der zum umgekehrten »U« verzogene Mund. Man kann die Achseln zucken, indem man all diese Elemente miteinbezieht, nur einige, wenige oder sogar nur ein einziges Element – zum Beispiel, indem man nur die Schultern hochzieht oder nur mit dem Mund zuckt. Welche Elemente die Leute in ihr Schulterzucken integrieren, hängt von ihrer Stimmung ab und von der Botschaft, die sie übermitteln wollen. Aber auch die Nationalität hat großen Einfluß darauf, wie das Achselzucken im einzelnen zusammengesetzt ist.

Es gibt zwei Gründe, warum das Achselzucken die Botschaft der Hilflosigkeit vermittelt, und jeder ist mit einer unterschiedlichen Komponente der Geste verknüpft. Die erste Komponente ist das Hochziehen der Schultern. Diese Bewegung ist Teil der unwillkürlichen »Schreckreaktion«, die Menschen zeigen, wenn sie plötzlich Angst bekommen. Im Fall der Schreckreaktion sollen die hochgezogenen Schulten den Kopf vor Verletzungen schützen. Beim Achselzucken dient dieselbe Bewegung dazu, ein Bild der Hilflosigkeit zu vermitteln und vielleicht sogar der ausführenden Person ein tröstliches Gefühl zu geben. Die zweite Komponente des Achselzuckens sind die erhobenen Arme. Diese Bewegung weckt den Eindruck von Hilflosigkeit, weil kleine Kinder diese Gebärde machen, wenn sie auf den Arm ihrer Eltern wollen. Es ist eine der ersten Gesten, die Kinder lernen, so daß sie fast zwangsläufig zu einem integralen Bestandteil des Achselzuckens geworden ist.

Obwohl das Achselzucken die unterschiedlichsten Formen und Ausprägungen annehmen kann, neigen die Italiener dazu, beim Achselzucken sowohl die Schultern als auch die Augenbrauen hochzuziehen, während bei osteuropäischen Juden die Tendenz besteht, nur die Schultern hochzuziehen. Das jüdische

Achselzucken beruht also eher auf den Selbstschutzursprüngen der Geste, während das italienische Achselzucken sowohl das Selbstschutz- wie das elternbezogene Element miteinbezieht. Im Gegensatz dazu gibt es bei den Franzosen keine ausgeprägte Präferenz für die eine oder andere Variante. Sie zeigen allerdings eine Vorliebe für das Mundzucken.

Das Mundzucken wird erzeugt, indem man die Lippen zu einem umgekehrten »U« verzieht, und läßt sich beliebig mit hochgezogenen Schultern und Armen, geschlossenen Augen, hochgezogenen Augenbrauen und einer Seitwärtsneigung des Kopfes kombinieren. Insgesamt neigt das französische Achselzucken eher zur Sparsamkeit und konzentriert sich weniger auf die Schultern und Arme als auf den Kopf und das Gesicht. Das klassische französische Mundzucken wird von dem Ausdruck *Boff!* begleitet, ein Stoßseufzer, der den gelangweilten, verächtlichen Charakter, der die französische Variante des Achselzuckens kennzeichnet, präzise zusammenfaßt. Tatsächlich enthält das französische Achselzucken häufig einen abschlägigen Ton, fast als ob der Achselzuckende ausdrücken wollte: »Ich kann dazu nichts sagen, ich bin entnervt und desinteressiert, und außerdem ist es sowieso völlig egal!« Das steht in deutlichem Kontrast zu den Botschaften, die in anderen ethnischen Varianten des Achselzuckens enthalten sind. Während die Italiener zum Beispiel zu sagen scheinen: »Was hat das mit mir zu tun? Ich bin völlig unschuldig!«, übermittelt das jüdische Schulterzucken die Botschaft: »Was kann ich schon tun? Ich bin machtlos.«

Das Mundzucken ist in Frankreich so beliebt, weil die Franzosen im Grunde eine »Mundkultur« sind. Das große Interessse der Franzosen an allen Dingen, die mit dem Geschmack zu tun haben, wie ihre Liebe zum Wein und die tiefe Bindung an ihre Sprache, haben alle dazu beigetragen, daß der Geschmackssinn eine herausragende Stellung einnimmt und der Mund im Mittelpunkt des öffentlichen Interesses steht. Das zeigt sich auch an der Anatomie der französischen Gestik und an der Sprechweise des Französischen.

Der Mund ist bei einem Großteil der französischen Gesten beteiligt. Eine dieser Gesten ist das Vorwölben der Lippen. Wie das Mundzucken wird diese Gebärde manchmal mit geschlossenen Augen, hochgezogenen Augenbrauen und seitwärts gelegtem Kopf ausgeführt. Diese Geste steht für Langeweile, Unentschlossenheit und Ablehnung – in Worten ausgedrückt, sagt sie: *Je m'en fous* – es ist mir scheißegal. Nach Ansicht von Lawrence Wylie, dem Autor von *Beaux Gestes*, ist diese Haltung zum nationalen Lebensstil der Franzosen geworden: »Im Land von *Le Jemenfoutisme* gibt es zwangsläufig eine lange Liste von Gesten, mit denen man jede Verantwortung ablehnt, eigene Fehler als unbedeutend abtut und seine Gleichgültigkeit demonstrativ zur Schau trägt.« Eine noch bekanntere Geste der Franzosen ist das Küssen der Fingerspitzen als Zeichen der Anerkennung. »Als typisch französisch«, so Wylie, »empfinden Ausländer wahrscheinlich die Geste des *Splendide!*, bei der man die Fingerspitzen an die geschürzten Lippen führt und mit dem Gesichtsausdruck höchster Verzückung eine Kußhand wirft. Da *Les plaisirs de la bouche*, Essen und Trinken, so wesentlich für die französische Lebensart sind, ist es nur natürlich, daß ein exquisiter Geschmack mit dem Mund assoziiert wird.«

Der Mund spielt auch deshalb eine so wichtige Rolle in Frankreich, weil das gesprochene Französisch ganz anders artikuliert wird als andere Sprachen. Besucher Frankreichs berichten häufig von den ungewöhnlichen Mund- und Lippenbewegungen, die die Franzosen beim Sprechen vollführen. Das ist durchaus zutreffend. Die Franzosen haben tatsächlich ein völlig anderes Repertoire an Mundbewegungen als die übrigen Europäer, was damit zusammenhängt, daß die Laute des Französischen ganz anders gebildet werden als in anderen Sprachen. Theodore Zeldin erklärt dieses Phänomen in seinem Buch *Die Kunst, zu sich selbst aufzublicken*: »Ihre Lippen müssen etwas vorstehen, denn Französisch hat mehr Laute, die verlangen, daß man die Lippen rundet, als andere Sprachen. Neun der sechzehn französischen Vokale werden mit gerundeten Lippen gesprochen, im Vergleich mit nur zwei von zwanzig englischen Vokalen. Deutsch hat fünf lippenrunde Vokale. Der Grad der Lippenrundung im Französischen ist darüber hinaus größer, weil Vokale, die auf Konsonanten folgen, vorbereitet werden müssen, noch bevor der Konsonant abklingt.« Die besondere Form der französischen Vokale und Konsonanten zwingt also die Sprecher dazu, ihren Mund und ihre Lippen ganz anders zu bewegen. Das hat großen Einfluß darauf, wie die Gesichtszüge der Franzosen durch ihre Sprache geformt werden, und hat viel zur »herausragenden Stellung« des Mundes in der französischen Kultur beigetragen.

Zeitvorstellungen

Zeit ist die elementarste und gleichzeitig die geheimnisvollste Grundlage menschlicher Erfahrung. Das Phänomen Zeit zu verstehen fällt uns unter anderem so schwer, weil es absolut nichts Greifbares ist. Zeit ist etwas völlig anderes als räumliche Ausmaße und Entfernungen oder als Hitze und Kälte, die wir direkt über unsere Sinne wahrnehmen können. Bei der Zeit müssen wir uns auf Veränderungen in der äußeren Welt verlassen oder auf Zeiger und Uhren, mit deren Hilfe wir die Zeit messen. Aber selbst mit Hilfe dieser künstlichen Mittel ist es offensichtlich, daß unsere Wahrnehmung der Zeit nicht immer gleichbleibend ist, denn es gibt Gelegenheiten, bei denen die Zeit nur so dahinzurasen scheint und andere, bei denen sie zu schleichen oder sogar stillzustehen scheint. Unsere Wahrnehmung der Zeit ist stark davon abhängig, was wir tun und ob wir diese Tätigkeiten langweilig oder interessant finden. Auch die Gesellschaftsform, in der wir leben, hat großen Einfluß auf unser Zeitempfinden und auf die subtilen Mechanismen, die unsere Vorstellung von Zeit und unseren Umgang damit prägen.

Historiker sagen uns, daß die Theorien über das Wesen der Zeit sich seit dem Mittelalter drastisch gewandelt haben, und Anthropologen haben nachgewiesen, daß Menschen in anderen Teilen der Welt ganz andere Vorstellungen von der Zeit haben als wir. Angesichts dieser historischen und kulturellen Variationen neigt man leicht zu der Annahme, daß das Zeitempfinden der Europäer einem festen und übereinstimmenden Muster entspricht – daß die Menschen in ganz Europa das Phänomen Zeit auf dieselbe Weise bewerten und einordnen, weil sie derselben Zivilisation angehören. Das ist jedoch keineswegs der Fall.

Die Uhren im heutigen Europa gehen nicht überall gleich, und einzelne Kulturen haben ein sehr unterschiedliches Verhältnis zur Zeit. Ein Extrem bilden jene Gesellschaften, in denen die Menschen nach der Uhr leben und sich dem Regiment der Zeit vollständig unterwerfen. Zu diesen »zeitbewußten« Ländern gehören Deutschland, die Schweiz, Schweden, Norwegen, Dänemark und Großbritannien. Das andere Extrem bilden die »zeitvergessenen« Gesellschaften, in denen man die Zeit kaum wahrnimmt und wo es manchmal den Anschein hat, als würde sie überhaupt keine Rolle im Leben der Menschen spielen. Die besten Beispiele für zeitvergessene Länder sind Spanien, Portugal und Griechenland, gefolgt von Süditalien und Südfrankreich.

In einer zeitbewußten Gesellschaft wird die Zeit als etwas Lineares aufgefaßt – mit anderen Worten als eine gerade Linie, die von der Vergangenheit über die Gegenwert in die Zukunft reicht. In zeitvergessenen Gesellschaften sieht man die Zeit dagegen eher als etwas Zyklisches – das heißt, im Sinne der natürlichen Zyklen von Tag und Nacht, des wechselnden Mondes und der Abfolge der Jahreszeiten, und nicht als stetiges Voranschreiten in eine unbestimmte Zukunft. Das lineare Zeitverständnis begünstigt zwei weitere Vorstellungen von der Zeit, die man nur in zeitbewußten Gesellschaften findet. Das ist zum einen die Vorstellung, daß die Zeit ein wichtiger Maßstab für menschliche Aktivitäten und Leistungen ist, und zum anderen die Vorstellung, daß die Zeit an sich eine Art wertvollen Rohstoff bildet. In ihrer Eigenschaft als Maß aller Dinge wird die Zeit als etwas Starres und Aufteilbares gesehen – fast wie ein Zollstock oder ein Lineal –, während sie in ihrer Eigenschaft als Rohstoff als begrenzte und unersetzbare Form von Währung betrachtet wird. In einer zeitgebundenen Gesellschaft wird Zeit daher fast zwangsläufig in wirtschaftlichen Begriffen definiert; deshalb ist so oft die Rede davon, daß Zeit »kostbar« ist, daß man »Zeit investiert« oder »verschwendet« oder daß »Zeit Geld ist«.

In einer zeitvergessenen Gesellschaft hat die Zeit eine ganz andere Bedeutung. Da die Zeit als etwas Zyklisches betrachtet wird, gilt sie als völlig ungeeigneter Maßstab für andere Lebensphänomene, und sie hat wenig Wert an sich. In einer zeitvergessenen Gesellschaft wird die Zeit nicht als etwas Begrenztes und Unwiederbringliches angesehen, sondern eher als etwas, das sich aufgrund der zyklischen Ordnung aller Dinge beständig selbst erneuert. Es gibt also keinen Grund, Zeit als etwas Rares oder Kostbares zu betrachten. Wenn überhaupt, ist sie im Überfluß vorhanden.

Die Vorstellung, daß die Zeit keinen eigenständigen Wert hat, ist in Ländern wie Griechenland sehr offensichtlich, vor allem in den Dörfern, wo viel Zeit mit müßigen Gesprächen und gezieltem Nichtstun verbracht wird. Hier hat das Leben keine Eile. Es besteht kein Grund zur Hektik, kein Termindruck und keine Notwendigkeit, heute zu erledigen, was man auf morgen verschieben kann. Die wirtschaftliche Betrachtungsweise der Zeit hat wenig Reiz für die Griechen. Die Anthropologin Margaret Mead hat darauf hingewiesen, daß die Griechen nicht versuchen, Zeit zu sparen oder zu verplanen; sie lassen die Zeit einfach verstreichen, nehmen die Dinge, wie sie kommen, ohne sich Gedanken darüber zu machen, ob diese Dinge einem bestimmten Zeitplan entsprechen oder nicht. Sie leben selten nach der Uhr, es sei denn, sie wohnen in der Stadt. Aber selbst dann ist die Zeit weniger wichtig als die Beziehungen zu anderen Menschen.

In Griechenland – wie in allen zeitvergessenen Gesellschaften – haben Beziehungen immer Vorrang vor der Zeit. Und weil das so ist, demonstrieren die Griechen auch immer sehr deutlich, daß sie Zeit füreinander haben, und sind leicht gekränkt, wenn Leute ständig von ihren Terminen reden oder nicht bereit sind, ihre Zeit für die Sache der Freundschaft zu opfern. In Ländern wie Deutschland und Großbritannien ist es dagegen ganz legitim, beständig auf die Uhr zu schauen, und die Menschen geraten nicht aus der Fassung, wenn ihre Gäste etwas früher aufbrechen als erwartet. In diesen Ländern wird es allgemein akzeptiert, daß Beziehungen sich zeitlichen Erfordernissen unterordnen müssen statt umgekehrt. In Griechenland erwartet man, daß die Zeit sich den Bedürfnissen der Menschen anpaßt. Hier kann man seinen Gastgeber durch einen frühen Aufbruch sehr wohl vor den Kopf stoßen. Wer das Haus eines Freundes früher verläßt als erwartet, zeigt damit, daß er offenbar etwas Besseres vorhat oder daß ihm seine Zeit wichtiger ist als seine Freunde.

In einer zeitbewußten Gesellschaft wird das Leben von der Uhr diktiert – von Terminkalendern, Lieferzeiten, Fahrplänen, Abgabeterminen und all den anderen Ausdrucksformen der gemessenen Zeit. Eine zeitgebundene Gesellschaft funktioniert nach dem Prinzip, das der Psychologe Robert LeVine als »Uhrenzeit« bezeichnet. Das bedeutet, daß jeder Tag sorgfältig in einzelne zeitliche Segmente unterteilt wird und daß jedem dieser Abschnitte bestimmte Ereignisse zugeordnet werden, alle mit festgesetzten Anfangs- und Endzeiten. In einer zeitvergessenen Gesellschaft leben die Menschen in einer »Ereigniszeit«. Das heißt, sie achten mehr auf die Ereignisse selbst als auf die Zeit, die diese Ereignisse in Anspruch nehmen. In einer zeitvergessenen Gesellschaft wird ein Ereignis eher über die Menschen definiert, die daran teilnehmen, als darüber, wann es anfängt und wann es endet. Das Ereignis beginnt, wenn genügend Leute da sind, und es endet, wenn allgemein das Gefühl besteht, daß es seinen Zweck erfüllt hat.

In einer zeitbewußten Gesellschaft wird häufig mehr Gewicht auf den Zeitpunkt des Ereignisses als auf das Ereignis selbst gelegt. Deshalb lassen sich Termine auch viel leichter verlegen oder ändern; es ist nicht so wichtig, wann etwas stattfindet, vorausgesetzt, es besteht Einigkeit über den Termin. Diese Art von Willkür ist in einer zeitvergessenen Gesellschaft sehr selten, weil man viel mehr Wert darauf legt, daß ein Ereignis zur richtigen Zeit stattfindet. In Spanien ist das eindeutig der Fall.

Die Spanier sind bekannt für ihre lässige Einstellung zur Zeit und für ihren Mangel an Pünktlichkeit. Sie sind auch berühmt für ihr *mañana*, was »morgen« bedeutet (oder wörtlich »der Morgen«) und international als Synonym für Trödelei verwendet wird. Obwohl die Spanier ein sehr entspanntes Verhältnis zur Zeit haben, gibt es bestimmte Ereignisse – wie zum Beispiel das Mittagessen –, die sie nur sehr ungern verschieben. Die Briten und die Deutschen sind durchaus bereit, Konventionen fallenzulassen und viel früher oder viel später essen zu gehen, wenn die Situation es erfordert. Die Spanier nicht. Für sie gibt es eine »natürliche« Zeit für das Mittagessen. Folglich löst jeder Versuch, den Termin zu verschieben, starke Widerstände aus.

Dabei handelt es sich offenbar um ein interessantes Paradox, denn die Deutschen und die Briten leben zwar zwanghaft nach der Uhr, haben aber anscheinend ein relativ undifferenziertes Zeitverständnis. Im Gegensatz dazu achten die Spanier vergleichsweise wenig auf die Zeit, haben aber sehr klare Vorstellungen über bestimmte Teilaspekte. Es ist fast so, als verfügten die Spanier über zwei Arten von Zeit – eine »geheiligte Zeit« für wichtige Aktivitäten wie Mittagessen, Schlafen und Zusammensein mit der Familie und eine »profane« Zeit für alle übrigen Beschäftigungen. Während die Spanier durchaus bereit sind, Ereignisse zu ignorieren, die in die profane Zeit fallen, widersetzen sie sich energisch jedem Versuch, ein Ereignis zu verschieben, das zur »heiligen« Zeit gehört.

Das zeigt sich sehr deutlich im spanischen Geschäftsleben. Wenn zum Beispiel ein spanischer Handelsvertreter einen Kunden besucht, muß er auf Störungen gefaßt sein. Es ist nicht ungewöhnlich, daß das Treffen wiederholt unterbrochen wird – nicht nur durch Telefonanrufe, sondern auch durch Vorstöße der Sekretärin und anderer Mitarbeiter. Für einen Spanier sind solche Unterbrechungen ganz normal. Sie bilden sozusagen einen festen Bestandteil des Geschäftsalltags. Auf den britischen oder deutschen Besucher wirkt eine spanische Geschäftsverhandlung dagegen wie ein Dreimanegenzirkus. Er empfindet die fortwährenden Störungen des vorgesehenen Ablaufs als unerträglich, denn sie verstoßen gegen das Prinzip, daß die Zeit, die man für ein bestimmtes Ereignis eingeplant hat, ausschließlich für dieses Ereignis verwendet wird. Es sei denn, man hat sich vorher darauf geeinigt, daß sie auch anders genutzt werden kann. In Deutschland und Großbritannien sind die einzelnen Segmente, aus denen sich die Geschäfts- und Arbeitszeit zusammensetzt, genau definierten Zielen gewidmet, und die festgelegten Grenzen dieser Zeitabschnitte bleiben undurchlässig für andere Aktivitäten. In Spanien gilt dies nur für die »heilige Zeit«. Die Segmente, aus denen die »profane Zeit« besteht – also jene Zeit, in der ein Großteil des Geschäftslebens abgewickelt wird – haben überaus durchlässige Grenzen, und folglich kann es sehr leicht passieren, daß Aktivitäten, die nichts mit dem Zweck der Unterredung zu tun haben, dazwischenkommen und über den weiteren Ablauf entscheiden.

Auch die Franzosen legen großen Wert auf pünktliche Lunchzeiten, vor allem beim sogenannten »Geschäftsessen«, das Gaumenfreuden und geschäftliche Verpflichtungen miteinander verknüpft. Ein ahnungsloser Ausländer könnte glatt auf die Idee kommen, daß es ganz in Ordnung sei, bei einem Geschäftsessen ausschließlich über geschäftliche Dinge zu sprechen. Tatsache ist jedoch, daß die Franzosen ein ungeschriebenes Gesetz haben, nach dem das Geschäftliche nicht vor dem Hauptgang angesprochen werden darf. Bis zu diesem Zeitpunkt kann die Konversation sich um jedes beliebige Thema drehen, vorausgesetzt, es hat nichts mit der Arbeit zu tun. Das französische Geschäftsessen ist also eine gelungene Mischung, die sowohl eine heilige Zeit für die Freuden des Essens und Trinkens einplant als auch etwas profane Zeit für die Erledigung von geschäftlichen Angelegenheiten. Dieses Arrangement gibt den Menschen auch Gelegenheit zu beweisen, daß sie die schönen Seiten des Lebens zu genießen wissen und daß sie nicht allein aus geschäftlichen Gründen zusammenkommen. In Frankreich ist es wichtig, seine Vielseitigkeit unter Beweis zu stellen, weil viele Geschäfte auf Sympathie und gegenseitigem Respekt basieren. Diese Aspekte spielen auch im Geschäftsleben anderer Länder eine wichtige Rolle. Aber in einem Land wie Frankreich, das ein wesentlich weicheres, fast feminines Verhältnis zu zwischenmenschlichen Beziehungen hat, sind sie von oberster Priorität.

Zeitbewußte und zeitvergessene Gesellschaften unterscheiden sich noch in anderer Hinsicht. Der Anthropologe Edward Hall hat darauf hingewiesen, daß es zwei Zeitordnungen gibt, die er als »monochronische« und »polychronische« Zeit bezeichnet. Gesellschaften, die nach einem monochronischen Zeitprinzip leben, neigen dazu, eine Sache zur Zeit zu erledigen, während die Menschen in polychronischen Gesellschaften häufig mit mehreren Dingen gleichzeitig beschäftigt sind. Zeitgebundene Länder wie Großbritannien, Deutschland oder die Schweiz haben eher monochronisches Zeitverständnis, weil sie Ereignisse nach Terminplänen ordnen. Außerdem sind ihre Zeitgrenzen normalerweise nicht durchlässig oder fließend, was es schwierig macht, mehrere Dinge gleichzeitig zu tun oder innerhalb desselben Zeitsegments zwischen verschiedenen Tätigkeiten hin- und herzuwechseln. In zeitvergessenen Gesellschaften wie Spanien, Griechenland oder Frankreich ist es umgekehrt. Diese Länder sind polychronisch, weil sie Zeit eher als etwas Zyklisches verstehen und weil ihre Zeitgrenzen im allgemeinen viel fließender sind. Das macht es leichter für die Menschen, mehrere Dinge gleichzeitig zu tun, und läßt sie viel toleranter auf Unterbrechungen reagieren.

Die Franzosen geben ein gutes Beispiel für eine polychronische Gesellschaft, weil sie sich gern auf parallele Tätigkeiten einlassen und sich nicht sklavisch an Zeitpläne, Verabredungen und Termine halten. Nach Ansicht von Edward Hall sind die Franzosen allerdings ein komplizierter Fall, weil sie sich zwar polychronisch verhalten, aber monochronisch denken. Es ist sicherlich richtig, daß die Franzosen sich gern mit mehreren Dingen auf einmal beschäftigen, während sie gleichzeitig zu einer logischen und zielstrebigen Denkweise neigen, aber es gibt Ausnahmen von der Regel. Um zu erkennen, daß die Franzosen durchaus zu monochronischem Verhalten fähig sind, muß man nur an Balzac denken, der sich einen ganzen Monat lang von der Welt zurückzog und sich weder wusch noch rasierte, als er seinen Roman *La Femme Supérieur* verfaßte. Denkt man andererseits an Sir Richard Burton, der elf Tische in seinem Arbeitszimmer aufstellte, um an vier verschiedenen Büchern gleichzeitig zu arbeiten, wird klar, daß auch die Engländer sich durchaus polychronisch verhalten können. Individuelle Menschen gehen zwangsläufig nicht immer so mit der Zeit um, wie ihre Kultur es ihnen vorschreibt.

Europäische Kulturen unterscheiden sich auch in bezug auf ihre »Zeitorientierung« – also darin, ob sie sich primär an der Vergangenheit, Gegenwart oder Zukunft orientieren und wie weit sie voraus- oder zurückblicken. In den meisten europäischen Ländern haben die Menschen ein ausgeprägtes Geschichtsgefühl und orientieren sich eindeutig an der Vergangenheit. In dieser Hinsicht unterscheiden sie sich zum Beispiel sehr stark von den Amerikanern, die immer ein Auge auf der Gegenwart haben und mit dem anderen in die unmittelbare Zukunft schielen. Für die Amerikaner beginnt die Geschichte mit der Landung von Christopher Columbus, während sie für die Europäer bis ins Altertum, wenn nicht noch weiter, zurückreicht. Jahrhundertelang ist der europäische Kontinent ein wechselnder Kriegsschauplatz gewesen, gekennzeichnet durch vorstoßende und zurückweichende Armeen, die Tod und Zerstörung mit sich brachten. Grenzen sind verschoben, Völker sind vertrieben worden, und es gibt kaum eine Generation, die nicht miterlebt hätte, wie sich die Karte Europas in ihrer Lebenszeit veränderte. Es ist also nicht überraschend, wenn die Europäer ein etwas gestörtes Verhältnis zur Geschichte haben oder mißtrauisch in die Zukunft sehen.

Es gibt fünf Phasen, an denen eine Kultur sich orientieren kann – nämlich die entfernte Vergangenheit, die jüngere Vergangenheit, die Gegenwart, die unmittelbare Zukunft und die ferne Zukunft. Großbritannien orientiert sich beispielsweise sehr stark an der älteren und neueren Geschichte. Es ist auch durchaus an der Gegenwart und – in etwas geringerem Maß – an der unmittelbaren Zukunft interessiert, aber über die fernere Zukunft macht man sich in Großbritannien wenig Gedanken. Das könnte erklären, warum nur ein winziger Bruchteil des britischen Bruttosozialprodukts in die Grundlagenforschung geht, weshalb britische Erfindungen normalerweise im Ausland genutzt werden und warum die Wirtschaft auf schnelle Gewinne setzt, statt sich eine sichere Grundlage für die Zukunft aufzubauen. In dieser Hinsicht unterscheidet Großbritannien sich stark von Deutschland, das in seiner Zeitorientierung fast japanisch anmutet. Wie die Japaner haben auch die Deutschen eine langfristige Zukunftsorientierung, was einer der Gründe ist, warum sie so viel Wert auf Erziehung, Ausbildung und Grundlagenforschung legen und warum Investitionen eher von langfristigen als von kurzfristigen Überlegungen bestimmt sind.

Die russische Haltung zur Vergangenheit unterscheidet sich stark von der deutschen, denn während die Deutschen sich vorzugsweise auf die Zeit vor der Jahrhundertwende konzentrieren, haben die Russen enorme Anstrengungen unternommen, um sich selbst daran zu erinnern, welche Ruhmestaten sie seit der Revolution vollbracht haben. Doch die Situation in Rußland hat sich enorm gewandelt, und man zeigt heute viel mehr Interesse für die russische Geschichte der Zarenzeit und für die dunklen Seiten der kommunistischen Herrschaft. Im großen und ganzen haben die Russen eine sehr langsame, fast schwerfällige Zeitperspektive. Die Ausdehnung des Landes und das langsame Lebenstempo, verbunden mit großen Entfernungen und langen Wintern, haben dazu geführt, daß Zeit in großen Blöcken gesehen wird und Geduld zu einer Grundtugend geworden ist. Wie der Experte für Rußlandfragen, Michael Binyon, ausführt: »Die Russen denken... in großzügigen Zeitabschnitten. Wenn man bei einem Freund vorbeischaut, bleibt man Stunden oder sogar Tage. Wenn man im Winter eisfischt, verharrt man völlig reglos neben dem Loch im Eis, bis man Frostbeulen bekommt. Wenn man Pilze sammelt, trabt man von Tagesanbruch bis zum Einbruch der Nacht durch den Wald. Niemand findet etwas dabei, wenn er drei Stunden in einer Schlange steht, vier Tage mit dem Zug fährt oder seine Großmutter fünf Stunden in einer russisch-orthodoxen Ostermesse verbringt.«

Lange Zeit ging man davon aus, daß die Schwächen der russischen Wirtschaft wie Warenknappheit, Verzögerungen und Warteschlangen einfach ein systeminhärenter Fehler des Kommunismus seien und daß die Einführung der freien Marktwirtschaft all diese Probleme mit der Zeit beseitigen würde. Obwohl einiges für dieses Argument spricht, läßt es doch außer acht, daß viele Formen des russischen Zeitverständnisses lange vor dem Kommunismus begründet wurden. In mancher Hinsicht ähneln die Russen den Südeuropäern, denn familiäre und freundschaftliche Beziehungen sind auch für sie von immenser Bedeutung und nehmen für gewöhnlich Vorrang vor zeitlichen Anforderungen ein. Die offiziellen Werte des Staates widersprachen diesen Grundhaltungen, weil solche Themen wie effiziente Produktion, Zeitpläne und Termine im Vordergrund standen – also Themen, die von zweitrangiger Bedeutung für die Russen waren. Jahrelang tobte ein heimlicher Krieg zwischen der offiziellen Ideologie des Staates und den wahren Werten der Menschen, wobei das Volk meistens die Etappensiege davontrug. Die Einstellung zur Zeit, die der Staat zu reformieren suchte, ist sehr alt und tief verwurzelt und wird den Kommunismus wahrscheinlich noch viele Jahre überdauern.

Berührungen

Interkulturelle Vergleiche zeigen, daß Südeuropäer in der Öffentlichkeit wesentlich häufiger Körperkontakt herstellen als andere Europäer. Von den Südeuropäern sind die Italiener wahrscheinlich die Berührungsfreudigsten. Sie sind pausenlos damit beschäftigt, sich zu tätscheln, zu streicheln oder zu knuffen und die Arme umeinander zu schlingen. Nach D. H. Lawrence sind sie wie Zitronenbäume, »am glücklichsten... wenn sie ringsum von Zitronenbäumen umgeben sind.«

Obwohl (oder weil) die Italiener so gern auf Tuchfühlung gehen, haben sie strikte Regeln darüber, wer wen anfassen darf. Es ist statthaft, wenn italienische Männer sich gegenseitig berühren, vorausgesetzt, es bestehen keine offenkundigen Statusunterschiede. In diesem Fall sind Berührungen nur dem Höherrangigen erlaubt. In derartigen Situationen wird die Berührung als Machtmittel eingesetzt, um die andere Person in ihre Schranken zu weisen und sie subtil an ihre untergeordnete Stellung zu erinnern. Wenn Männer jedoch in etwa den gleichen Status haben, sind alle nur erdenklichen Formen der sozialen Berührung erlaubt, und man kann häufig beobachten, daß italienische Männer sich auf der Straße umarmen, eingehakt gehen oder sogar Händchen halten. Gegenseitige Berührungen bilden auch einen festen Bestandteil ihrer Gespräche, wo sie eingesetzt werden, um die Beziehung zu festigen, um Sprecherwechsel zu regeln und zu demonstrieren, daß beide Gesprächspartner Zugang zur Körpersphäre des anderen haben.

Aber die italienische Berührungslust ist in Wahrheit nicht so extensiv und wahllos, wie es den Anschein hat. Körperliche Kontakte zwischen den Geschlechtern gelten gemeinhin als unstatthaft, vor allem wenn die Beteiligten sich nicht kennen. Obwohl diese Geschlechterregeln nicht für Ehepartner gelten, ist auffällig, daß italienische Eheleute nur wenig Zärtlichkeiten austauschen, selbst in der privaten häuslichen Sphäre. In einer so »kontaktfreudigen« Gesellschaft wie der italienischen würde man erwarten, daß Eheleute öffentlich händchenhalten. Doch die Realität zeigt, daß dies keineswegs der Fall ist und viel seltener vorkommt als in Ländern, die für ihre »Berührungsängste« berüchtigt sind, wie Großbritannien, Deutschland und Holland, wo man oft händchenhaltende oder eng umschlungene Paare beobachten kann. Es scheint mehrere Gründe dafür zu geben, warum italienische Eheleute in der Öffentlichkeit nur zögernd Zärtlichkeiten austauschen. Erstens hat Männlichkeit einen extrem hohen Wert in der italienischen Gesellschaft, was zu einer strengen Geschlechtertrennung beiträgt. Wenn Männer sich bei der Hand halten oder ihre Zuneigung demonstrieren, entspricht dieses Verhalten den gesellschaftlichen Regeln, weil die Frauen davon ausgeschlossen sind und die männlichen Werte bewahrt bleiben. Wer jedoch öffentlich mit seiner Ehefrau Händchen hält, schließt andere Männer aus und deutet an, daß er von einer Frau abhängig ist. Das ist so ziemlich das letzte, was man in einer Machogesellschaft tun sollte – es sei denn, die betreffende Frau ist die eigene Mutter.

Die Tatsache, daß Berührungen zwischen Ehepartnern so selten sind, hängt auch damit zusammen, daß italienische Ehen sehr schnell entsexualisiert werden, wenn nicht in der Substanz, so doch zumindest im äußeren Erscheinungsbild. Es ist in Italien zwar nichts Ungewöhnliches, daß Frischverliebte in der Öffentlichkeit Händchen halten und Liebkosungen austauschen. Aber sobald sie verheiratet sind und vor allem, sobald die ersten Kinder da sind, verzichten die Partner sehr bald auf alle öffentlichen Zärtlichkeitsbekundungen. Nach der Heirat tritt die ambivalente italienische Einstellung zur Sexualität in den Vordergrund, und alle Signale, die die Verliebten eingesetzt haben, um ihre Umwerbungszeit zu zelebrieren, und die zeigen, daß sie den Sex nicht allein aus Gründen der Fortpflanzung betreiben, verschwinden allmählich aus ihrem Verhalten.

Die Engländer haben ihre eigenen gemischten Gefühle, wenn es zu Berührungen kommt, wie das englische Wort für Berührung und seine Ableitungen zeigen. Der englische Ausdruck *keep in touch* (in Verbindung, in Kontakt bleiben) verbindet den Gedanken des körperlichen und sozialen Kontakts und vermittelt den Eindruck, daß Berührungen eine zentrale Rolle für den Erhalt von englischen Beziehungen spielen, was natürlich keineswegs der Fall ist. Andere Bedeutungen des Wortes sprechen dafür, daß die Engländer eine ziemlich negative Einstellung zu Berührungen haben – wie zum Beispiel der Ausdruck *touched* für verrückt und *touchy* für jemanden, der reizbar oder überempfindlich ist – mit anderen Worten, nicht berührt werden mag. Diese negativen Einstellungen zeigen sich auch an bestimmten Verhaltensweisen der Engländer, wie ihrer Vermeidung großer körperlicher Nähe oder ihrer Bereitschaft, sich sofort zu entschuldigen, sobald sie versehentlich in jemanden hineinlaufen: Unbeabsichtigte Körperkontakte machen die Engländer so betroffen, daß sie sich sogar entschuldigen, wenn sie selbst angerempelt werden.

In den letzten Jahren sind die Engländer etwas mehr auf Tuchfühlung gegangen. Der Anblick von Männern, die sich in der Öffentlichkeit umarmen oder sogar küssen, löst keine Panik mehr aus, wie noch vor einigen Jahrzehnten. Obwohl die Engländer ihr Verhalten geändert haben und den Südeuropäern etwas ähnlicher geworden sind, gibt es noch immer einige verräterische Spuren ihrer tiefverwurzelten Vorbehalte gegen körperliche Berührungen. Das wird zum Beispiel sehr deutlich, wenn Engländer sich umarmen, weil sie dabei nicht wie die Osteuropäer über die Schulter des anderen sehen, sondern den Kopf wegdrehen. Ein weiteres verräterisches Zeichen des Unbehagens ist die Angewohnheit, dem anderen bei der Umarmung auf die Schulter zu klopfen. Das Schulterklopfen gilt allgemein als Zeichen des Lobs oder der Anerkennung, als ein Ausdruck der Zuneigung. In einigen Situationen hat es auch sicherlich diese Bedeutung. Doch im Fall der Umarmung ist der Klaps ein »Freigabesignal« – er wirkt wie eine Geste der Anerkennung, aber sein wahrer Zweck besteht darin, dem anderen mitzuteilen, daß man genug hat. Engländer, die einander bei einer Umarmung auf die Schulter klopfen, sind überzeugt, daß sie damit ihre Zuneigung zum Ausdruck bringen. Doch in Wahrheit offenbaren sie damit, wie unbehaglich ihnen bei der ganzen Sache zumute ist.

Wenn die Engländer allmählich wieder stärker auf Tuchfühlung gehen, so kehren sie damit zu einer Situation zurück, die sie vor einigen Jahrhunderten aufgegeben haben, denn es gab eine Zeit, in der Berührungen eine wesentlich größere Rolle im Leben der Engländer spielten. Im Mittelalter war man zum Beispiel überzeugt, daß Menschen, die an der Skrofulose, einer Drüsenkrankheit, litten, geheilt werden konnten, wenn ihr König sie berührte. Dieser Glaube an das »königliche Handauflegen«, wie es genannt wurde, hielt sich von der Regentschaft Edward des Bekenners bis zum Jahre 1714, als Queen Anne das letzte Mal ihre segensreiche Hand auf einen Untertanen legte. In Frankreich, wo man ebenfalls diesem Glauben anhing, wurde die Zeremonie letztmalig im Jahr 1825 von König Charles X. durchgeführt. Einige englische Monarchen nahmen ihre diesbezügliche Aufgabe sehr ernst, andere hielten die ganze Sache für ausgemachten Unsinn. Elisabeth I. hat den Brauch nur selten praktiziert, während Charles II. in der Zeit von seiner erneuten Amtseinführung bis zu seinem Tode fast 100 000 Menschen auf diese Weise berührt haben soll. Es ist eine faszinierende Vorstellung, daß die Engländer fast 700 Jahre lang an die Macht des Handauflegens glaubten und daß Generation um Generation zu ihrem Monarchen pilgerte, um geheilt zu werden. Noch faszinierender ist die Vorstellung, daß es einmal eine Zeit gab, in der enger körperlicher Kontakt ein integraler Bestandteil englischer Gespräche war.

Als im achtzehnten Jahrhundert der erste Kaffee nach England importiert wurde, schossen in ganz London die Kaffeehäuser wie Pilze aus dem Boden. Sie wurden schnell zu wichtigen Treffpunkten, erfüllt von Qualm, Klatsch und politischen Intrigen. Zeitgleich mit der Entstehung der Kaffeehäuser kam eine neue Konversationsmethode auf, das sogenannte »Knopfhalten«. Dabei hielt man mit der einen Hand den Jacken- oder Mantelknopf seines Gesprächspartners fest, um letzteren an der Flucht zu hindern, während man die andere Hand zum Gestikulieren frei hatte. Diese fesselnde Gesprächsmethode wurde rasch populär und machte es den Leuten, die als Geiseln genommen wurden, ziemlich schwer zu entkommen. Doch einige Opfer wie der Schriftsteller Charles Lamb lösten das Problem auf ihre Weise. Lamb erzählt die folgende Geschichte:

> Als ich eines Morgens von meinem Haus in Enfield zum Indienhaus ging und mich in rechter Eile befand, weil ich spät dran war, traf ich Coleridge, der auf dem Weg zu mir war, um mir einen Besuch abzustatten. Er war randvoll mit irgendeiner neuen Idee, und obwohl ich ihm versicherte, daß meine Zeit knapp bemessen sei, zog er mich in die Pforte eines herrenlosen Gartens, und dort am Wegrand, vor Beobachtern durch eine Tannenhecke geschützt, faßte er mich an meinem Mantelknopf, schloß die Augen und setzte zu einem beredten

Diskurs an; seine rechte Hand glitt in sanften Wellen auf und nieder, während die melodischen Worte in ungebrochenem Fluß von seinen Lippen strömten. Er zog mich in seinen Bann. Doch das Läuten einer Kirchenglocke weckte mich aus meiner Trance und erinnerte mich an meine Pflichten. Ich erkannte, daß der Versuch, mich loszureißen, fruchtlos war, und so nutzte ich seine Versunkenheit in das Thema, trennte mit einem Taschenmesser ruhig den Knopf von meiner Jacke ab und entkam.

Gegen Ende des achtzehnten Jahrhunderts war der Brauch des Knopfhaltens verschwunden. Die Engländer hatten es aufgegeben, sich im Gespräch aneinander festzuklammern, und waren zu einem körperlichen Abstand zurückgekehrt, bei dem man sich derartige Freiheiten schon rein technisch nicht mehr herausnehmen konnte. In der viktorianischen Epoche hatte sich endgültig ein zivilisierter, distanzierter Verhaltensstil durchgesetzt, der sich bis in die jüngste Vergangenheit gehalten hat. Erst seit etwa zehn Jahren sind die Engländer in ihren Beziehungen etwas weniger distanziert und berührungsfeindlich – mit anderen Worten »weniger britisch« – geworden.

Understatement

Zu den Dingen, die Ausländern an den Engländern besonders auffallen, gehört ihre Vorliebe für das Understatement. Der holländische Autor George Renier berichtet über die Neigung der Engländer, die Bedeutung von Ereignissen herunterzuspielen und alles weniger wichtig erscheinen zu lassen, als es tatsächlich ist. »Der Kontinentaleuropäer, der Ire, der Amerikaner – kurz jene, die ich als normale Menschen bezeichnen möchte – übertreiben. Sie übertreiben mit Begeisterung, oft mit meisterhaftem Geschick, aber ohne jede Befangenheit, Scham oder Täuschungsabsicht. Sie sind Dichter und Werbefachleute. Die Engländer haben ihre eigene Methode: Sie untertreiben.« Der Ungar George Mikes, der mehrere Bücher über die Briten schrieb, kommt zu einem ähnlichen Schluß: »Ausländer«, entschied er, »haben eine Seele; die Engländer nicht... sie haben statt dessen das Understatement.«

Wenn Menschen Ereignisse beschreiben, ihre Gefühle ausdrücken oder andere beeinflussen wollen, können sie dies entweder direkt aussprechen oder es indirekt zum Ausdruck bringen. Eine direkte Sprechweise besteht aus klaren, unkomplizierten Äußerungen, die ohne Umschweife und Ausschmückungen zur Sache kommen und die daher auch relativ leicht zu verstehen sind. Die direkte Art des Sprechens könnte demnach als »ehrliche« Version dessen gelten, was ein Sprecher denkt, fühlt oder wünscht, im Gegensatz zur indirekten Ausdrucksweise, die ihre eigentliche Botschaft zu verschleiern scheint, weil sie komplizierter ist. Die indirekte Sprechweise stellt zweifellos größere Anforderungen an den Zuhörer und wird daher sehr oft mißverstanden – ein Ereignis, das manchmal vom Sprecher durchaus beabsichtigt sein kann. Die Hauptformen der indirekten Sprechweise sind Understatement, Ironie und jene floskelhaften Sprachschleifen, die die Funktion haben, das Gesagte in seiner Schärfe abzuschwächen.

Zu den Grundvoraussetzungen von Sprache gehört, daß man

erkennt, was eine realistische Beschreibung eines Ereignisses ist und was nicht. Wenn wir zu sprechen lernen, eignen wir uns im Laufe der Zeit auch verschiedene grammatische und semantische Regeln an. Wir merken, daß es angemessene Beschreibungen von Ereignissen gibt und Beschreibungen, die etwas über- oder untertreiben. Wenn wir älter werden, lernen wir, daß Übertreibungen und Untertreibungen rhetorische Mittel sind, mit denen wir unsere kreativen Fähigkeiten unter Beweis stellen können und mit denen wir den eigentlichen Inhalt unserer Aussagen hervorheben oder verschleiern können.

Übertreibung und Untertreibung waren ein Teil der traditionellen griechischen Rhetorik – *Hyperbel* ist das alte griechische Wort für Übertreibung, und das Understatement wurde als *Litotes* bezeichnet. Beide rhetorische Mittel waren in der Renaissance sehr populär. In seinem 1528 veröffentlichten Buch *Der Hofmann* empfahl Baldassarre Castiglione den Gebrauch der Über- und Untertreibung, »die den Gegenstand der Sprache so sehr verkleinern oder vergrößern, daß er den Anschein der Wahrheit nicht mehr glaubhaft zu erringen vermag.« Castiglione empfahl auch den Gebrauch der Ironie und beschrieb sie als »eine ehrliche und angenehme Form des Scherzens, die auf einer gewissen Verstellung beruht, da der Mensch dabei eine Sache in Worte setzt und heimlich ihr Gegenteil meint.«

Untertreibung und Übertreibung spielen auch heute noch eine wichtige Rolle in der Rhetorik, ebenso wie in alltäglichen Gesprächen, wenn Menschen eine rhetorische Wirkung erzielen wollen. Die Engländer zeigen zwar eine ausgesprochene Vorliebe für das Understatement, aber sie haben auch nichts gegen Übertreibungen, vorausgesetzt, sie dienen nicht der Prahlerei. Doch im allgemeinen scheuen die Engländer die Übertreibung – »sie vermeiden Superlative«, wie Ralph Waldo Emerson anmerkte. Einer der Gründe dafür ist, daß die Engländer nicht gern dogmatisch oder überheblich wirken möchten – außer natürlich sie nehmen an einer politischen Debatte teil, wo die normalen Regeln der Selbstdarstellung außer Kraft gesetzt sind, oder an einer Talkshow, wo das Medium pointierte Meinungen verlangt, sogar von Leuten, die keine haben. Allgemein ausgedrückt stellen die Engländer ihre Überzeugungen nicht gern öffentlich zur Schau. Sie ziehen es vor, ihre Meinungen abzuschwächen und jeglichen Anschein von Extremismus zu vermeiden. Das zeigt sich sehr deutlich an den Worten, die zur Modifizierung von Aussagen benutzt werden – Worte wie »kaum«, »fast«, »beinah« und »ziemlich« –, die alle dazu dienen, die eigenen Äußerungen abzumildern und sich davon zu distanzieren.

Um die Wirkung seiner Worte abzuschwächen, kann man auch zu vorsichtigen Floskeln und Tarnschleifen greifen. Diese Schleifen mildern die Wirkung der Aussage ab, indem sie dem Sprecher die Möglichkeit geben, sein Interesse am Wohlergehen des Zuhörers zu demonstrieren. Wer eine Einleitung wie »Ich hoffe, Sie nehmen mir diese Frage nicht übel...« oder »Ich möchte Ihnen nicht zu nahe treten...« benutzt, bereitet den Zuhörer auf die nachfolgende Forderung oder Bitte vor. Mit derartigen Schleifen erkennt man auch die Mühe an, die es für den Zuhörer bedeutet, der Aufforderung nachzukommen, und zieht die Möglichkeit in Betracht, daß die Forderung abgewiesen wird. Die Schleifen dienen also dazu, eine Forderung freundlich zu verpacken. Sie zeigen, daß der Sprecher Rücksicht nimmt und sich die Mühe macht, seine Forderung auszuschmücken und dadurch abzumildern.

Solche Tarnschleifen werden in Verbindung mit allen möglichen Aussagen gebraucht. Man verwendet sie nicht nur, um jemanden um einen Gefallen oder eine Information zu bitten, sondern auch im Zusammenhang mit Warnungen, Versprechen, Ratschlägen und Kritik. Wer eine Kritik äußern will, leitet seine Aussage zum Beispiel häufig durch eine Formulierung ein wie »Ich hoffe, du hältst mich nicht für unhöflich, wenn...« oder »Ich will dich ja nicht kritisieren, aber...«. Die Tarnschleifen haben grundsätzlich zwei Gesichter, weil sie den Zuhörer zwar auf die folgende Attacke vorbereiten, aber gleichzeitig leugnen, daß der Sprecher auch nur im entferntesten daran denkt, etwas Unhöfliches oder Kritisches von sich zu geben.

Alle Sprachen verfügen offenbar über derartige Anschleichmanöver, auch wenn die Bandbreite der verfügbaren Schleifen und die Häufigkeit ihres Gebrauchs sich von Sprache zu Sprache erheblich unterscheiden. Die Engländer sind begeisterte Schleifenbinder, und ihre Gespräche sind voll von Ausdrücken wie »Würde es Ihnen etwas ausmachen...«, »Wäre es Ihnen möglich«, »Darf ich Sie fragen«, »Sie wissen sicher, daß...« usw.

Es scheint mehrere Gründe dafür zu geben, warum die Engländer diese Schleifen so reizvoll finden. Erstens kann man damit zeigen, daß man Rücksicht auf die Gefühle des Zuhörers nimmt; das macht sie natürlich für Leute, die viel Wert auf Höflichkeit legen, überaus attraktiv. Genauer gesagt, geben Schleifen dem Sprecher die Möglichkeit, seinen Respekt für die Privatsphäre des anderen zu demonstrieren. Das zeigt sich vor allem im Fall einer Bitte oder Aufforderung, wo Schleifen erfolgreich den Eindruck wecken, daß der Sprecher nicht die Absicht hat, seinem Gesprächspartner zu nahe zu treten oder sich irgendwie aufzudrängen. Der Privatsphäre wird in England ein hoher Wert beigemessen – J.B. Priestley ging so weit, daß er England als »Land der Privatsphäre« bezeichnete –, und deshalb sind auch Redensarten, die Respekt für die Privatsphäre zeigen, ungemein beliebt.

Der verräterischste Aspekt der Schleifen ist jedoch ihre Ähnlichkeit mit den »Besänftigungsritualen« von Tieren. Begegnungen in der Tierwelt sind häufig durch komplizierte Rituale gekennzeichnet, bei denen ein Tier ein anderes beschwichtigt, normalerweise indem es einen verletzlichen Teil seiner Anatomie darbietet, um zu zeigen, daß es keine aggressiven Absichten hat, und um Aggressionen des anderen Tiers zu verhindern.

Schleifen erfüllen dieselbe Funktion, weil der Sprecher damit seine Motive offenlegt und eine entschuldigende, manchmal sogar unterwürfige Haltung einnimmt. Wie die Demutsgebärden des Tierreichs erzeugen sie auch gewisse Hemmschwellen beim Adressaten. So wie Tiere davor zurückschrecken, ein anderes Tier anzugreifen, wenn es eine Demutshaltung einnimmt, finden auch Menschen es schwierig, jemanden vor den Kopf zu stoßen, der eine ausschmückende Schleife benutzt. Es ist zum Beispiel viel schwieriger, jemanden abzuweisen, der sagt: »Wären Sie so freundlich, mir ein bißchen Zeit zu lassen«, als jemanden, der einfach schnaubt: »Lassen Sie mir Zeit.«

Mehrere Autoren haben sich zu der latenten Aggressivität der Briten geäußert. Geoffrey Gorer, der die Einstellungen der Engländer eingehend untersucht hat, geht sogar so weit zu behaupten, daß die Aggressionshemmung eines der hervorstechendsten Merkmale des englischen Charakters sei. Andere Kommentatoren haben auf die Hypersensibilität und Empfindlichkeit der Engländer hingewiesen und auf die Tatsache, daß sie Konfrontationen meiden, fast so, als ob sie Angst hätten, was alles geschehen könnte, wenn sie die Beherrschung verlieren und ihrem Zorn freien Lauf lassen würden. Sieht man die Schleifen unter diesen Gesichtspunkten, haben sie anscheinend auch die wichtige Funktion, Ängste vor der eigenen Aggressivität und der anderer in Schach zu halten. Floskeln wie »Macht es Ihnen etwas aus...« oder »Darf ich Sie fragen...« hören sich vielleicht geschraubt und hohl an, selbst für die Leute, die sie benutzen, aber solange sie die Illusion von Sicherheit gewähren, wird man sie zweifellos beibehalten.

Wenn die Engländer über ihre persönlichen Leistungen und Erfolge sprechen, fällt es ihnen schwer, auf Untertreibungen zu verzichten. Dasselbe gilt für ihren Gesundheitszustand, den sie gewöhnlich als besser beschreiben, als er ist. Die Kunst des Understatement ist heute durch und durch institutionalisiert. Die Wetterfrösche im Fernsehen sprechen von schönen Aussichten, auch wenn die Karte beweist, daß mit heftigen Schauern zu rechnen ist. Politiker versuchen, die Öffentlichkeit davon zu überzeugen, daß die Wirtschaft zwar nicht ganz das ist, was sie sein könnte, aber trotzdem so gut wie nie zuvor und ein weiterer Aufschwung sowieso völlig unvermeidlich sei. Wenn es darum geht, die Wahrheit zu verschleiern, sind Politiker die ungekrönten Meister, und das Understatement gehört zu den sprachlichen Tarnungen, denen sie nicht widerstehen können. Ein klassisches Beispiel ereignete sich 1958, als Harold Macmillans Regierungsmannschaft zurücktrat. Als Macmillan am nächsten Tag mit der Presse sprach, bezeichnete er den Massenrücktritt als »kleine innenpolitische Schwierigkeit«.

Ironie ist ein weiteres beliebtes Stilmittel der Engländer. Ironie und Understatement sind sich ähnlich, weil sie beide auf indirekten Äußerungen basieren, bei denen die Beziehung zwischen dem, was gesagt wird, und dem, was gemeint ist, nicht völlig klar ist. Der Unterschied besteht darin, daß das Understatement von der feinen Modifikation der Botschaft abhängt, während die Ironie darauf basiert, daß man genau das Gegenteil von dem sagt, was man meint. Jemand, der sich beispielsweise gerade das Bein bei einem Skiunfall gebrochen hat und offensichtlich große Schmerzen leidet, könnte seinen Zustand mit einem Understatement zum Ausdruck bringen und sagen: »Ich fühle mich nicht in Bestform« oder mit einer ironischen Bemerkung wie: »Ich fühle mich in absoluter Bestform.« In beiden Fällen läßt die Person den Zuhörer wissen, daß sie sich scheußlich fühlt. Das Understatement macht auf die Schmerzen aufmerksam, indem es sie untertreibt, die ironische Bemerkung, indem sie sie völlig leugnet.

Da Ironie den Menschen die Möglichkeit gibt, genau das Gegenteil von dem zu sagen, was sie meinen, eignet sie sich hervorragend für Beleidigungen. Wer eine ironische Bemerkung macht, kann darauf spekulieren, daß der Adressat die Aussage wörtlich nimmt und die beabsichtigte Beleidigung gar nicht mitbekommt – oder noch besser, daß alle anderen Zuhörer die Beleidigung mitbekommen, nur das eigentliche Opfer nicht. Ironische Beleidigungen fallen in die Sparte des Sarkasmus – eine Beleidigungssorte, die die Engländer quasi gepachtet haben und die bei Ausländern mitunter auf Unverständnis trifft. Darauf wies vor einiger Zeit auch Paul Gallico hin, der meinte: »Es gibt niemanden, der zu derart kalkulierten Grobheiten fähig ist wie die Engländer – sehr zum Erstaunen der Amerikaner, die keinerlei Sinn für die Kunst der Beleidigung haben und ersatzweise nur mit Handgreiflichkeiten aufwarten können.«

Um zu verstehen, warum das Understatement und die Ironie bei den Engländern so beliebt sind, muß man sich bewußt machen, daß bei diesen Stilmitteln keine Eins-zu-eins-Beziehung zwischen dem besteht, was man sagt, und dem, was man meint. Die Botschaft, die sich hinter der Ironie oder dem Understatement verbirgt, läßt sich nur erkennen, wenn man zunächst herausfindet, welches dieser Mittel angewendet wird, und dann die beabsichtigte Botschaft entschlüsselt. Dazu muß man für die Möglichkeit der Ironie oder des Understatement sensibilisiert sein und die subtilen Merkmale dieser Stilmittel erkennen. Weil Ausländer dazu neigen, sich auf die wörtliche statt auf die bildliche Bedeutung englischer Aussagen zu konzentrieren, fallen sie der Ironie und dem Understatement leicht zum Opfer. Ausländer gehen davon aus, daß der englische Sprecher meint, was er sagt, während der Sprecher davon ausgeht, er hätte ausreichend signalisiert, daß er etwas völlig anderes meint.

Es gibt noch einen weiteren Grund für die ungeheure Popularität des Understatement und der Ironie. Die Wirkung beider Stilmittel beruht darauf, daß alle Beteiligten sich über ihre Vorzüge einig sind – sie funktionieren nur bei Leuten, die gleich denken, die sozusagen Mitglieder im selben Rhetorikklub sind. Man hat die große Beliebtheit des Understatement auch darauf zurückgeführt, daß die Engländer dazu neigen, ihre Gefühle zu kontrollieren und zu unterdrücken – nach dieser Theorie gibt das Understatement den Leuten die Möglichkeit, Dinge unwichtiger erscheinen zu lassen, als sie tatsächlich sind, was ihnen wiederum die Möglichkeit gibt, zu leugnen, was sie tatsächlich fühlen, sowohl vor sich selbst wie vor anderen. Nach einer anderen Theorie basieren Understatements, die eine negative Situation beschönigen, auf dem von Psychologen so bezeichneten »Pollyanna-Prinzip« – das heißt, der Neigung, die Dinge von ihrer schönen Seite zu betrachten, auch wenn ringsherum alles zusammenbricht. Die Fähigkeit, selbst dem größten Unglück eine heitere Seite abzugewinnen, ist sicherlich ein englischer Wesenszug, der zugleich eine wichtige Grundlage des englischen Humors bildet. Dieser grimmige Aspekt des Understatement soll auch im schottischen Humor zu finden sein. Nach Ansicht von Douglas Muecke »ist der schottische Humor besonders reich an Understatement und an ungemein trockenen und lässigen Ausdrücken des höhnischen Bedauerns, die in krassem Widerspruch zu den grausamen und brutalen Anlässen stehen, auf die sie sich beziehen«.

Ein weiteres Motiv für das Understatement ist Bescheidenheit. Die Engländer sind dafür berühmt, daß sie sehr bescheiden und widerstrebend von ihren eigenen Leistungen sprechen. Das war nicht immer so, denn nach allem, was wir wissen, waren die Engländer des sechzehnten Jahrhunderts ziemlich großspurig und prahlerisch. Doch gegen Ende des achtzehnten Jahrhunderts hatte die Situation sich so grundlegend gewandelt, daß Joseph Addison die Behauptung aufstellen konnte, daß Bescheidenheit das herausragende Merkmale des englischen Volkes sei. Seit damals haben die verschiedensten ausländischen Besucher dieses Bild der Engländer bestätigt. Als der französische Biograph André Maurois im Jahr 1938 an einen jungen Mann schrieb, der eine Englandreise plante, gab er ihm zum Beispiel den folgenden Ratschlag: »Sei bescheiden. Wenn du der beste Tennisspieler aller Zeiten bist, sag: ›Nun ja, ich spiele nicht allzu schlecht.‹ Wenn du allein in einem kleinen Boot den Atlantik überquert hast, sag: ›Ab und zu segle ich ein wenig.‹« Damals war der Gebrauch des Understatement nicht auf persönliche Leistungen beschränkt, sondern erstreckte sich auch auf die Leistungen anderer. Nirgends war dies offensichtlicher als in britischen Institutionen wie der Royal Navy, von der Joseph Conrad schrieb: »Die höchste Form der lobenden Anerkennung für ein Schiff besteht genau aus jenen beiden einfachen Worten *gut gemacht*, gefolgt vom Namen des Schiffes. Nicht hervorragend, erstaunlich, wundervoll gemacht – nein, ganz einfach *gut gemacht, So-und-so*.«

Die Engländer finden es nach wie vor schwierig, über ihre eigenen Leistungen und die anderer Leute zu sprechen. Deshalb wirken sie auch so unbeholfen, wenn sie Komplimente machen sollen, und so ungnädig, wenn sie welche erhalten. Die Engländer haben ganz allgemein eine sehr ambivalente Einstellung zum Erfolg. Das zeigt sich nicht nur an ihrem Verhältnis zu Komplimenten, sondern auch an der grundsätzlichen Überzeugung der Engländer, daß das Mitspielen oder Mitmachen wichtiger ist als das Gewinnen. Es gibt wahrscheinlich kein anderes Land, wo die Menschen sich so stark mit dem Underdog identifizieren oder so starke Sympathien für heroische Verlierer entwickeln. Schließlich war es England, das »Eddie den Adler« hervorbrachte, jenen olympischen Skispringer, der zwar in seiner Disziplin ein einsames Schlußlicht bildete, aber die Herzen der Nation im Sturm eroberte. Ein Land, das sein Weltreich verloren hat und das den Niedergang seiner Wirtschaft mitansehen mußte, hat offenbar das Bedürfnis, Mißerfolge auch irgendwie positiv zu sehen.

Gesprächigkeit

Zu den Eindrücken, die Menschen von ihren Reisen ins Ausland mitbringen, gehört unter anderem, wie viel oder wie wenig Zeit die Einheimischen darauf verwenden, sich miteinander zu unterhalten. Die Engländer halten die Franzosen seit Jahrhunderten für übertrieben gesprächig, für so gesprächig, daß sie praktisch ihre gesamte Zeit mit Reden verbringen, einfach um des Redens willen. »Ein Franzose«, erklärte Dr. Johnson, »muß immer reden, egal ob er etwas von einer Sache versteht oder nicht. Ein Engländer gibt sich damit zufrieden, nichts zu sagen, wenn er nichts zu sagen hat.« Die Ansicht, daß die Franzosen wortreicher seien als die Engländer, wird auch von den Franzosen selbst geteilt, allerdings etwas anders gedeutet. Die Franzosen halten nicht sich selbst für geschwätzig, sondern die Engländer für übertrieben schweigsam, um nicht zu sagen mundfaul.

André Maurois gab dem jungen Franzosen, der nach England reisen wollte, die folgende Empfehlung mit auf den Weg: »Sprich nicht zuviel, bis du dich besser auskennst. In Frankreich gilt es als unhöflich, ein Gespräch abzubrechen. In England gilt es als unhöflich, es aufrechtzuerhalten. Niemand wird dir dein Schweigen verübeln. Wenn du deinen Mund drei Jahre lang nicht aufgetan hast, werden sie denken: ›Dieser Franzose ist wirklich ein netter, ruhiger Mensch.‹« Andere Autoren haben sich ebenfalls zur Schweigsamkeit der Engländer geäußert. Der deutsche Autor Heinrich Heine definierte »Schweigen« als die »Konversation mit einem Engländer«, und Henry James kommentierte, daß »ein Engländer niemals so natürlich ist, als wenn er den Mund hält.« Oscar Wilde zog einen boshaften Vergleich mit den Iren: »Wenn man den Engländern nur das Sprechen beibringen könnte und den Iren das Zuhören, hätten wir eine recht zivilisierte Gesellschaft.«

Die Iren werden allgemein für ein gesprächiges Volk gehalten, nicht nur von Außenstehenden, sondern auch von den Iren selbst. Sie sind bekannt für ihre Fabulierkunst, ihre offenkundige Lust an Gesprächen und ihren »Irish Blarney« – ihr Talent für Schmeicheleien. Man sagt, daß jeder, der den Stein von Blarney in der Grafschaft Cork geküßt hat, für alle Zeiten über eine süße und einschmeichelnde Sprache verfügen wird – etwas, das die Iren bereits besitzen, das Fremde aber nur erlangen können, wenn sie nach Irland reisen. Der Ruf der Iren als redseliges Volk reicht mindestens vierhundert Jahre zurück. In seiner Beschreibung fremder Sitten und Gebräuche aus dem Jahr 1611 lieferte der holländische Kommentator Johannes Bohemus folgende Erklärung für den Wortreichtum der Iren: »Die Hohlheit ihrer Ohren ist weit größer als die unsere. Und sie reden mit gänzlich anderer Zunge, denn die Natur... hat sie mit dem außerordentlichen Vorzuge ausgestattet, daß ihre Zungen von Natur aus so gespalten und geteilt sind, vom Ansatz bis zur Spitze, daß ein jeder von ihnen zwei Zungen zu haben scheint, mittels derer die Iren nicht nur mit einer menschlichen und verständlichen Zunge zu reden vermögen, sondern auch das Getschilp und den Gesang der verschiedensten Vogelarten aufs vortrefflichste nachzuahmen wissen; das wohl Sonderbarste ist, daß sie mit zwei verschiedenen Personen über die verschiedensten Themen zu ein und derselben Zeit reden und verhandeln können; der eine Teil der Zunge spricht und gibt Antwort gegen die eine Person und der andere Teil gegen die andere Person.«

Man geht oft davon aus, daß Schweigen das Gegenteil von Sprechen sei. In gewisser Weise ist es das auch, weil zwei Menschen, die zusammen sind, ohne miteinander zu reden, zwangsläufig schweigen. Aber in gewisser Weise sind Reden und Schweigen sich auch durchaus ähnlich, weil beide wichtige Botschaften übermitteln. Außerdem spielt das Schweigen tatsächlich eine entscheidende Rolle in Gesprächen, weil es dem Sprecher die Möglichkeit gibt, einzelne Sätze, Worte und Silben durch Pausen voneinander zu trennen und dadurch das Wichtige an seiner Aussage besonders hervorzuheben. Die andere Seite der Geschichte ist, daß auch der vermeintlich schweigende Zuhörer meist alles andere als schweigsam ist. Der Zuhörer gibt beständig irgendwelche zustimmenden Brummellaute, Bemerkungen oder ein bestätigendes *aha* oder *mhmm* von sich, um dem Sprecher zu zeigen, daß er versteht, was gesagt wird, und daß er damit einverstanden ist, wenn der andere weiterredet. Diese verbalen Signale werden häufig von Gebärden, wie zum

Beispiel einem Kopfnicken oder bestimmten Handbewegungen begleitet, die demselben Zweck dienen. All diese Zeichen werden unter dem Oberbegriff »Backchannel«- oder Rücklaufsignale zusammengefaßt – das heißt, es handelt sich um Signale, die der Zuhörer an den Sprecher schickt, und zwar über einen Kanal, der nicht der primäre Kommunikationskanal ist.

Im Gegensatz zu diesen häppchenweisen Schweigeelementen, die einen Teil des Gesprächs bilden, gibt es auch den Fall, daß Menschen zusammen sind und über einen längeren Zeitraum schweigen. Was als Schweigen angesehen wird, hängt zu einem großen Teil von der kulturellen Herkunft der Beteiligten ab, und von der Bedeutung, die sie dem Schweigen beimessen. Jede Gesellschaft ist sich bewußt, daß Menschen gelegentlich schweigen, weil sie keine Lust zum Reden haben oder weil sie nichts zu sagen wissen, und doch stoßen vergleichbare Formen des Schweigens in einzelnen Kulturen auf ganz unterschiedliche Interpretationen. Die Italiener sind zum Beispiel extrem gesprächig und akzentuieren ihre Gespräche häufig durch extravagante Gebärden und ausdrucksstarke Bewegungen. Die meisten Leute vermuten, daß Italiener ausschließlich auf diese Weise miteinander kommunizieren, doch in Wahrheit gibt es in Italien zwei sehr unterschiedliche Formen der sozialen Interaktion – zum einen den lauten, expressiven Stil, der die Grundlage des italienischen Stereotyps ist, und zum anderen einen distanzierten Verhaltensstil, bei dem die Leute größtenteils schweigen.

Italiener lieben die theatralischen Aspekte des Gesprächs, wie auch laute und hitzige Debatten. Der Anthropologe George Saunders hat jedoch darauf hingewiesen, daß dieser lautstarke Gesprächsstil sich auf Themen beschränkt, bei denen es unwahrscheinlich ist, daß sie zu ernsthaften Auseinandersetzungen führen. Wenn die Gefahr besteht, daß es zu Meinungsdifferenzen über ein wichtiges Thema kommt, neigen die Italiener zu einer stillen Interaktionsform, die verhindern soll, daß man die Situation weiter anheizt oder etwas sagt, das man später bereuen könnte. Beide Verhaltensweisen ließen sich als der Versuch interpretieren, die Auseinandersetzung mit einem schwierigen Thema zu vermeiden. Zwei Italiener, die eine ernsthafte Meinungsverschiedenheit voraussehen, können das Problem abwenden, indem sie in Schweigen verfallen und einen Vermittler einsetzen, aber das bedeutet, daß sie sich nicht persönlich mit dem Problem auseinandersetzen. Der laute, expressive Verhaltensstil, der den italienischen Alltag in ein dramatisches Schauspiel verwandelt, läßt sich ebenfalls als Mittel der Vermeidung interpretieren, weil er hauptsächlich darauf zielt, die Beteiligten in einem günstigen Licht zu präsentieren. Saunders geht sogar so weit zu behaupten, daß der theatralische Charakter und die äußere Zurschaustellung von Gefühlen im italienischen Alltag in Wahrheit dazu dienen, sowohl die Auseinandersetzung mit den eigenen Gefühlen zu vermeiden, als auch die Vernunft auszuschalten.

Für einen Italiener ist das Gespräch ein Ausdruck seines Engagements, eine Möglichkeit, anderen Menschen zu zeigen, daß sie ihm wichtig sind, daß er sich ihnen verbunden fühlt und ihre Gesellschaft genießt. Folglich ist Gesprächigkeit ein Zeichen von Kameradschaft, während Schweigsamkeit darauf hindeutet, daß man entweder nicht interessiert ist oder daß Ärger in der Luft liegt. Ganz anders stellt sich die Situation in jenen europäischen Ländern dar, wo das Schweigen toleriert wird und wo die Leute mitunter stundenlang wortlos zusammensitzen, ohne daß sie einander böse Absichten unterstellen oder überhaupt bemerken, daß nichts gesagt wurde. Die Finnen haben zum Beispiel eine sehr hohe Toleranzschwelle, was das Schweigen angeht. Das ist eine Eigenschaft, die die Finnen an sich selbst akzeptieren und schätzen, die jedoch viele ausländische Besucher extrem verunsichert. Die Wertschätzung des Schweigens zeigt sich an zahlreichen Aphorismen, die auf die Vorzüge des Schweigens, des Zuhörens und des Denkens vor dem Sprechen hinweisen. Tatsächlich halten die Finnen es häufig für das Klügste, überhaupt nichts zu sagen, es sei denn, es ist absolut notwendig. Der finnische Hang zur Schweigsamkeit wird von den Bewohnern Nordschwedens geteilt, aber offenbar nicht von den Bewohnern des nördlichen Norwegens, die überraschenderweise den Ruf haben, viel offener und gesprächiger zu sein als ihre Landsleute im Süden. Nachdem sie einige Monate in Stockholm verbracht hatte, kam die amerikanische Autorin Susan Sontag zu folgendem Schluß: »Das Schweigen ist das schwedische Nationallaster.« Ihren Informanten zufolge war die Situation in Nordschweden sogar noch schlimmer. »Nach Aussage der Stockholmer reden die Leute in Norrland so gut wie gar nicht. Familien verbringen Monate miteinander, vor allem in der

210

dunklen Winterzeit, ohne mehr als ein paar Worte miteinander zu wechseln. Je weiter man nach Norden kommt, so die allgemeine Ansicht hier, desto größer und undurchdringlicher wird das Schweigen.« Bei den Südschweden gibt es einen Witz, der auch auf die Finnen passen würde:

> Zwei alte Männer sitzen vor einer Holzhütte in der Nähe des nördlichen Polarkreises. Es ist früher Nachmittag, und sie trinken etwas zusammen, in absolutem Schweigen. Drei Stunden später trinken sie immer noch, und keiner von ihnen hat auch nur ein einziges Wort gesprochen. Schließlich, als die Sonne langsam am Horizont versinkt, dreht sich der eine zum anderen und sagt: »Ist das nicht ein wundervoller Sonnenuntergang?« Der andere stellt sichtbar verärgert sein Glas ab und sagt: »Mann, was willst du eigentlich – trinken oder reden?«

Obwohl die Finnen über eine Vielzahl von Stimmlauten verfügen, die sie als Rücklaufsignale benutzen könnten, ziehen sie non-verbale Signale wie das Kopfnicken vor, wenn sie den Sprecher bestärken und zum Weiterreden ermuntern wollen. Diese non-verbalen Signale haben den Vorteil, daß sie das Schweigen bewahren. Dagegen bergen verbale Rücklaufzeichen immer die Gefahr, daß die Aussage des Sprechers darunter leidet, auch wenn sie nur als Mittel der Bestätigung und Ermutigung gedacht sind. Die finnischen Anthropologen Jaakko Lehtonen und Kari Sajavaara, die eine spezielle Untersuchung über das Schweigen in ihrer Kultur durchgeführt haben, weisen darauf hin, daß die gekonnte Vermeidung eines hörbaren Rücklaufs auf Ausländer oft eine negative Wirkung hat. Ausländer glauben häufig, daß die Finnen ihnen nicht zuhören, daß sie desinteressiert sind oder »daß der Finne gleichgültig, muffig oder sogar feindselig« ist. Die Wissenschaftler machen auch darauf aufmerksam, daß die finnische Toleranz für das Schweigen mit einer Intoleranz für simultanes Reden verknüpft ist. Die Finnen mögen es nicht, wenn man ihnen ins Wort fällt, und achten im allgemeinen darauf, daß sie selbst andere ausreden lassen.

Was unterscheidet den wortreichen Verhaltensstil, der so typisch für die Italiener ist, von dem schweigsamen Verhaltensstil der Finnen? Die Antwort hängt offenbar damit zusammen, in welchem Grad Menschen als sozial zugänglich gelten und in welchem Grad sie bereit sind, andere an sich herankommen zu lassen und selbst auf andere zuzugehen. Der laute expressive Stil der Italiener ist ein Zeichen ihres Engagements und ihrer Bindungsbereitschaft, die Leute fuchteln mit den Armen, verändern ihre Haltung, stellen Körperkontakt her, tätscheln und knuddeln einander und sorgen ganz allgemein dafür, daß ihre Anwesenheit nicht vergessen wird. Hier gilt das Reden als eine Form der Anteilnahme und des Interesses und deshalb als Mittel, um seine gegenseitige Zuneigung zum Ausdruck zu bringen. Der Versuch, seine Gefühle zu zeigen, läuft fast unweigerlich darauf hinaus, daß die Leute irgendwann durcheinanderreden. Aber da jeder weiß, daß es in guter Absicht geschieht, reagieren die Beteiligten für gewöhnlich sehr tolerant, wenn man ihnen ins Wort fällt, und denken sich auch nichts dabei, dasselbe zu tun.

Während das Gespräch für die Italiener ein Mittel ist, um ihre Zuneigung zu demonstrieren und die Zuneigung anderer zu gewinnen, geht es den Finnen vor allem darum, sich anderen nicht aufzudrängen und selbst nicht bedrängt zu werden. Die Finnen sind nicht in erster Linie daran interessiert, Zuneigung zu wecken, sondern Abneigung zu vermeiden. Das ist eine soziale Verhaltensstrategie, die primär darauf gerichtet ist, Verluste zu verringern, statt Gewinne zu erhöhen, und sie ist eine der Hauptursachen für die finnische Haltung zum Schweigen. Für den Finnen ist das Schweigen eine Methode, um nicht aufdringlich zu wirken, eine Methode, seinen Respekt vor der Privatsphäre des anderen zu zeigen und damit zu gewährleisten, daß man nichts tut, was den anderen vor den Kopf stoßen könnte. Von anderen zu verlangen, daß sie ebenfalls schweigen, ist die andere Seite derselben Medaille und beruht ebenfalls auf der Annahme, daß man seinen Respekt vor anderen am besten bekundet, indem man sein Schweigen bewahrt.

Kulturelle Normen über das Reden und Schweigen zeigen sich auch an der Art und Weise, wie die Sprecherwechsel in einem Gespräch vollzogen werden. Jede Gesellschaft hat bestimmte Regeln über die richtige Art der Gesprächsführung und ein festes Repertoire an Signalen, mit denen die Beteiligten anzeigen können, ob sie die Gesprächsrollen wechseln möchten oder nicht. Wir brauchen diese Gesprächsordnungen, weil wir nur begrenzt über die Fähigkeit verfügen, gleichzeitig zu reden und zuzuhören. Würden wir dieses Kunststück beherrschen, könnten wir natürlich getrost auf derartige Regeln verzichten.

Wer die Sprecherrolle übernimmt, kann entweder versuchen, das Wort zu behalten und weiterzureden, oder er kann zeigen, daß er bereit ist, die andere Person zu Wort kommen zu lassen. Entsprechend kann jemand, der die Rolle des Zuhörers einnimmt, signalisieren, daß er bereit oder nicht bereit ist, in die Sprecherrolle zu wechseln. Für jede dieser Absichten gibt es kulturell festgelegte Signale. In Ländern wie Großbritannien und Deutschland umfassen diese Signale Kopf- und Augenbewegungen und – in wesentlich geringerem Maß – auch Handbewegungen. Auch verbale Signale sind wichtig, und Veränderungen in der Lautstärke oder Tonhöhe signalisieren häufig einen Wechsel der Gesprächsrollen. Um das Wort zu behalten, muß ein Sprecher zwei Dinge tun. Erstens muß er dem Zuhörer signalisieren, daß er die Absicht hat, weiterzureden, und zweitens muß er alle gegenläufigen Versuche des Zuhörers abwehren. Um zu signalisieren, daß die eigene Redelust ungebrochen ist, kann man zum Beispiel den Blick zeitweilig abwenden. Das gibt dem Sprecher Gelegenheit, seine Gedanken zu sammeln; gleichzeitig verringert es die Möglichkeiten des Zuhörers, den Blick des Sprechers einzufangen und ihm damit zu signalisieren, daß er selbst etwas sagen möchte. Eine weitere Methode besteht darin, den Zuhörer zu Rücklaufsignalen zu verleiten. Das läßt sich gemeinhin durch solche Phrasen wie »Nicht wahr?« oder »Meinst du nicht auch?« erreichen, die den Zuhörer zu einem Feedback verpflichten und ihn damit gleichzeitig zwingen, alle Ansprüche fallenzulassen, die er möglicherweise auf eine eigene Meinungsäußerung erhebt. Mit anderen Worten, wer seinem Gesprächspartner ein zustimmendes Kopfnicken abringt, zwingt ihn in die Rolle des Zuhörers zurück und hält ihn davon ab, die Rolle des Sprechers zu übernehmen. Außerdem muß der Sprecher sorgfältig darauf achten, daß er dem Zuhörer ganz generell wenig Gelegenheit gibt, das Wort an sich zu reißen. Wenn der Sprecher innehält oder Luft holt, hebt er deshalb mitunter die Hand oder hält sie reglos in einer bestimmten Position. Das hat den Effekt, daß der Zuhörer von vorwitzigen Wortmeldungen abgeschreckt wird, und es unterdrückt gleichzeitig Rücklaufsignale, weil offensichtlich ist, daß der Sprecher nicht zum Weiterreden ermutigt werden muß.

Der Sprecher, der das Wort an den Zuhörer abgeben möchte, kann dies durch eine ganze Reihe von Signalen zum Ausdruck bringen. Er kann seine Absicht zum Beispiel zeigen, indem er Blickkontakt zum Zuhörer sucht, leiser spricht, die letzten Worte einer Äußerung in die Länge zieht, mit abfallender Betonung spricht oder abschließende Formulierungen wie »Nun ja« oder »Tja, so ist das« benutzt.

Wie dem Sprecher stehen auch dem Zuhörer zwei Möglichkeiten offen – er kann entweder versuchen, das Wort zu ergreifen, oder signalisieren, daß dies nicht in seiner Absicht liegt. Das effektivste Mittel, um zu zeigen, daß man nichts sagen möchte, ist der Rücklaufkanal – mit anderen Worten, man nickt zustimmend, lächelt, sieht interessiert aus und gibt bestätigende Laute wie »mhmm« oder »aha« von sich. Will der Zuhörer hingegen das Wort ergreifen, kann er entweder darum bitten oder es einfach an sich reißen. Um das Wort bitten kann man beispielsweise durch hörbares Einatmen – was anzeigt, daß man im Begriff steht, etwas zu sagen. Wer die Sprecherrolle usurpieren will, kann entweder schnell einhaken, wenn der Sprecher eine Pause macht – wobei er tunlichst woanders hinsieht, um sicherzustellen, daß der Einwurf nicht als Rücklauf mißverstanden wird –, oder den Sprecher mit derartiger Bravour unterbrechen, daß er erschreckt verstummt.

Die in Italien üblichen Signale für einen Sprecherwechsel unterscheiden sich erheblich von denen in anderen Teilen Europas. In Großbritannien basieren Gespräche im allgemeinen auf dem Prinzip der Kooperation, mit einem Minimum an Unterbrechungen, während in Italien Simultanmonologe durchaus üblich sind, so daß Gespräche äußerlich oft den Anschein erwecken, als würden die Beteiligten um die Wette reden. Ein weiterer interessanter Unterschied ist das Verhalten des Zuhörers. In einem britischen Gespräch neigt der Zuhörer dazu, den Sprecher öfter anzusehen als umgekehrt – zum Teil, weil der Sprecher den Blick abwendet, um seine Gedanken zu sammeln und seine Anrechte auf die Wortführung zu sichern, aber auch, weil von einem britischen Zuhörer erwartet wird, daß er Interesse für die Worte des anderen zeigt. Dieses Verhalten kann man auch in Italien beobachten, vor allem, wenn der Sprecher einen höheren Status hat als der Zuhörer und wenn – wie vielleicht zu erwarten – der höhergestellte Sprecher den Blick abwendet, während der niedriggestellte Zuhörer ihn aufmerksam ansieht.

Aber es gibt auch zahlreiche Fälle, in denen die Situation umgekehrt ist und in denen der Zuhörer den Sprecher viel seltener ansieht als der Sprecher ihn. Dieses Blickmuster ist in Italien fast so etwas wie ein Konversationsspiel – der Zuhörer leugnet immer wieder seine Rolle, indem er den Blick abwendet, während der Sprecher ständig versucht, den anderen in die Zuhörerrolle zurückzubringen, indem er ihn unentwegt anstarrt. Bei einem italienischen Gespräch kann man häufig beobachten, daß der Zuhörer den Blick umherschweifen läßt und dabei fast ein bißchen gelangweilt wirkt, während der Sprecher eifrig bemüht ist, den Blick auf sich zu lenken, manchmal indem er seine Körperhaltung verändert, meistens jedoch, indem er vor dem abgewandten Gesicht des Zuhörers gestikuliert und dabei seine Hände benutzt wie zwei Greifmagneten, die den Blick des Zuhörers wieder auf ihn ziehen sollen. Das Schauspiel hat gewisse Ähnlichkeiten mit jenen Ballettszenen, in denen der Held die keusche Maid um die Bühne jagt und sie nie ganz zu fassen kriegt, obwohl er ihr immer dicht auf den Fersen bleibt.

In Italien basiert der Wechsel der Sprecherrolle auf einem Prinzip, das man als »Muschelhornmodell« bezeichnen könnte – nach der berühmten Szene in William Goldings *Herr der Fliegen*, wo eine Gruppe von Schuljungen auf einer einsamen Insel gestrandet ist und den Beschluß faßt, daß immer nur eine Person auf ihren Versammlungen sprechen soll – der Junge, der das zeremonielle Muschelhorn hält. Italienische Gespräche entsprechen einem solchen Muschelhornmodell – nicht, weil sie das Simultanreden abgeschafft hätten (alles andere als das!), sondern weil die Person, die ihre Hände in der Luft hält, zum Sprecher wird.

Wer das Wort behalten will, muß lediglich dafür sorgen, daß er die Hände in der Luft behält und ständig bewegt, um auf diese Weise seine Worte zu unterstreichen und die Aufmerksamkeit des Zuhörers zu fesseln. In anderen Ländern versucht der Sprecher, der seine Rolle nicht abgeben will, den Zuhörer zu Rücklaufsignalen in Form eines Kopfnickens oder verbaler Bestätigungen zu provozieren.

Um zu zeigen, daß er das Wort behalten will, muß ein italienischer Sprecher drei Dinge tun. Erstens muß er seine Hände hoch und in Bewegung halten. Zweitens muß er sicherstellen, daß der Zuhörer keine Ansprüche auf die Sprecherrolle erhebt. Das läßt sich am besten bewerkstelligen, indem er den Blick des Zuhörers auf sich lenkt. Schließlich muß der Sprecher dafür sorgen, daß der Zuhörer seine eigenen Hände nicht hochbekommt und auf diese Weise vielleicht die Sprecherrolle an sich reißt. Dazu muß er ihn physisch daran hindern, die Hände hochzuheben. Wenn man Italiener beim Gespräch beobachtet, kann man oft beobachten, daß der Sprecher seine Hand sanft auf den Unterarm des Gesprächspartners legt. Oberflächlich betrachtet, wirkt dies wie eine Geste der Zuneigung. Doch in Wahrheit soll sie signalisieren, daß der Sprecher jeden Versuch des Zuhörers, seine Hände zu erheben, energisch unterbinden wird.

Wenn der Sprecher seine Rolle abgeben will, läßt er einfach die Hände sinken und zeigt damit an, daß er für den Moment ausgeredet hat. Ein weiteres abschließendes Signal ist in Italien das Achselzucken. Ein Sprecher, der seine Ausführungen beenden will, zuckt häufig die Schultern, fast als ob er seine Hilflosigkeit demonstrieren wollte. In diesem Zusammenhang ist interessant, daß die Briten, die das Achselzucken nicht in diesem Sinn verwenden, ihre Ausführungen manchmal mit Formulierungen wie »Tja, ich weiß nicht« beenden, die dieselbe Botschaft der Distanzierung und Hilflosigkeit enthalten wie das Achselzucken.

Die Rolle des Zuhörers in italienischen Gesprächen ist relativ unkompliziert. Um sich alle Möglichkeiten offenzulassen und der anderen Person jegliches Dauerrecht an der Sprecherrolle zu verweigern, muß der Zuhörer den Blick abwenden. Falls er selbst zu Wort kommen möchte, muß er allerdings die Hände des Sprechers irgendwie herunterbekommen, normalerweise indem er danach greift und sie herunterdrückt und auf diese Weise den Sprecher zum Verstummen bringt. Wenn der Zuhörer nicht die Absicht hat, das Wort zu ergreifen, oder wenn er seinen Respekt zeigen möchte, kann er das tun, indem er entweder den Sprecher ansieht, die Arme faltet oder sie auf den Rücken legt. Oberflächlich betrachtet, wirken diese Armhaltungen locker und entspannt. Im Kontext einer italienischen Konversation dienen sie jedoch häufig als »Beweis der Harmlosigkeit«; sie zeigen dem Sprecher, daß der Zuhörer seine Hände auf eine Weise hält, die es ihm schwermachen würde, das Wort zu ergreifen. Die Tatsache, daß diese statischen Signale vom Zuhörer eingesetzt werden, um seinen Verzicht auf die Sprecherrolle zu verdeutlichen, erklärt zum Teil, warum ein verbaler Rücklauf überflüssig ist und in italienischen Gesprächen selten vorkommt. Außerdem ist ein verbaler Rücklauf schon deshalb selten, weil Italiener für gewöhnlich so erpicht darauf sind, selbst das Wort zu ergreifen, daß sie keinerlei Ermutigung von seiten des Zuhörers brauchen.

Die Gesprächsstile in Europa sind zweifellos sehr vielfältig und reichen von dem lauten, ausgelassenen Stil der Italiener bis hin zu dem behutsamen und eher vorsichtigen Stil der Finnen. Der Gesprächsstil der Griechen und Türken ähnelt eher dem der Italiener, während der Gesprächsstil der Schweden, Deutschen, Holländer und Briten mehr dem der Finnen entspricht. Die Italiener genießen es zu reden, sie schweigen ungern und fallen sich häufig ins Wort. Das Gespräch ist für sie eine Art Wettstreit. Für die Finnen ist es eine Gelegenheit zur Kooperation, und deshalb können sie sich auch lange Pausen beim Sprechen leisten, weil sie genau wissen, daß der andere die Situation nicht ausnutzen und ihnen das Wort entreißen wird.

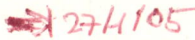

Klosetts

Die heute üblichen Toiletten sind eine relativ neue Erfindung.
Das erste Klo mit Wasserspülung wurde von Sir John Harington, einem Patensohn von Elisabeth I., entwickelt. Er baute zwei Prototypen, beide mit Spülkasten, Klosettschüssel, Überlaufrohr, Ventil, Abflußrohr und Brille. Einer wurde in seinem Haus in Kelstone in der Nähe von Bath installiert, der andere bei seiner Patentante in Richmond Palace. Harington schrieb auch ein Buch über seine Erfindung, in dem er unter anderem die verderbten und ungesunden Angewohnheiten seiner Landsleute aufs heftigste kritisierte. Eine Kopie hing offenbar neben dem Richmonder Wasserklosett an einer Kette von der Wand. Aber weder diese Schmähschrift noch die Schirmherrschaft der Tante konnten die Engländer davon überzeugen, daß die Zeit für das Wasserklosett reif war. Tatsächlich sollte es noch gut zweihundert Jahre dauern, bevor das erste Wasserklosett erfolgreich patentiert wurde. In der Zwischenzeit vertrauten die Briten und ihre kontinentalen Verwandten lieber auf den Nachttopf, den sie nach Gebrauch in eine Senkgrube oder durchs Fenster auf die Straße entleerten. Letzteres geschah oft ohne jegliche Vorwarnung. Die Bewohner von Edinburgh standen allerdings in dem Ruf, in dieser Hinsicht etwas rücksichtsvoller zu sein als die meisten ihrer Zeitgenossen: Bevor sie ihre Nachttöpfe auf den Köpfen argloser Passanten ausschütteten, riefen sie laut *Gardyloo!* – eine Adaption des französischen *gardez l'eau*, »Vorsicht Wasser!«.
Nachttöpfe waren weit verbreitet. Aber die königliche Familie und jene Mitglieder der feinen Gesellschaft, die an Komfort und am äußeren Schein interessiert waren, tendierten zum Klosettstuhl. Letzterer bestand aus einem Sessel mit Loch in der Sitzfläche oder aus einem Kasten mit hochklappbarem Deckel, der ein ringförmiges Polsterkissen freigab. Doch nicht jeder nutzte diese Annehmlichkeiten. Die Landbevölkerung bevorzugte die Feldmark, und auch die Städter fanden nichts dabei, sich dort zu erleichtern, wo sie gerade gingen und standen. Aus

den Aufzeichnungen von Anthony à Wood, einem Historiker des siebzehnten Jahrhunderts, wissen wir, daß der Hofstaat von Charles II. den Sommer 1655 in Oxford verbrachte, um der in London wütenden Pest zu entfliehen; Wood hat auch beschrieben, wie es aussah, als die Gäste ihr Lager wieder abbrachen: »Sie hinterließen bei ihrer Abreise Exkremente in allen Ecken, Kaminen, Studierzimmern, Rübenkammern und Kellern.« Samuel Pepys hielt in seinem Tagebuch fest, daß er »gezwungen war, zweimal in der Nacht mitten in den Kamin zu scheißen«, weil die Magd vergessen hatte, den Nachttopf in sein Schlafzimmer zu stellen. Während des achtzehnten Jahrhunderts gab es Männer, die ausgerüstet mit einem Korb und einem langen Umhang durch die Straßen zogen. Wer einen angemessenen Obulus entrichtete, konnte sich unter dem Mantel verbergen und sich geschützt vor neugierigen Blicken in den Korb entleeren. Dann gab es natürlich noch die öffentlichen Parks. Casanova beschrieb, wie er während seines Londonaufenthalts in den St. James Park ging, um einen Blick auf die vorbeiflanierenden Schönheiten zu werfen, und dabei folgende Entdeckung machte: »Auf dem Weg... erblickte ich zu meiner Linken zwischen den Büschen in zwölf oder fünfzehn Schritt Entfernung etwas Unanständiges, das mich überraschte. Vier oder fünf Personen verrichteten in Abständen voneinander ihre Bedürfnisse und zeigten dabei den Vorübergehenden ihr Hinterteil.«

Als Casanova sich bei dem Earl of Pembroke über dieses empörende Schauspiel beklagte, zuckte dieser nur die Achseln und erwiderte, daß es ein alltäglicher Anblick sei.

Die meisten Gesellschaften haben eine starke Aversion gegen menschliche Fäkalien. Das ist durchaus keine angeborene Abneigung; kleine Kinder beschäftigen sich fasziniert und neugierig mit ihren eigenen Körperausscheidungen, bis man ihnen beigebracht hat, wie sie ihre natürlichen Regungen unterdrücken und wann und wie sie sich erleichtern dürfen. Der Stuhlgang wird reglementiert: Was für das Kind als natürliche, häufig vergnügliche Erfahrung beginnt, endet als kulturell eingeschränkte Tätigkeit, die mit allen möglichen Tabus und widerstreitenden Gefühlen verbunden ist. So lernen Kinder unter anderem, daß das Kacken eine beschämende Aktivität ist, etwas, das man nur unter Ausschluß der Öffentlichkeit praktizieren und ganz gewiß nicht öffentlich erörtern darf.

Die Ansichten über die Privatheit oder Öffentlichkeit dieser Tätigkeit haben sich im Laufe der Geschichte oft gewandelt. Im alten Rom hatten die Häuser zum Beispiel keine abgeschlossenen Toiletten. Wer sich erleichtern mußte, schickte einen Sklaven nach einem Nachttopf und benutzte ihn an Ort und Stelle. Wenn man sein Geschäft erledigt hatte, wies man den Sklaven an, den Topf wieder zu entfernen. Kaiser Vespasian ließ schon im ersten Jahrhundert vor Christus öffentliche Pissoirs in Rom bauen, und es gab auch öffentliche Latrinen mit Sitzreihen, die über einem Auffangbecken angebracht waren. Das Toilettenpapier war noch nicht erfunden, und so benutzten die Leute Schwämme, die sie auf Stöcke steckten. Diese Schwämme waren für gewöhnlich mit Salzwasser getränkt. Nach dem Gebrauch wurden sie unter fließendem Wasser gereinigt und für den nächsten Benutzer bereitgelegt. Schon die Tatsache, daß die Schwämme nicht weggeworfen, sondern brüderlich geteilt wurden, zeigt, wie sehr der Stuhlgang als eine öffentliche Angelegenheit betrachtet wurde.

Obwohl im Mittelalter private Latrinen aufkamen, blieben sie weiterhin eine Rarität. Häufiger waren rudimentäre »Hängeklos«, Toilettensitze, die für gewöhnlich zwischen zwei Häusern aufgehängt waren – und eher jener Vorrichtung glichen, die im *Decamerone* beschrieben wird, wo der Pferdehändler Andreuccio auf den Planken einer Latrine das Gleichgewicht verliert und in die darunter liegende Schmutzgrube fällt. In Frankreich wurde der öffentliche Aspekt des Scheißens sogar ein Teil des königlichen Prunks und Pomps. Ludwig XIV. behandelte seinen Klosettstuhl wie einen Thron und war auch nicht abgeneigt, seine Audienzen von diesem »Thron« aus zu halten. Der englische Botschafter Lord Portland betrachtete es als große Ehre, daß er vom König unter diesen Umständen empfangen wurde. Vom selben Aussichtspunkt aus verkündete Ludwig auch seine Verlobung mit Mme. de Maintenon.

Nach den Schilderungen von Sir William Wraxall hatte Ferdinand IV. von Neapel ähnliche Sitzungsgewohnheiten. Aus dem Neapel des Jahres 1779 berichtete er: »Diese Künste und Funktionen, die in England nie mit einem Sterbenswörtchen erwähnt werden, nicht einmal vom gemeinen Volk, werden hier in aller Öffentlichkeit ausgeführt. Wenn der König ein herzhaftes Mahl genossen hat und den Wunsch nach einem stillen Örtchen verspürt, setzt er häufig die umstehenden Adligen von dieser Absicht in Kenntnis und wählt einige seiner Lieblinge aus, die ihn – als Zeichen seiner Gunst – auf diesem Weg begleiten dürfen. ›Sono ben pransato‹, so pflegt er zu sagen und legt dabei die Hand auf seinen Bauch, ›Adesso bisogna una buona pachniata‹. Die so erkorene Person geleitet dann seine Majestät, steht respektvoll hinter ihm und unterhält ihn während der Sitzung durch ihr Geplauder.«

Selbst heutzutage unterscheidet sich die französische Haltung zu Körperausscheidungen noch beträchtlich von der anderer Europäer. Zum einen legen sie weit weniger Wert auf Ungestörtheit. Das zeigte sich besonders deutlich an den *pissoirs*, jenen Freilufturinalen, die von einem halbherzigen Blechzaun umgeben waren, Kopf und Füße jedoch freiließen, so daß der Benutzer ungehindert mit vorbeikommenden Passanten plaudern konnte, während er fleißig Wasser ließ. Leider sind die meisten dieser alten *pissoirs* verschwunden. An ihre Stelle sind die vandalensicheren *toilettes* getreten. Heute kann man beim Urinieren nicht mehr das bunte Treiben dieser Welt verfolgen, sondern bezahlt seine zwei Francs und wird von einer funktionalen Kachelwelt verschluckt, in der man nicht einmal mehr selbst spülen muß. All das wird einem abgenommen, sobald man den Knopf drückt, um die Tür zu öffnen. Wenn der Kunde das Klo verläßt, reinigt die *toilette* sich selbst.

Obwohl die französische Einstellung zu Körperausscheidungen von den neuen *toilettes* verborgen wird, zeigt sie sich weiterhin an anderen Klokonventionen – wie zum Beispiel an der gemeinsamen Toilette für Männer und Frauen, die in französischen Restaurants üblich ist. In britischen und deutschen Restaurants gibt es getrennte Toiletten für Männer und Frauen, was bedeutet, daß die Leute einen Ort haben, an dem sie sich ungestört über die Angehörigen des jeweils anderen Geschlechts unterhalten können. In Frankreich ist es dagegen nichts Ungewöhnliches, daß Männer und Frauen dasselbe Klo benutzen und daß Urinbecken, Toilette und Waschgelegenheit sich in unmittelbarer Nachbarschaft befinden. Eine Frau, die sich die Hände wäscht, findet sich also möglicherweise neben einem wildfremden Mann wieder, der gerade das Urinbecken benutzt, während er für seinen Teil damit rechnen muß, daß wildfremde Frauen an ihm vorbei zum Klosett marschieren. Zu einer ähnlichen Situation kommt es in öffentlichen Toiletten, in denen häufig weibliches Aufsichtspersonal beschäftigt ist. Diese Konstellation ist männlichen Ausländern mitunter äußerst peinlich, vor allem wenn sie aus Ländern kommen, wo diese Einrichtungen nach Geschlechtern getrennt sind und wo man in keinem Fall damit rechnen muß, von unbekannten Frauen beobachtet zu werden, während man seinen Hosenschlitz öffnet und seine Notdurft verrichtet.

Dann ist da noch die Sache mit der Toilette selbst. In Frankreich, vor allem im Süden und in den ländlichen Gegenden, besteht ein Wasserklosett häufig aus einer flachen Porzellanschüssel mit Erhebungen für die Füße und einem Loch in der Mitte, über dem man in die Hocke geht. Für Leute, die an diese Position gewöhnt sind, ist das weiter kein Problem und die natürlichste Sache der Welt. Leute, die an ein Sitzklo gewöhnt sind, finden das Hockklo unbequem, stressig und extraterrestrisch. Was sie betrifft, widerspricht es eindeutig allen Regeln der Zivilisation.

Auch in ihrer Vorliebe für das Bidet sind die Franzosen einzigartig. Man hat die These aufgestellt, daß das Auftauchen des Bidets um etwa 1730 auf die französische Sitte der »begrenzten Waschungen« zurückzuführen sei und auf eine starke Spezialisierung der Räume in den vornehmen Häusern. In jener Zeit kamen alle möglichen Arten von Zimmern in Mode, jedes mit einer ganz speziellen Funktion – ein Zimmer für das Waschbekken, eins für die Toilette, eins für die Badewanne etc. Nach Ansicht von Experten wie Georges Vigarello trug diese Entwicklung dazu bei, daß mehr Wert auf Reinlichkeit gelegt wurde, was wiederum dazu beitrug, das Bidet populär zu machen. Die Verbreitung des Bidets hing auch mit der französischen Vorliebe für Parfüms zusammen und mit der Sitte, intime Stellen mit wohlriechenden Flüssigkeiten zu versehen. Das Bidet war also sowohl ein Hygiene- als auch ein Lustaccessoire – ein Mittel, um die Genitalien sowohl sauber als auch wohlriechend zu halten.

Britische und amerikanische Frankreichbesucher stehen häufig ratlos vor den Bidets in ihren Hotelzimmern. Einige halten sie irrtümlich für Urinbecken oder Wasserklosetts, andere benutzen sie, um ihren Wein darin zu kühlen oder ihre Unterwäsche einzuweichen. Wie Alexander Kira in seinem Buch *Das Badezimmer* ausführt, vermuten viele Amerikaner und Briten auch, daß das Bidet irgend etwas mit Sex zu tun habe, oder »sind der Auffassung, das Bidet sei nur zum Duschen der Vagina da, empfängnisverhütend oder nicht empfängnisverhütend« oder um die Scheidenregion nach dem Geschlechtsakt zu waschen. Diese Mißverständnisse über den wahren Sinn des Bidets haben viel zu dem Klischee der sexuell aktiven und promisken französischen Frau beigetragen. Aus welchem Grund, fragt sich der ausländische Besucher, sollten die Franzosen wohl so viele Bidets brauchen, wenn ihre Frauen sich nicht pausenlos waschen müßten.

Eine jüngere Studie von Scott Ltd., einem Hersteller von Toilettenpapier, zeigt, daß die Briten keine besonders hohe Meinung von ausländischen Toiletten haben. Nach Ansicht der Befragten hat Frankreich die schlimmsten aller Toiletten, gefolgt von Thailand und Griechenland. Als Hauptkritikpunkte an den ausländischen Toiletten nannten die Befragten: allgemein schmutziger Zustand, fehlendes Toilettenpapier und schlechte Waschgelegenheiten. Die Briten sind eindeutig ziemlich eigen mit ihrem Toilettenpapier. Obwohl man vielleicht das Gegenteil erwarten würde, ist das Marktvolumen von Toilettenpapier in Großbritannien fast doppelt so hoch wie in Deutschland. Der Hauptgrund ist die überlegene Qualität des britischen Papiers – was die Tatsache widerspiegelt, daß die Briten viel mehr darauf achten, womit sie ihr Hinterteil abwischen, als die Deutschen. Wenn man irgendwas auf den Ruf geben kann, sind die Franzosen nicht viel besser. Wie der amerikanische Humorexperte Billy Wilder sagte: »Frankreich ist ein Ort, wo die Geldscheine sich beim bloßen Anfassen auflösen, während das Klopapier absolut reißfest ist.«

Deutsche Klogewohnheiten unterscheiden sich noch in anderer Hinsicht von den britischen. Zum einen sind die deutschen Toiletten für gewöhnlich vom variablen Flachpfannentyp, was bedeutet, daß der Kot auf einen flachen Sims fällt und inspiziert werden kann, bevor man die Spülung betätigt. In bestimmten Kreisen gilt die genaue Untersuchung der eigenen Exkremente als wesentlicher Bestandteil des Toilettenrituals. Das hängt mit dem uralten, bereits von Plinius erwähnten Glauben zusammen, daß eine sorgfältige Untersuchung der Farbe und Konsistenz des Kots Aufschluß über den Gesundheitszustand eines Menschen gibt – ein Glaube, der in Deutschland auch heute noch viele Anhänger hat.

Bei einer Toilette mit flacher Schüssel ist es fast unmöglich, die eigenen Fäkalien nicht zu sehen. Statt sofort unter die Wasseroberfläche abzusinken, liegen sie dick und breit in der Mitte der Schale und fordern eine Inspektion geradezu heraus. Die Flachpfannentoilette hat den Nachteil, daß sie häufig mehrmaliges Spülen und ein kräftiges Nachschrubben mit der Toilettenbürste erfordert, bevor die Exkremente endgültig im Abflußrohr verschwinden. Das bedeutet, daß das Risiko der Verschmutzung schon von vornherein viel größer ist als bei anderen Wasserklosetts. So klagt zum Beispiel Erica Jong in ihrem Roman *Angst vorm Fliegen* über die Deutschen und ihre »fanatische Besessenheit, mit der sie die Illusion von Sauberkeit aufrechterhielten. Illusion, wohlgemerkt, denn die Deutschen sind nicht wirklich sauber… betreten Sie mal in Deutschland eine öffentliche Toilette, und Sie werden eine Anlage vorfinden, wie es sie sonst auf der Welt nicht gibt. Die reizende, für die fallende Scheiße bestimmte kleine Porzellanplatte (damit Sie erstere begutachten können, bevor sie auf Nimmerwiedersehen in den gurgelnden Schlund wirbelt) ist so gut wie trocken, ehe Sie ziehen. Infolgedessen stinken deutsche Toiletten stärker nach Scheiße als sonstige Toiletten, wo auch immer.«

Falls die deutschen Klos schmutziger sein sollten als die meisten anderen, so hat sich dies jedenfalls nicht in den Ansichten niedergeschlagen, die die Ausländer von ihnen haben. Die von Scott Ltd. durchgeführte Untersuchung hat zum Beispiel ergeben, daß die Briten die deutschen Toiletten für die viertbesten der Welt halten – nach denen der USA, Großbritanniens und der Schweiz. Dagegen halten Kontinentaleuropäer die deutschen Toiletten für die drittbesten – nach jenen der USA und der Schweiz. Außerdem zeigen Marktforschungen, daß die Pro-Kopf-Ausgaben für Toilettenreiniger in Deutschland fast doppelt so hoch sind wie in Frankreich, Italien und dem Vereinigten Königreich – was darauf hindeutet, daß die deutschen Toiletten entweder sauberer sind als die meisten anderen oder daß man doppelt so viel Reinigungsmittel braucht, um sie sauber zu halten.

Doch gleichgültig, wie man diese Ergebnisse interpretiert – es bleibt die Tatsache, daß die Deutschen eine Menge Geld ausgeben, um ihre Toiletten sauber zu halten. Das mag mit ihrem Reinlichkeitsbedürfnis zusammenhängen, aber es könnte auch auf ihre Faszination für alles Skatologische zurückzuführen sein. Nach Ansicht des amerikanischen Volkskundlers Alan Dundes zeichnet sich die gesamte deutsche Kultur dadurch aus, daß sie von »Scheiße« besessen ist. Anspielungen darauf tauchen regelmäßig in deutschen Witzen, Rätseln und Sprichwörtern auf und bilden die Grundlage der meisten deutschen Schimpfworte und Obszönitäten. Auch die Briten haben ein durchaus beachtliches Repertoire an fäkalen Ausdrücken – einschließlich Worten wie *crap*, *bullshit* und *arsehole* – aber was die skatologischen Obszönitäten angeht, können sie den Deutschen nicht das Wasser reichen.

Die häufigste deutsche Obszönität ist »Scheiße«. Der Ausdruck wird als Fluchwort, Ausdruck des Ärgers und als Beleidigung verwendet – wie im Fall von »Scheiß drauf«, »verdammter Scheiß« oder »Scheißdreck«. Der Arsch als solcher spielt ebenfalls eine wichtige Rolle in der deutschen Beleidigungsmetaphorik – vor allen bei dem Ausdruck »Leck mich am Arsch«. Wie die Scheiße nimmt auch das Arschlecken eine herausragende Stellung im Verzeichnis der deutschen Obszönitäten ein. Es hat die Aufmerksamkeit zahlreicher Wissenschaftler erregt, und laut Alan Dundes »gibt es ganze Bücher, die dem Thema gewidmet sind und das Auftauchen dieser Beleidigung in der Literatur und im Leben dokumentieren«.

Das Thema des Arschleckens ist sehr alt und geht auf den mittelalterlichen Glauben zurück, daß Teufelsanbeter ihren Meister ehrten, indem sie sein Hinterteil küßten. Die beleidigende Variante ist allerdings jüngeren Datums. In Deutschland wurde sie von Goethe populär gemacht, aber tatsächlich läßt sie sich bis ins siebzehnte Jahrhundert zurückverfolgen. Im neunzehnten Jahrhundert war sie erwiesenermaßen bekannt, denn das 1811 erschienene *Dictionary of the Vulgar Tongue* erwähnt den Ausdruck »*kiss mine arse*« und gibt folgende Erklärung dafür: »ein Angebot... das häufig gemacht, aber nie angenommen wird.« Es ist sehr wahrscheinlich, daß die Beleidigung schon seit dem sechzehnten Jahrhundert in ganz Europa gebräuchlich war. Nach James McDonald »kannte Shakespeare das Prinzip. In *Heinrich IV., zweiter Teil* wird der französische Dauphin, als er in Ohnmacht fällt, als *Monsieur Basimecu* bezeichnet, ein Pun auf das französische *baise mon cul*, wörtlich ›Küß-meinen-Arsch‹.«

Die deutsche Vorstellung von Scheiße ist nicht ganz konsequent, weil sie sowohl positive wie negative Elemente enthält.

Dundes erwähnt zum Beispiel, daß es bei deutschen Bauern üblich war, große Misthaufen mit menschlichen und tierischen Exkrementen vor ihren Höfen zu errichten. Dabei ging es nicht darum, den Mist dort zu lagern, wo er potentiell gebraucht wurde, sondern darum, andere Leute in den Genuß seines Anblicks zu bringen – mit anderen Worten, um öffentlich zu demonstrieren, daß man ein reicher Mann war, weil man viel Vieh hatte. Je größer der Misthaufen, desto größer mußte zwangsläufig der Viehbestand sein. Positive Anspielungen auf das Anale finden sich auch in Märchen und bei Spielzeugen – das Märchen von der Gans, die goldene Eier legt, ist ein maskiertes Beispiel, während die Figur des »Dukatenscheißers«, ein Esel, aus dessen Hinterteil Münzen kommen, ganz offen auf die Thematik anspielt. In beiden Fällen wird der After nicht als Ursprung von etwas Schmutzigem und Fäkalen dargestellt, sondern als Quelle des Glücks.

Diese Gleichsetzung des Afters mit Glück und Wohlstand findet sich auch in anderen europäischen Ländern. Die Franzosen benutzen zum Beispiel manchmal den Ausdruck *avoir du cul*, wenn sie sich auf das Glück beziehen, und bei den Italienern gibt es ein Handzeichen mit derselben Bedeutung. Bei dieser Gebärde werden Daumen und Zeigefinger so gehalten, daß sie ein großes Loch bilden. In einigen Fällen wird dieses Zeichen als obszöne Drohgebärde eingesetzt, die besagt: »Paß auf! Ich werd dir deinen Arsch so weit aufreißen!« In anderen Situationen steht das Zeichen für *un culo grande*, das heißt, für Glück und ein großes Arschloch. Hier bringt die Person, die die Gebärde ausführt, zum Ausdruck: »Mein Glück war so groß, daß mein Arschloch diesen Umfang angenommen hat.« Diese Geste geht auf die banale Beobachtung zurück, daß Menschen, die viel essen, auch viel scheißen. Für die armen italienischen Bauern, die nie wußten, woher sie die nächste Mahlzeit nehmen sollten, war ein großes Arschloch die natürliche Metapher für Glück und Wohlstand.

Es ist bemerkenswert, daß die Briten zwar keine Verbindung zwischen Glück und Arsch herstellen, aber überzeugt sind, daß es Glück bringt, wenn man versehentlich in Scheiße tritt. Jahrhundertelang gab es dafür ein Sprichwort: *Shitten luck is good luck*. Das Sprichwort ist heute nicht mehr gebräuchlich, aber die darin ausgedrückte Überzeugung ist nach wie vor lebendig.

Man hat die These aufgestellt, daß das fasziniert Interesse der Deutschen an der Scheiße auf den alten Brauch des Wickelns zurückgeht. Alan Dundes hat zum Beispiel die Ansicht vertreten, daß die alte Praxis, Säuglinge mit langen Stoffbahnen zu umwickeln, die Kinder nicht nur an freien Bewegungen hinderte, sondern sie auch zwang, stundenlang in ihren eigenen Exkrementen zu liegen. Dies, so Dundes, führte zu allen möglichen Witzen darüber, wie jemand ins Bett oder in die Hosen macht, und förderte eine Persönlichkeitsstruktur, die Freudianer als »anal-erotisch« oder »anal-festhaltend« bezeichnen würden. Dundes geht so weit zu behaupten, daß die gesamte Definition des analen Charakters auf Freuds Beobachtungen der deutsch-österreichischen Gesellschaft basiert. Ohne es zu wissen, so Dundes, habe Freud ein Charakterporträt seiner eigenen Gesellschaft gezeichnet. Das Problem an dieser Theorie ist, daß deutsche Eltern ihre Kinder heute kaum noch wickeln. Außerdem gibt es Länder wie Polen und Rußland, deren Bewohner extensive Windelanhänger waren und trotzdem nie ein besonderes Interesse am Thema Scheiße entwickelt haben.

Die Deutschen stehen in dem Ruf, sich intensiv mit ihrem Verdauungssystem zu beschäftigen – der deutsche Künstler George Grosz bezeichnete Deutschland einmal als »Hauptquartier der Verstopfung« –, doch wenn es um Probleme mit der Verdauung geht, schießen die Briten eindeutig den Vogel ab. Von einem sehr zarten Alter an wird den Briten eingeimpft, daß eine gute Konstitution von einem regelmäßigen und häufigen Stuhlgang abhängig ist. Tatsächlich sind viele Briten der Ansicht, daß sie unter Verstopfung leiden, wenn sie nicht mindestens einmal am Tag ihren Darm entleeren – etwas, das dem Durchschnittseuropäer kaum auffallen, geschweige denn Sorgen bereiten würde. So gesehen ist es kein Wunder, daß der britische Verbrauch an Abführmitteln europaweit der höchste ist und daß man die Verstopfung mit zahlreichen anderen Symptomen in Verbindung bringt. Jonathan Miller weist in seinem Buch *The Body in Question* darauf hin, daß »die Engländer besessen von ihren Eingeweiden sind. Wenn ein Engländer über Verstopfung klagt, weiß man nie, ob er damit seinen ausbleibenden Stuhlgang, seine Abgespanntheit, seine Kopfschmerzen oder seine Depressionen meint.«

Es gibt mehrere Theorien darüber, warum die Briten sich so

obsessiv mit ihrem Stuhlgang beschäftigen. Ein Erklärungsansatz stellt auf die britische Ernährung ab und hält die ungenügende Aufnahme von Ballaststoffen für die Ursache der chronischen Verstopfung. Ein weiterer Erklärungsansatz weist darauf hin, daß die Schüler der englischen Public Schools täglich einem Verhör über ihre Verdauung unterzogen werden, nach dem Motto »Habt ihr oder habt ihr nicht«, und daß die Angst vor dieser täglichen Inquisition inzwischen die gesamte englische Gesellschaft durchdringt. Die dritte Erklärung ist psychoanalytischer Natur; sie meint, daß die Briten auf die anale Phase ihrer Entwicklung fixiert sind – insbesondere auf die anal-expulsive Phase, in der das Kind Vergnügen an seinen Körperausscheidungen entwickelt – und daß die Briten daher mit starken Ängsten reagieren, wenn der regelmäßige Stuhlgang ausbleibt. Die vierte und letzte Erklärung hält die Theorie der Selbstvergiftung für die Wurzel des Übels. Laut Lynn Payer, einer Expertin für Kultur und Medizin, war die Theorie der Selbstvergiftung zu Anfang dieses Jahrhunderts überaus populär. Nach dieser Theorie geht verdaute Nahrung, die längere Zeit im Darm verweilt, sehr rasch in Fäulnis über und vergiftet den Körper. Das einzige Mittel, um eine Selbstvergiftung des Körpers zu verhindern, ist also ein regelmäßiger und häufiger Stuhlgang.

Zu den Dingen, die alle Europäer nach Möglichkeit vermeiden, gehören direkte Erwähnungen des Stuhlgangs und Urinierens und der Orte, an denen diese Tätigkeiten verrichtet werden. Jede europäische Gesellschaft hat ihre speziellen Euphemismen für die Toilette. Sogar die Franzosen, die es ganz zufrieden sind, ein *pissoir* als *pissoir* zu bezeichnen, verfügen über eine Unmenge von schönfärberischen Ausdrücken für die Toilette – wie *les water*, eine Abkürzung des von den Briten entlehnten Ausdrucks *les W. C.*, und den verwandten Begriff *les lieux*, was einer der möglichen Kandidaten für den Ursprung des britischen *loo* ist. Die Franzosen sind auch nicht abgeneigt, ihre Toiletten nach lebenden oder toten Personen zu benennen – eine öffentliche Bedürfnisanstalt wird manchmal – nach einem Präfet dieses Namens – als *Rambeteau* bezeichnet. Gebräuchlich ist auch die Bezeichnung *Vespasienne*, was auf das italienische *Vespasiano* zurückgeht, das wiederum eine Anspielung auf einen Lateiner dieses Namens ist, nämlich jenen Kaiser, der die ersten öffentlichen Pissoirs im alten Rom bauen ließ.

Andere Europäer haben ähnliche Komplexe, wenn es um Toilettenbezeichnungen geht. Zu den deutschen Euphemismen gehören »Abort«, »stilles Örtchen« und »Abtritt« wie auch die Abkürzungen »D« und »H« für Damen und Herren und das englische »WC«. Die Deutschen sagen gelegentlich auch, daß sie sich »die Hände waschen« oder »telefonieren gehen«, wenn sie einen Abstecher aufs Klo machen wollen. Wenn die Russen nach der Toilette fragen, sprechen sie von *ubornaya*, was wörtlich übersetzt »Ort der Zierde« heißt. Die Spanier und auch die Italiener haben Begriffe für das Clo, die »Zufluchtsort« bedeuten. Zu den italienischen Euphemismen für die Toilette gehören *bagno*, »Bad«, und *servizi*, »Dienstleistungen«. Aber der populärste Begriff in Italien ist zweifellos *gabinetto*, das vom französischen *cabinet* für Raum oder Zimmer kommt. Die Holländer haben einen ähnlichen Ausdruck, *bestekamer*, was »bester Raum« bedeutet.

Die Briten verfügen über einen schier unerschöpflichen Vorrat an Euphemismen für die Toilette – worin sich vermutlich ihr großes Interesse an diesem Thema widerspiegelt (Prinz Charles sammelt zum Beispiel Klobrillen) wie auch ihre besondere Vorliebe für »Klowitze«. Robert Burchfield, der ein Buch über die historische Entwicklung der englischen Toilettenbezeichnungen geschrieben hat, berichtet, daß man zu Chaucers Zeiten die Toilette als *privy*, *chambre foreyne* oder abgekürzt *foreyne* bezeichnete. *Jakes* war ein beliebter Ausdruck des sechzehnten Jahrhunderts, und im siebzehnten Jahrhundert bezeichnete man die Toilette als *closet*, *latrine* und *necessary house*. Im achtzehnten Jahrhundert kamen *bog* und *bogs* auf, zusammen mit *water closet* und *dunny*. *Dunny* ist in Großbritannien nicht mehr gebräuchlich, schaffte es aber, nach Australien auszuwandern, wo es nach wie vor das gebräuchlichste Wort für Toilette ist. Das neunzehnte Jahrhundert erlebte die Einführung von *bog-house*, W. C. und *toilet* – wobei der letzte Begriff eine Entlehnung aus dem Französischen ist. Das gegenwärtige Jahrhundert hat ebenfalls eine Reihe von neuen Wortschöpfungen hervorgebracht wie *gents*, *ladies*, *john* und *lavatory*.

Heute ist *loo* die beliebteste Toilettenbezeichnung, ein Begriff, der offenbar im neunzehnten Jahrhundert Eingang in die englische Sprache fand. Man geht allgemein davon aus, daß *loo* französischen Ursprungs ist, obwohl man nicht genau weiß, ob es eine Ableitung von *l'eau*, »Wasser«, ist oder ob es von *lieu d'aisance*, »Ort der Erleichterung«, oder von dessen Abkürzung *lieu* kommt. Es gibt zwar keine Möglichkeit, diese Frage abschließend zu klären, aber es ist recht interessant, daß die Engländer im achtzehnten Jahrhundert tatsächlich die Formulierung »sich erleichtern« benutzten. In einem Brief, den David Garrick 1764 vom Kontinent schrieb, berichtet er zum Beispiel: »In Italien verrichten die Leute ihre *Notdurft*, in Deutschland *lassen sie Wasser*, aber in England (und nur in England) *erleichtern* sie sich.« Das deutet darauf hin, daß *loo* von dem französischen Wort für Ort abgeleitet wurde. Dafür spricht auch die Tatsache, daß die Franzosen die Toilette im achtzehnten Jahrhundert häufig als *cabinets d'aisance à l'anglaise* bezeichneten – mit anderen Worten als »englische Zimmer der Erleichterung«. Als Blondel, der Architekt von Ludwig XV., sich bei seinen englischen Freunden nach diesen Toiletten erkundigte, bestritten sie, je von deren Existenz gehört zu haben, was nicht überraschend ist, da sie im England jener Zeit außerordentlich rar gesät waren.

Man hat auch behauptet, daß *loo* gar nichts mit *l'eau* oder *lieu* zu tun hat, sondern von *bourdalou* komme, was ein pantoffelförmiger Nachttopf war, den die vornehmen französischen Damen im achtzehnten Jahrhundert benutzten, wenn sie auf Reisen gingen. Keith Allan und Kate Burridge sind der Ansicht, daß das Gerät nach einem berühmten französischen Jesuitenprediger, Louis Bourdaloue, benannt wurde, dessen Predigten in Versailles derart populär waren, daß die Gemeinde sich schon Stunden vor der Predigt versammelte. Da die Leute nicht bereit waren, ihre hart erkämpften Plätze wieder aufzugeben, erleichterten sie sich statt dessen in tragbare Nachttöpfe. Später sollen diese dann nach dem Prediger benannt worden sein.

Ja und Nein

Viele Leute glauben, daß sie durch ein Kopfnicken grundsätzlich ein »Ja« signalisieren und durch ein Kopfschütteln grundsätzlich ein »Nein«. Das ist ein Irrtum. Allein in Europa gibt es nicht weniger als drei verschiedene Codes für Kopfbewegungen, die »ja« oder »nein« signalisieren.

Der erste ist der »Nick-Schüttel-Code«, bei dem man mit dem Kopf auf und ab nickt, wenn man »ja« meint, und ihn seitlich von links nach rechts schüttelt, wenn man »nein« meint. Dies ist der bei weitem häufigste Code in Europa. Seine Verbreitung reicht von Portugal im Westen bis nach Rußland im Osten und von Skandinavien im Norden bis nach Spanien im Süden. Der zweite Code ist der »Senk-Werf-Code«, bei dem man den Kopf für ein »Ja« ruckartig nach vorn fallen läßt und für ein »Nein« in den Nacken wirft. Dieser Code findet sich in Griechenland, der Türkei, auf Sizilien und in Süditalien. Es gibt einige interessante Unterschiede zwischen dem Nick-Schüttel-Code und dem Senk-Werf-Code. Der erste auffällige Punkt ist, daß das Kopfnicken und das Kopfschütteln auf zwei verschiedenen Ebenen ablaufen, während das ruckartige Senken und Zurückwerfen des Kopfes auf derselben Ebene angesiedelt sind. Da ein mehrmaliges Kopfnicken (auf-ab-auf-ab-auf-etc.) sich stark von einem wiederholten Kopfschütteln (rechts-links-rechts-links-etc.) unterscheidet, können Leute, die den Nick-Schüttel-Code benutzen, ihre Bewegungen ununterbrochen wiederholen, wenn sie ihrer Aussage mehr Nachdruck verleihen möchten.

Diese Form der emphatischen Wiederholung steht Leuten, die den Senk-Werf-Code benutzen, nicht zur Verfügung. Da das schnelle Senken und Zurückwerfen des Kopfes auf derselben Ebene abläuft, kann es leicht zu Mißverständnissen kommen, wenn man den Kopf wiederholt nach vorn fallen läßt, weil diese Bewegung fast so aussieht, als würde man wiederholt nicken. Deshalb sind das ruckartige Senken und das Zurückwerfen des Kopfes jeweils auf eine einzige Bewegung beschränkt – nach unten bei der ersten Gebärde und nach oben bei der zweiten. Es gibt allerdings drei Methoden, mit denen die Benutzer des Senk-Werf-Codes ihren Signalen und Botschaften mehr Nachdruck verleihen können. Die erste besteht darin, die jeweilige Geste zu wiederholen, aber dafür zu sorgen, daß zwischen jeder Wiederholung eine ausreichend lange Pause liegt. Um mehr Dramatik in die Geste zu legen, kann man auch das Tempo der Kopfbewegung erhöhen oder den Bewegungsradius erweitern. Bei der dritten Methode nimmt man bestimmte festgelegte mimische und verbale Signale zur Hilfe, um die Botschaft zu unterstreichen.

Achten Sie bei Ihrem nächsten Griechenlandurlaub einmal darauf, wie die Einheimischen den Kopf zurückwerfen. Sie werden bemerken, daß die Griechen den Kopf manchmal ohne jede Begleitmimik zurückwerfen, während sie bei anderer Gelegenheit zusätzlich die Augenbrauen hochziehen, die Augen schließen und mit der Zunge schnalzen. Wenn all diese mimischen Zeichen zusammen benutzt werden, bringt die Gebärde ein Maximum an Ablehnung zum Ausdruck. Jeder der mimischen Ausdrücke kann jedoch auch einzeln oder in verschiedenen Kombinationen eingesetzt werden, um die verneinende Grundaussage durch feine Nuancen des Nachdrucks, der Formalität oder Vertraulichkeit zu variieren. Ein Grieche kann sogar ohne jede Kopfbewegung ein »Nein« signalisieren. Wenn er sich erschöpft oder lustlos fühlt, zieht er einfach nur die Augenbrauen hoch.

Obwohl der Senk-Werf-Code häufig ausschließlich mit Griechenland und der Türkei assoziiert wird, gibt es ihn auch in Sizilien und Süditalien, wo er zusammen mit dem Nick-Schüttel-Code verwendet wird. Wenn man eine norditalienische Stadt wie Rom besucht, stellt man fest, daß die Römer das Kopfnicken für »ja« und das Kopfschütteln für »nein« verwenden. Wenn man dann auf der Autostrada 200 Kilometer südlich nach Neapel fährt, entdeckt man, daß die Neapolitaner sowohl den Nick-Schüttel-Code als auch den Senk-Werf-Code benutzen. Forschungen in der Region zwischen Rom und Neapel von Desmond Morris und seinen Mitarbeitern haben gezeigt, daß die nördliche Grenze, bis zu der das Hochwerfen des Kopfes üblich ist, in etwa einer Wellenlinie entspricht, die vom Garigliano an der Westküste bis zur Halbinsel Gargano an der Ostküste reicht, und daß die Geste am häufigsten in den Küstenregionen südlich von diesen beiden Grenzmarkierungen anzutreffen ist. Das Faszinierende an dieser Entdeckung ist, daß es sich dabei genau um jene Region handelt, in der die alten Griechen sich ansiedelten, als sie im zweiten Jahrtausend vor Christus begannen, das südliche Italien zu kolonisieren. Man weiß, daß das Hochwerfen des Kopfes bei den alten Griechen eine ebenso verbreitete Geste war wie bei ihren heutigen Nachfahren. Die Tatsache, daß die Gebärde immer noch in jenem Landstrich benutzt wird, den die Griechen vor mehr als 3000 Jahren besiedelten, ist ein eindrucksvolles Zeugnis für die Beständigkeit der Gebärdensprache.

Da der Nick-Schüttel-Code und der Senk-Werf-Code in Süditalien zusammentreffen, haben die Bewohner der Region die freie Auswahl. Analysen von Filmdokumenten aus dieser Region zeigen, daß die Süditaliener gleichermaßen mit einem Kopfschütteln wie mit einem Zurückwerfen des Kopfes reagieren, wenn sie ein »Nein« signalisieren wollen, daß sie aber, um ein »Ja« zu signalisieren, das Kopfnicken dem Kopfsenken vorziehen. Das ist jedoch erst die halbe Geschichte, denn weitere Analysen zeigen, daß es einen markanten Unterschied zwischen dem Kopfnicken der Nord- und Süditaliener gibt. Während die Süditaliener ihr Kopfnicken prinzipiell mit einer Abwärtsbewegung beginnen, fangen die Norditaliener genauso häufig mit einer Aufwärts- wie mit einer Abwärtsbewegung an. Das ist mehr als eine müßige anthropologische Spielerei; es zeigt, daß man einen Nord- und Süditaliener an einer so simplen Sache wie ihren Kopfbewegungen unterscheiden kann! Wenn Sie in Italien sind und Professor Higgins spielen möchten, müssen Sie nur darauf achten, wie die Leute einander zustimmen. Wenn die betreffende Person ihr Kopfnicken mit einer Abwärtsbewegung beginnt, könnte sie sowohl aus Süd- wie aus Norditalien stammen. Aber wenn sie mit einer Aufwärtsbewegung anfängt, kommt sie fast mit Sicherheit aus dem Norden.

Der dritte Code der Kopfbewegungen für »ja« und »nein« ist der »Roll-Werf-Code«. Bei diesem Code signalisiert man seine Zustimmung durch ein Kopfwackeln von Schulter zu Schulter – fast so wie bei der west- und nordeuropäischen Unschlüssigkeitsgeste. Den Roll-Werf-Code gibt es ausschließlich in Bulgarien. Obwohl der Code selbst sonst nirgends auf der Welt benutzt wird, finden sich einzelne Bestandteile davon auch anderswo. Was das Zurückwerfen des Kopfes angeht, muß man nur über die Grenze ins benachbarte Griechenland oder in die Türkei reisen. Aber um den Kopfroller zu finden, muß man schon bis Pakistan oder Indien fahren.

Warum der Kopfroller in Europa nur in dieser isolierten Form vorkommt, ist ein wirkliches Rätsel. Warum teilen die Bulgaren diese Gebärde mit den Bewohnern des indischen Subkontinents? Schließlich sind die Bulgaren ein slawisches Volk. Ethnisch, sprachlich und kulturell haben sie nichts mit den Indern gemeinsam, und nichts deutet darauf hin, daß sie je die Art von Kontakt gepflegt haben, die die Entlehnung dieser Zustimmungsgebärde begünstigt haben könnte. Es ist möglich, daß der parallele Gebrauch des Kopfrollers in Bulgarien und Indien einfach ein Zufall ist, aber angesichts des ungewöhnlichen Charakters dieser Gebärde erscheint das höchst unwahrscheinlich. Wahrscheinlicher ist, daß es eine historische Erklärung für dieses Phänomen gibt. Man weiß nur sehr wenig über die frühe Geschichte dieser Region und über die Ur-Bulgaren, die vor der Ankunft der Slawen in diesem Landstrich lebten. Es könnte also durchaus sein, daß diese Ur-Bulgaren ursprünglich vom indischen Subkontinent nach Europa kamen und den Kopfroller mitbrachten. Als die slawischen Vorfahren der heutigen Bulgaren später in die Region einfielen, haben sie sich vielleicht mit der lokalen Bevölkerung vermischt und ihre Zustimmungsgeste übernommen.

Wenn die Bulgaren den Kopfroller von einem anderen Volk entliehen haben, würde das erklären, warum ihre Gebärden für »ja« und »nein« manchmal so konfus wirken. Eine genaue Analyse der bulgarischen Kopfgestik zeigt, daß es kein einheitliches, logisches System gibt. Obwohl die Bulgaren ihre Zustimmung für gewöhnlich mit einem Kopfrollen signalisieren, verwenden sie für dieselbe Botschaft gelegentlich auch das Kopfschütteln. Angesichts der Tatsache, daß der Kopfroller und das Kopfschütteln sich relativ ähnlich sehen, scheint diese Austauschbarkeit noch ganz verständlich. Völlig unverständlich ist dagegen die Angewohnheit mancher Bulgaren, das Kopfrollen und das Kopfschütteln sowohl als verneinende als auch als zustimmende Gebärde zu verwenden! Glücklicherweise machen sie das meistens nur, wenn sie ihre gesprochenen Worte durch Gebärden unterstreichen möchten und nicht, wenn sie sich ausschließlich durch Kopfbewegungen verständlich machen wollen. Es ist keine Seltenheit, daß jemand mit dem Kopf rollt und dabei »ja« sagt und einige Augenblicke später haargenau dieselbe Bewegung macht und dazu »nein« sagt. Das zeigt, daß die bulgarischen Kopfbewegungen gegenüber der Sprache eine untergeordnete Rolle spielen. Sie können ihre Bedeutung als unabhängige Zeichen rasch verlieren und dienen dann einfach dazu, den gesprochenen Worten mehr Nachdruck zu verleihen.

Weil die Botschaften, die durch die bulgarischen Kopfgebärden ausgesandt werden, keine feste Bedeutung haben, besteht zwischen Bulgaren immer die Gefahr von Mißverständnissen. Diese Gefahr erhöht sich zwischen Bulgaren und Ausländern. Wenn beispielsweise ein Deutscher mit einem Bulgaren verhandelt, wird er das zustimmende Kopfrollen des Bulgaren sehr wahrscheinlich für ein Kopfschütteln halten und beide Gebärden als Zeichen der Verneinung interpretieren. Das geschah im letzten Jahrhundert mit zum Teil folgenschweren Auswirkungen, als die Russen den Bulgaren zur Hilfe eilten, um die Türken zurückzuschlagen. Die Russen, die den Nick-Schüttel-Code benutzten, konnten nicht verstehen, warum ihre bulgarischen Kameraden auf Fragen, die normalerweise Zustimmung auslösten, stets mit einem energischen Kopfschütteln reagierten. Einen Verbündeten mit einer fremden Sprache zu haben, war schon schlimm genug, aber Seite an Seite mit Menschen zu kämpfen, die »nein« signalisierten, wenn sie »ja« meinten, machte die ohnehin schwierige Verständigung nicht eben leichter.

Auch zwischen Menschen, die den Nick-Schüttel-Code und den Senk-Werf-Code benutzen, kann es leicht zu Mißverständnissen kommen. Ein Deutscher in Griechenland wird wahrscheinlich das griechische Zurückwerfen des Kopfes für ein kurzes, zustimmendes Nicken halten. Stellen Sie sich vor, ein Tourist in Athen parkt seinen Leihwagen im Parkverbot. Er entdeckt einen Verkehrspolizisten und fragt ihn per Zeichensprache, ob er den Wagen dort ein paar Minuten stehen lassen darf. Der Polizist wirft seinen Kopf zurück, um »nein« zu signalisieren. Der Tourist deutet diese Geste als Zeichen der Zustimmung, weil sie auf ihn wie ein aufwärtsgerichtetes Nicken wirkt. Er bedankt sich freundlich bei dem Polizisten und geht seiner Wege. Der empörte Schutzmann hat den Eindruck, daß der Tourist ihn absichtlich provozieren will und jagt dem Missetäter nach, greift ihn am Arm, und es kommt zu einem heftigen und womöglich handgreiflichen Streit.

Zu solchen Szenen kann es leicht kommen, wenn dieselben Zeichen unterschiedlich gedeutet werden. Aber selbst wenn die Griechen darauf verzichten würden, den Kopf in den Nacken zu werfen, gebe es noch immer ausreichend Gelegenheit für Mißverständnisse. Wenn die Griechen zum Beispiel die Augenbrauen hochziehen, um eine Verneinung zu signalisieren, verbinden sie diese Bewegung manchmal damit, daß sie die Augen etwas weiter aufreißen. Auf uns wirkt diese Gebärde wie eine etwas überrachte Form der Zustimmung, aber für den griechischen Normalbürger hat sie definitiv eine verneinende Bedeutung.

Weil das Kopfschütteln im griechischen Ja-Nein-Code keine Rolle spielt, steht diese Bewegung für andere Botschaften zur Verfügung. Die Griechen haben diese Möglichkeit genutzt und verwenden das Kopfschütteln, um zu signalisieren, daß sie etwas nicht verstehen. Wenn Sie sich mit einem Griechen unterhalten und etwas sagen, das er nicht versteht, wird er wahrscheinlich mit einem schnellen Kopfschütteln reagieren. Diese Gebärde ist streng genommen eher ein Kopfpendeln als ein Kopfschütteln, aber weil es auf uns wie ein Kopfschütteln wirkt, ziehen wir automatisch den Schluß, daß unser griechischer Gesprächspartner anderer Meinung ist als wir oder etwas ablehnt. Tatsächlich ist jedoch nichts derartiges beabsichtigt. Die Geste ist einfach eine Bitte um genauere Klärung.

Zu wissen, welche mimischen Ausdrücke und Kopfbewegungen in anderen Kulturen für ja und nein benutzt werden, kann die Kommunikation enorm erleichtern. Aber Vorsicht! Es ist keine Garantie dafür, daß es nicht doch zu Mißverständnissen kommt. Wenn Sie zum Beispiel nach Bulgarien fahren, besteht immer die Gefahr, daß Ihr bulgarischer Gastgeber sich dazu entschließt, nicht seinen eigenen, sondern Ihren Code zu benutzen.

Bibliographie

Allan, K. u. Burridge, K. (1991). *Euphemism and Dysphemism*. Oxford: Oxford University Press.

Allen, I. L. (1983). You are what you eat: dietary stereotypes and ethnic ephithets. *Maledicta, 7*, 21–30.

Anon (1591). *A Treatise of Daunces*, London.

Ardagh, J. (1991). *Germany and the Germans*. London: Penguin.

Armour, R. W. u. Howes, R. H. (1940). *Coleridge the Talker*. New York: Cornell University Press.

Austin, P. B. (1968). *On Being Swedish*. London: Secker & Warburg.

Averna G. (1982). Italien blasphemies. *Maledicta, 6*, 63–70.

Barzini, L. (1983). *Talk: An Analysis of Speech and Nonverbal Behaviour in Conversation*. Milton Keynes: Open University Press.

Beattle, G. (1983). *Gloves: Their Annals and Associations*. London.

Berger, M. (1964). *Madame de Staël on Politics, Literature and National Character*. London: Sidgwick & Jackson.

Bernstein, R. (1991). *Fragile Glory: A Portrait of France and the French*. London: Bodley Head.

Binyon, M. (1983). *Life in Russia*. London: H. Hamilton.

Block, M. (1973). *The Royal Touch: Sacred Monarchy and Scrofula in England and France*. London: Routledge & Kegan Paul.

Bohemus, J. (1611). *The Manners, Lawes, and Customs of All Nations*. London.

Bornstein, M. H. u. Bornstein, H. G. (Hrsg.) (1976). The pace of life. *Nature, 259*, 557–559.

Bourke, J. G. (1891). *Scatological Rites of All Nations*. Washington, DC: W. H. Lowdermilk.

Bremmer, J. u. Roodenburg, H. (Hrsg.) (1992). *A Cultural History of Gesture*. Oxford: Polity.

Brieude, J.-J. de (1789). Mémoire sur les odeurs que nous exhalons, considérées comme signe de la santé et des maladies. *Histoire et Mémoires de la Société Royale de Médicine, 10*.

Brown, R. u. Gilman, A. (1960). The pronouns of power and solidarity. In: T. A. Sebeok (Hrsg.), *Style in Language*. Cambridge, Mass.: MIT Press.

Bulwer, J. (1644). *Chirologia; or the Natural Language of the Hand. Whereunto is added Chironomia: or, the Art of Manual Rhetoricke*. London.

Burchfield, R. (1985). An outline history of euphemisms in English. In D. J. Enright (Hrsg.), *Fair or Speech*. Oxford University Press.

Burke, T. (1940), *The Streets of London*. London: Batsford.

Calbris, G. (1990), *The Semiotics of French Gestures*. Bloomington: Indiana University Press.

Cammaerts, E. (1930). *Discoveries in England*. London.

Čapek, K. (1925). *Letters From England*. London.

Carlyle, T. (1837). *The French Revolution*. London.

Cazamian, L. (1952). *The Development of English Humour*. Durham: Duke University Press.

Chiaro, D. (1992). *The Language of Jokes*. London: Routledge.

Chiardi, J. (1980). *A Browser's Dictionary*. New York: Harper.

Cockburn, P. (1989). *Getting Russia Wrong*. London: Verso.

Collett, P. (1982). Meetings and misunderstandings. In: S. Bochner (Hrsg.), *Cultures in Contact*. Oxford: Pergamon.

Collett, P. (1985). History and the study of expressive action. In: K. Gergen u. M. Gergen (Hrsg.), *Historical Social Psychology*. New York: Erlbaum.

Collett, P. u. Contarello, A. (1987) Gesti di assenso e di dissenso. In: P. Ricci Bitti (Hg.), *Communicazione e Gestualità*. Mailand: F. Angeli.

Conrad, J. (1921). *Notes on Life and Letters*. London: J. M. Dent.

Corbin, A. (1986). *Pesthauch und Blütenduft*. Frankfurt a. M.: Fischer, 1988.

Crawley, E. (1929). The nature and history of the kiss. In: *Studies of Savages and Sex*. London: Methuen.

Czwartosz, Z. (1988). On queuing. *Archives of European Sociology, 29*, 3–11.

Dahrendorf, R. (1976). Die Staatsräson der Bundesrepublik Deutschland. Kontanz: Universitätsverlag.

Darwin, C. (1872). *Gesammelte Werke*. Kimmerle, 1992.

Davies, C. (1982). Ethnic jokes, moral values and social boundaries. *British Journal of Sociology, 33* (3), 383–403.

Davies, C. (1988). The Irish Joke as a social phenomenon. In: J. Durant u. J. Miller (Hrsg.), *Laughing Matters*. London: Longman.

Davies, C. (1988). Stupidity and rationality: jokes from the iron cage. In: C. Powell u. G. Paton (Hrsg.), *Humour in Society: Resistance and Control*. London: Macmillan.

Defoe, D. (1951). A tilt at profanity. *Review*, 1711, *8* (61). Nachdruck in W. L. Payne (Hrsg.). *The Best of Defoe's Review*. New York: Columbia University Press.

De Staël-Holstein, A. L. G. (1859). *Über Deutschland*. Frankfurt a. M.: Insel, 1985.

Dickens, C. (1846). *Aufzeichnungen aus Amerika. Bilder aus Italien*. Darmstadt: Wiss. Buchgesellschaft, 1976.

Di Jorio, A. (1832). *La Mimica Degli Antichi Investigata Nel Gestire Napoletano*. Neapel: Fibreno.

Di Stasi (1981). *Mal Occhio*. San Francisco: North Point Press.

Dundes, A. (1975). Slurs international: folk comparisons of ehtnicity and national character. *Southern Folklore Quarterly, 39*, 15–38.

Dundes, A. (1978). Wet and dry, the evil eye: an essay in semitic and Indo-European Worldviews. In: V. Newall (Hrsg.), *Folklore Studies in the Twentieth Century*. Totowa, NJ: Rowman & Littlefield.

Dundes, A. (1982). Misunderstanding humour: an American stereotype of the Englishman. *International Folklore Review*, 2, 10–15.

Dundes, A. (1984). *Life is Like a Chicken Coop Ladder*. New York: Columbia University Press.

Edelmann, R. J., Asendorpf, J., Contarello, A., Zammuner, V., Georgas, J. u. Villaneuva, C. (1987). Self-reported verbal and non-verbal strategies for coping with embarrassment in five European cultures. *Social Science Information*, 26, 869–883.

Edelmann, R. u. Neto, F. (1989). Self-reported expression and consequences of embarrassment in Portugal and the U. K. *International Journal of Pschology*, 24, 351–366.

Edelmann, R., Asendorpf, J., Contarello, A., Zammuner, V., Georgas, J. u. Villaneuva, C. (1989). Self-reported expression of embarrassment in five European cultures. *Journal of Cross-Cultural Psychology*, 20 (4), 357–371.

Efron, D. (1972). *Gesture, Race and Culture*. The Hague: Mouton.

Ellis, H. (1936). *Studies in the Psychology of Sex*. 4 Bde. New York: Random House.

Elworthy, F. (1895). *The Evil Eye*. London: John Murray.

Emerson, R. W. (1856). *Englische Charakterzüge*. Hannover: Meyer, 1857.

Enright, T. (1986). *Fair Speech*. Oxford: Oxford Univ. Press.

Erasmus, D. (1540). *Briefe*. Hrsg. v. Walther Köhler. Leipzig: Poeschel, 1938.

Euromonitor (1990). *The European Cosmetics and Toiletries Report 1990*. London: Euromonitor.

Eysenck, H. J. (1944–5). National differences in ›sense of humour‹: three experimental and statistical studies. *Character and Personality* (jetzt *Journal of Personality*), 13, 37–54.

Forgas, J. (1976). An unobtrusive study of reactions to national stereotypes in four European countries. *Journal of Social Psychology*, 99, 37–42.

Friedrich, P. (1972). Social context and semantic features. The Russian pronominal usage. In: J. J. Gumperz u. D. Hymes (Hrsg.). *Directions in socioloinguistics*. New York: Holt, Rinehart & Winston.

Fryer, P. (1963). *Mrs Gundy; Studies in English Prudery*. London: Dennis Hobson.

Frykman, J. u. Löfgren, O. (1987). *Culture Builders: A Historical Anthropology of Middle-Class Life*. New Brunswick: Rutgers University Press.

Garrod, H. W. (1947). Humour. In: E. Barker (Hrsg.), *The Character of England*. Oxford: Clarendon Press.

Geijer, E. G. (1932). *Impressions of England 1809–1810*. London.

Gifford, E. S. (1958). *The Evil Eye. Studies in the Folklore of Vision*. New York: Macmillan.

239

Glasser, R. (1972). *Time in French Life and Thought*. Manchester: Manchester University Press.

Goffman, E. (1971). *Das Individuum im öffentlichen Austausch*. Frankfurt: Suhrkamp, 1982.

Goldsmith, O. (1760). A comparative view of races and nations. In: Friedman (Hrsg.), *Collected Works of Oliver Goldsmith*. Oxford: OUP.

Goldsmith, O. (1762). *Der Weltbürger*. Leipzig u. Weimar: Kiepenheuer, 1977.

Gorer, G. u. Rickman, J. (1949). *The People of Great Russia: A Psychological Study*. London: The Cresset Press.

Gorer, G. (1955). *Exploring English Character*. London: The Cresset Press.

Graber, R. B. u. Richter, G. C. (1987). The capon theory of the cockold's horns: confirmation or conjecture? *Journal of American Folklore*, *100*, 58–63.

Graves, R. (1927). *Lars Porsena of the Future of Swearing and Improper Language*. London: Kegan Paul.

Grose, F. H. (1785). *A Classical Dictionary of the Vulgar Tongue*. London.

Grosley, M. (1772). *A Tour to London*. London.

Grotjahn, M. (1957). *Beyond Laughter*. New York: McGraw-Hill.

Gullestad, M. 1986), Symbolic ›Fences‹ in Urban Norwegian Neighbourhoods. *Ethnos*, *51*, 52–70.

Hall, E. T. (1959). *The Silent Language*. New York: Doubleday.

Hall, E. T. (1964). *The Hidden Dimension*. New York: Doubleday.

Hammerton, J. A. (1944). *Books and Myself*. London: Macdonald.

Hartogs, R. (1968). *Four-letter Word Games: The Psychology of Obscenity*. New York: Dell.

Hazlitt, W. (1825). Merry England. *New Monthly Magazine*, *14* (2), 557–565.

Heald, G. u. Wybrow, R. J. (1986). *The Gallup Survey of Britain*. London: Croom Helm.

Helman, C. (1987). Heart disease and the cultural construction of time: the Type A behaviour pattern as a western culture-bound syndrome. *Social Science and Medicine*, *25*, 969–979.

Herzen, A. (1968). *My Past and Thoughts*. London: Chatto & Windus.

Hübler, A. (1983). *Understatements and Hedges in English*. Amsterdam: John Benjamins.

Hughes, G. (1991). *Swearing*. Oxford: Blackwell.

Hume, D. (1882). Über nationale Charaktere. In: *Politische und ökonomische Essays*. Hamburg: Felix Meiner, 1988.

Ingham, R. (1971). The Swedish condition. *New Society*, 446, 624–626.

Ingham, R. (1972). Cross-cultural Differences in Social Behaviour. D. Phil thesis, Oxford University.

Inkeles, A. (1972). National character and modern political systems in F. L. K. Hsu (Hrsg.), *Psychological Anthroplogy*. Cambridge, Mass.: Schenkman.

Jakob, S. I. (1992). Pronominal address in the east and west of the Federal Republic of Germany. Unveröffentlichtes Manuskript.

Jakobson, R. (1972). Motor Signs for ›yes‹ and ›no‹. *Language in Society, 1,* 91–96.

Kinglake, A. (1844). *Eothen.* London: Ollivier.

Kira, A. (1966). *Das Badezimmer.* Düsseldorf: Krammer, 1987.

Lambert, W. L. u. Tucker, G. R. (1976). *Tu, Vous, Usted: A Social-Psychological Study of Address Patterns.* Rowley, Mass.: Newbury House.

Lawrence, D. H. (1923). *Das Meer und die Sardinen.* Zürich: Diogenes, 1985.

Leach, E. (1964). Anthropological aspects of language: animal categories and verbal abuse. In: E. H. Lenneberg (Hrsg.), *Neue Perspektiven in der Erforschung der Sprache.* Frankfurt: Suhrkamp, 1973.

Leach, E. (1979). The official Irish jokesters. *New Society,* 20. Dezember.

Leacock, S. (1935). *Humour.* London: Bodley Head.

Lee, A. M. (1966). *Appllied Queuing Theory.* London: Macmillan.

Leech, G. (1983). *Principles of Pragmatics.* London: Longman.

Leeds, C. (1992). Bilingual Anglo-French humour. *Humor 1992, 5* (1/2), 129–148.

Legman, G. (1968). *Rationale of the Dirty Joke,* Vol. 1 u. 2. London: Jonathan Cape.

Legman, G. (1977). A word for it! *Maledicta, 1,* 9–18.

Lehtonen, J. u. Sajavaara, K. (1985). The silent Finn. In: D. Tannen und M. Saville-Troike (Hrsg.), *Perspectives on Silence.* Norwood, NJ: Ablex.

Le Norcy, S. (1988). Selling perfume: a technique or an art? In: S. Van Toller u. G. H. Dodd (Hrsg.), *Perfumery: the Psychology and Biology of Fragrance.* London: Chapman & Hall.

Levine, R. V. (1988). The pace of life across cultures. In: J. E. McGrath (Hrsg.), *The Social Psychology of Time: New Perspectives.* London: Sage.

Levine, R. (1989). The pace of life. *Psychology Today,* October, 42–46.

Levine, R. V. u. Bartlett, K. (1984). Pace of life, punctuality, and coronary heart disease in six countries. *Journal of Cross-cultural Psychology, 15,* 233–255.

Levine, R. u. Wolff, E. (1985). Social time: the heartbeat of culture. *Psychology Today.* März, 28–35.

Liberman, E. G. (1968). The queue: anamnesis, diagnosis, therapy. *Soviet Review,* 20. März, 12–16.

McCracken, G. (1982). Politics and ritual sotto voce: the use of demeanour as an instrument of politics in Elizabethan England. *Canadian Journal of Anthropology, 3* (1), 85–100.

McDonald, J. (1988). *A Dictionary of Obscenity, Taboo and Euphemism.* London: Sphere Books.

McGrath, J. E. u. Kelly, J. R. (1985). *Time and Human Interaction: Toward a Social Psychology of Time.* New York: Guilford Press.

Maloney, C. (Hrsg.) (1976). *The Evil Eye.* New York: Columbia UP.

Marsh, P. u. Collett, P. (1986). *Der Auto-Mensch. Zur Psychologie eines Kulturphänomens*. Olten u. Freiburg: Walter, 1991.

Maurois, A. (1938). *Three Letters on the English*. London.

Maurois, A. (1965). *Les Silences du Colonel Bramble* (orig. 1950). Paris: Grasset.

Mead, M. (1953). *Cultural Patterns and Technical Change*. UNESCO.

Mikes, G. (1946). *How To Be A Brit*. Harmondsworth: Penguin.

Mikes, G. (1983). *English Humour for Beginners*. London: Unwin.

Miller, J. (1978). *The Body in Question*. London: Cape.

Milton, J. (1644). *On Education*. London.

Montagu, A. (1967). *The Anatomy of Swearing*. London: Rapp & Whiting.

Montagu, A. (1980). *Körperkontakt*. Stuttgart: Klett-Cotta.

Montesquieu, C. (1965). *Vom Geist der Gesetze* (Orig. 1747). Stuttgart: Reclam.

Morris, D. (1977). *Der Mensch, mit dem wir leben. Ein Handbuch unseres Verhaltens*. München: Knaur, 1981.

Morris, D., Collett, P., Marsh, P. u. O'Shaughnessy, M. (1979). *Gestures: Their Origins and Distributions*. London: Jonathan Cape.

Muecke, D. (1980). *The Compass of Irony*. London: Methuen.

Mühlhäusler, P. und Harré, R. (1990). *Pronouns and People*. Oxford: Blackwell.

Muir, F. (1990). *The Oxford Book of Humorous Prose*. Oxford: OUP.

Muralt, B. L. De (1726). *Letters Describing the Characters and Customs of the English and French Nations*. London.

Nash, W. (1985). *The Language of Humour*. London: Longman.

Neaman, J. u. Silver, C. (1991). *In Other Words: A Thesaurus of Euphemisms*. London: Angus & Robertson.

Nichols, J. (1598). *Progress of Queen Elizabeth: Paul Hentzner's Travels in England During the Reign of Queen Elizabeth*. London.

Nichols, P. (1973). *Italia, Italia*. London: Macmillan.

Nicolson, H. (1946). *The English Sense of Humour*. London: The Dropmore Press.

Nyrop, C. (1901). *The Kiss and Its History*. London.

Oettingen, G. u. Seligmann, M. E. P. (1990). Pessimism and behavioural signs of depression in East versus West Berlin. *European Journal of Social Psychology*, 20, 207–220.

Orwell, G. (1938). *Mein Katalonien*. Zürich: Diogenes, 1975.

Pangborn, R. M. Guinard, J.-X. u. Davis, R. G. (1988). Regional aroma preferences. *Food Quality and Preference*, *1*, 11–19.

Papas, W. (1972). *Instant Greek*. Athens: Papas.

Partridge, E. (1933). *Words, Words, Words*. London: Methuen.

Partridge, E. (1937). *A Covey of Partridge*. London.

Payer, L. (1989). *Andere Länder, andere Leiden*. Frankfurt a. M.: Campus, 1989.

Peabody, D. (1985). *National Characteristics*. Cambridge: Cambridge University Press.

Pecchio, Count (1833). *Semi-Serious Observations of an Italian Exile*. London.

Pops, M. (1982). The metamorphosis of shit. *Salmagundi, 56*, 26–61.

Pritchett, V. S. (1954). *The Spanish Temper*. London: Chatto & Windus.

Pudney, J. (1954). *Smallest Room*. London: M. Joseph.

Rabelais, R. (1533). *Gargantua und Pantagruel*. 2 Bde. Frankfurt a. M.: Insel, 1974.

Rawson, H. (1991). *A Dictionary of Invective*. London: Robert Hale.

Renier, G. J. (1931). *The English: Are They Human?* London: Williams & Northgate.

Reynolds, R. (1969). *Cleanliness and Godliness*. London: Allen & Unwin.

Roback, A. A. (1944). *A Dictionary of International Slurs*. Cambridge, Mass.: Sci-Art Publishers.

Routh, J. (1966). *The Guide Porcelaine – The Loos of Paris*. London: Wolfe Publishing Co.

Rye, W. B. (1865). *England as Seen by Foreigners*. London: J. R. Smith.

Sagarin, E. (1962). *The Anatomy of Dirty Words*. New York: Lyle Stuart.

Saunders, G. (1985). Silence and noise as emotion management styles: an Italian case. In D. Tannen u. M. Saville-Troike (Hrsg.), *Perspectives on Silence*. Norwood, N. J.: Ablex.

Schiffman, S. S. u. Siebert, J. M. (1991). New frontiers in fragrance use. *Cosmetics and Toiletries, 106*, 39–45.

Schwartz, B. (1978). Queues, priorities and social process. *Social Psychology, 41* (1), 3–12.

Seligman, S. (1910). *Der Böse Blick und Verwandtes* Berlin.

Semin, G. und Rubini, M. (1990). Unfolding the concept of person by verbal abuse. *European Journal of Social Psychology, 20* (6), 463–474.

Sherzer, J. (1985). Puns and jokes. *Handbook of Discourse Analysis*, Vol. 3. London: Academic Press.

Shipley, J. T. (1977). The origin of our strongest taboo-word. *Maledicta, 1*, 23–29.

Smith, H. (1978). *The Russians*. London: Sphere Books.

Smollett, T. (1766). *Travels through France and Italy*. London.

Smollett, T. (1771). *The Expedition of Humphry Clinker*. London.

Sontag, S. (1969). A letter from Sweden. *Ramparts*, Juli, 23–38.

Sorbière, S. (1709). *A Voyage to England*. London.

Stendhal, H. B. (1907). *Racine et Shakespeare*. Oxford: Clarendon Press.

Taine, H. (1872). *Aufzeichnungen über England*. Jena & Leipzig, 1906.

Taylor Nelson European Usage Panel (1992). London: Taylor Nelson.

Temple, W. (1690). *Miscellanea*, Vol. 2. London.

Thomas, K. (1977). The place of laughter in Tudor and Stuart England. *Times Literary Supplement*. No. 3906. 21. Jan., 77–81.

Usenier, J. C. (1991). Business time perceptions and national cultures: a comparative survey. *Management International Review, 3*, 197–217.

Van Toller, S. u. Dodd, G. H. (Hrsg.) (1988). *Perfumery: The Psychology and Biology of Fragrance*. London: Chapman & Hall.

Vigarello, G. (1988). *Wasser und Seife, Puder und Parfüm*. Frankfurt: Campus, 1992.

Walmsley, D. J. u. Lewis, G. J. (1989). The pace of pedestrian flows in cities. *Environment and Behaviour, 21* (2), 123–150.

Watson, O. M. (1970). *Proxemics* (Advances in Semiotics, 8). Den Haag: Mouton.

White, D. (1975). Queues in the mind. *New Society*, Januar.

Wildeblood, J. (1965). *The Polite World*. London: Oxford University Press.

Wiseman, N. P. S. (1853). *Essays on Various Subjects, Vol. 3*. London.

Wortley Montague, M. (1763). *Letters*. London.

Wright, L. (1980). *Clean and Decent*. London: Routledge & Kegan Paul.

Wylie, L. (1977). *Beaux Gestes: A Guide to French Body Talk*. New York: Undergraduate Press.

Zeldin, T. (1988). *Die Kunst, zu sich selbst aufzublicken*. Reinbek b. Hamburg: Rowohlt, 1987.

Ziv, A. (Hrsg.) (1988). *National Styles of Humor*. New York: Greenwood Press.

Register